COMPAGNIE DES INDES.

LISTE
DU
TIRAGE GÉNÉRAL
DE
LA LOTERIE

Autorisée par Lettres patentes du Roi du 19 Juillet 1767.

FAIT

EN L'UNE DES SALLES DE L'HÔTEL DE LA COMPAGNIE

DES INDES,

Le 15 Janvier 1768, & jours suivans,

PAR M.ʳˢ LES SYNDICS ET DIRECTEURS

DE LADITE COMPAGNIE.

A PARIS,
DE L'IMPRIMERIE ROYALE.

M. DCCLXVIII.

AVIS.

POUR éviter de répéter les années du Remboursement, on les a désignées par 1.re, 2.e, 3.e, 4.e & 5.e Époques, comme on le voit dans la colonne des Époques.

La 1.re Époque désigne le Remboursement qui sera fait le 15 Décembre 1768.
La 2.e celui qui sera fait .... le 15 Décembre 1769.
La 3.e celui qui sera fait .... le 15 Décembre 1770.
La 4.e celui qui sera fait .... le 15 Décembre 1771.
La 5.e celui qui sera fait .... le 15 Décembre 1772.

LISTE
DU
TIRAGE GÉNÉRAL
DE LA LOTERIE
DE LA
COMPAGNIE DES INDES.

Numéros	Époques.	LOTS.	Numéros	Époques.	LOTS.	Numéros	Époques.	LOTS.	Numéros	Époques.	LOTS.	Numéros	Époques.	LOTS.
		liv.			liv.			liv.			liv.			liv.
1	5	400.	25	2	400.	49	3	400.	73	5	400.	97	5	400.
2	3	400.	26	5	400.	50	3	400.	74	4	400.	98	2	400.
3	5	400.	27	2	400.	51	....	600.	75	5	400.	99	1	400.
4	4	400.	28	5	400.	52	5	400.	76	2	400.	100	2	400.
5	5	400.	29	2	400.	53	4	400.	77	5	400.	101	2	400.
6	3	400.	30	4	400.	54	4	400.	78	....	600.	102	2	400.
7	5	400.	31	3	400.	55	5	400.	79	4	400.	103	5	400.
8	4	400.	32	3	400.	56	4	400.	80	5	400.	104	4	400.
9	5	400.	33	4	400.	57	2	400.	81	3	400.	105	4	400.
10	5	400.	34	2	400.	58	5	400.	82	3	400.	106	2	400.
11	....	500.	35	5	400.	59	3	400.	83	3	400.	107	5	400.
12	5	400.	36	4	400.	60	3	400.	84	3	400.	108	3	400.
13	5	400.	37	5	400.	61	1	400.	85	5	400.	109	2	400.
14	4	400.	38	4	400.	62	4	400.	86	5	400.	110	4	400.
15	4	400.	39	5	400.	63	5	400.	87	4	400.	111	3	400.
16	5	400.	40	5	400.	64	1	400.	88	4	400.	112	5	400.
17	4	400.	41	3	400.	65	....	600.	89	4	400.	113	1	400.
18	3	400.	42	2	400.	66	2	400.	90	3	400.	114	4	400.
19	3	400.	43	3	400.	67	4	400.	91	5	400.	115	5	400.
20	5	400.	44	4	400.	68	5	400.	92	4	400.	116	4	400.
21	4	400.	45	4	400.	69	5	400.	93	4	400.	117	4	400.
22	2	400.	46	1	400.	70	....	500.	94	4	400.	118	3	400.
23	5	400.	47	3	400.	71	3	400.	95	5	400.	119	4	400.
24	4	400.	48	4	400.	72	3	400.	96	3	400.	120	....	600.

Numéros	Époques.	LOTS.	Numéros	Époques.	LOTS.	Numéros	Époques.	LOTS.	Numéros	Époques.	LOTS.	Numéros	Époques.	LOTS.
		liv.			liv.			liv.			liv.			liv.
121	2	400.	172	2	400.	223	5	400.	274	4	400.	325	4	400.
122	3	400.	173	3	400.	224	4	400.	275	2	400.	326	4	400.
123	3	400.	174	1	400.	225	4	400.	276	3	400.	327	5	400.
124	3	400.	175	5	400.	226	3	400.	277	4	400.	328	4	400.
125	4	400.	176	4	400.	227	5	400.	278	5	400.	329	4	400.
126	5	400.	177	5	400.	228	5	400.	279	5	400.	330	3	400.
127	5	400.	178	3	400.	229	2	400.	280	4	400.	331	5	400.
128	3	400.	179	2	400.	230	4	400.	281	4	400.	332	5	400.
129	5	400.	180	5	400.	231	3	400.	282	5	400.	333	4	400.
130	5	400.	181	5	400.	232	4	400.	283	2	400.	334	5	400.
131	....	500.	182	2	400.	233	5	400.	284	4	400.	335	2	400.
132	5	400.	183	4	400.	234	2	400.	285	4	400.	336	5	400.
133	3	400.	184	5	400.	235	3	400.	286	....	500.	337	4	400.
134	4	400.	185	5	400.	236	5	400.	287	....	600.	338	5	400.
135	4	400.	186	2	400.	237	4	400.	288	4	400.	339	3	400.
136	5	400.	187	5	400.	238	5	400.	289	5	400.	340	1	400.
137	2	400.	188	4	400.	239	2	400.	290	3	400.	341	2	400.
138	3	400.	189	5	400.	240	2	400.	291	2	400.	342	1	400.
139	2	400.	190	....	500.	241	2	400.	292	....	500.	343	4	400.
140	5	400.	191	4	400.	242	1	400.	293	5	400.	344	3	400.
141	2	400.	192	5	400.	243	3	400.	294	5	400.	345	2	400.
142	2	400.	193	4	400.	244	4	400.	295	1	400.	346	5	400.
143	1	400.	194	2	400.	245	5	400.	296	4	400.	347	4	400.
144	3	400.	195	2	400.	246	3	400.	297	4	400.	348	5	400.
145	5	400.	196	3	400.	247	5	400.	298	5	400.	349	....	600.
146	5	400.	197	2	400.	248	5	400.	299	3	400.	350	5	400.
147	3	400.	198	5	400.	249	3	400.	300	4	400.	351	4	400.
148	....	500.	199	4	400.	250	4	400.	301	4	400.	352	2	400.
149	3	400.	200	3	400.	251	5	400.	302	2	400.	353	5	400.
150	1	400.	201	5	400.	252	4	400.	303	4	400.	354	4	400.
151	5	400.	202	1	400.	253	1	400.	304	5	400.	355	5	400.
152	4	400.	203	5	400.	254	5	400.	305	5	400.	356	2	400.
153	5	400.	204	3	400.	255	5	400.	306	....	500.	357	1	400.
154	5	400.	205	5	400.	256	2	400.	307	5	400.	358	3	400.
155	3	400.	206	5	400.	257	4	400.	308	2	400.	359	3	400.
156	2	400.	207	4	400.	258	4	400.	309	2	400.	360	5	400.
157	4	400.	208	....	500.	259	2	400.	310	4	400.	361	4	400.
158	4	400.	209	4	400.	260	5	400.	311	3	400.	362	5	400.
159	5	400.	210	2	400.	261	4	400.	312	4	400.	363	5	400.
160	4	400.	211	3	400.	262	2	400.	313	3	400.	364	....	500.
161	3	400.	212	3	400.	263	4	400.	314	....	500.	365	4	400.
162	4	400.	213	5	400.	264	2	400.	315	5	400.	366	1	400.
163	2	400.	214	3	400.	265	5	400.	316	4	400.	367	2	400.
164	5	400.	215	2	400.	266	4	400.	317	4	400.	368	4	400.
165	3	400.	216	5	400.	267	5	400.	318	4	400.	369	3	400.
166	3	400.	217	5	400.	268	3	400.	319	4	400.	370	1	400.
167	2	400.	218	1	400.	269	2	400.	320	5	400.	371	4	400.
168	5	400.	219	2	400.	270	5	400.	321	4	400.	372	4	400.
169	5	400.	220	2	400.	271	4	400.	322	4	400.	373	5	400.
170	4	400.	221	4	400.	272	5	400.	323	4	400.	374	5	400.
171	5	400.	222	....	600.	273	5	400.	324	5	400.	375	3	400.

Numéros	Époques.	LOTS.	Numéros	Époques.	LOTS.	Numéros	Époques.	LOTS.	Numéros	Époques.	LOTS.	Numéros	Époques.	LOTS.
		liv.			liv			liv.			liv.			liv.
376	4	400.	427	3	400.	478	4	400.	529	4	400.	580	4	400.
377	3	400.	428	2	400.	479	4	400.	530	5	400.	581	3	400.
378	5	400.	429	4	400.	480	5	400.	531	5	400.	582	5	400.
379	3	400.	430	3	400.	481	5	400.	532	4	400.	583	2	400.
380	5	400.	431	2	400.	482	4	400.	533	3	400.	584	4	400.
381	4	400.	432	4	400.	483	5	400.	534	3	400.	585	4	400.
382	2	400.	433	3	400.	484	5	400.	535	4	400.	586	5	400.
383	3	400.	434	3	400.	485	2	400.	536	3	400.	587	4	400.
384	5	400.	435	5	400.	486	5	400.	537	5	400.	588	5	400.
385	2	400.	436	4	400.	487	5	400.	538	2	400.	589	3	400.
386	3	400.	437	5	400.	488	5	400.	539	5	400.	590	2	400.
387	3	400.	438	4	400.	489	5	400.	540	5	400.	591	3	400.
388	2	400.	439	4	400.	490	5	400.	541	2	400.	592	5	400.
389	5	400.	440	3	400.	491	2	400.	542	5	400.	593	....	600.
390	4	400.	441	3	400.	492	5	400.	543	4	400.	594	3	400.
391	2	400.	442	5	400.	493	4	400	544	5	400.	595	1	400.
392	5	400.	443	5	400.	494	....	500.	545	5	400.	596	1	400.
393	4	400.	444	3	400.	495	5	400.	546	3	400.	597	5	400.
394	4	400.	445	5	400.	496	5	400.	547	3	400.	598	4	400.
395	4	400.	446	5	400.	497	5	400.	548	5	400.	599	5	400.
396	2	400.	447	4	400.	498	5	400.	549	5	400.	600	5	400.
397	4	400.	448	4	400.	499	5	400.	550	1	400.	601	5	400.
398	4	400.	449	4	400.	500	4	400.	551	4	400.	602	3	400.
399	4	400.	450	5	400.	501	4	400.	552	5	400.	603	2	400.
400	1	400.	451	3	400.	502	4	400.	553	4	400.	604	5	400.
401	4	400.	452	5	400.	503	1	400.	554	5	400.	605	5	400.
402	4	400.	453	....	500.	504	5	400.	555	5	400.	606	4	400.
403	5	400.	454	2	400.	505	3	400.	556	4	400.	607	5	400.
404	4	400.	455	3	400.	506	4	400.	557	1	400.	608	4	400.
405	4	400.	456	5	400.	507	1	400.	558	2	400.	609	4	400.
406	3	400.	457	4	400.	508	5	400.	559	2	400.	610	4	400.
407	5	400.	458	....	600.	509	5	400.	560	5	400.	611	4	400.
408	3	400.	459	3	400.	510	5	400.	561	2	400.	612	4	400.
409	3	400.	460	3	400.	511	3	400.	562	1	400.	613	4	400.
410	2	400.	461	2	400.	512	2	400.	563	5	400.	614	5	400.
411	3	400.	462	2	400.	513	3	400.	564	5	400.	615	3	400.
412	3	400.	463	5	400.	514	5	400.	565	4	400.	616	5	400.
413	3	400.	464	5	400.	515	4	400.	566	5	400.	617	2	400.
414	5	400.	465	4	400.	516	2	400.	567	5	400.	618	1	400.
415	2	400.	466	4	400.	517	5	400.	568	1	400.	619	5	400.
416	4	400.	467	5	400.	518	1	400.	569	....	600.	620	3	400.
417	5	400.	468	3	400.	519	3	400.	570	3	400.	621	1	400.
418	5	400.	469	3	400.	520	....	1000.	571	5	400.	622	5	400.
419	5	400.	470	4	400.	521	5	400.	572	2	400.	623	5	400.
420	4	400.	471	3	400.	522	5	400.	573	4	400.	624	4	400.
421	2	400.	472	3	400.	523	4	400.	574	5	400.	625	....	500.
422	2	400.	473	4	400.	524	5	400.	575	5	400.	626	5	400.
423	4	400.	474	5	400.	525	3	400.	576	2	400.	627	2	400.
424	5	400.	475	4	400.	526	4	400.	577	5	400.	628	5	400.
425	....	600.	476	4	400.	527	4	400.	578	....	600.	629	2	400.
426	3	400.	477	4	400.	528	4	400.	579	4	400.	630	5	400.

Numéros	Époques.	LOTS.	Numéros	Époques.	LOTS.	Numéros	Époques.	LOTS.	Numéros	Époques.	LOTS.	Numéros	Époques.	LOTS.
		liv.			liv.			liv.			liv.			liv.
631	5	400.	682	5	400.	733	3	400.	784	2	400.	835	2	400.
632	4	400.	683	5	400.	734	4	400.	785	5	400.	836	5	400.
633	4	400.	684	4	400.	735	1	400.	786	5	400.	837	5	400.
634	5	400.	685	3	400.	736	3	400.	787	2	400.	838	5	400.
635	3	400.	686	4	400.	737	3	400.	788	4	400.	839	5	400.
636	5	400.	687	3	400.	738	2	400.	789	1	400.	840	1	400.
637	4	400.	688	5	400.	739	2	400.	790	2	400.	841	3	400.
638	4	400.	689	5	400.	740	3	400.	791	5	400.	842	4	400.
639	4	400.	690	5	400.	741	5	400.	792	4	400.	843	4	400.
640	5	400.	691	5	400.	742	4	400.	793	3	400.	844	5	400.
641	3	400.	692	4	400.	743	3	400.	794	4	400.	845	4	400.
642	2	400.	693	5	400.	744	3	400.	795	5	400.	846	5	400.
643	4	400.	694	5	400.	745	....	3000.	796	3	400.	847	5	400.
644	2	400.	695	1	400.	746	2	400.	797	4	400.	848	3	400.
645	4	400.	696	2	400.	747	4	400.	798	5	400.	849	4	400.
646	4	400.	697	2	400.	748	5	400.	799	5	400.	850	5	400.
647	4	400.	698	2	400.	749	3	400.	800	5	400.	851	3	400.
648	4	400.	699	5	400.	750	5	400.	801	4	400.	852	4	400.
649	4	400.	700	5	400.	751	5	400.	802	2	400.	853	2	400.
650	5	400.	701	5	400.	752	5	400.	803	....	80000.	854	4	400.
651	3	400.	702	4	400.	753	4	400.	804	5	400.	855	3	400.
652	4	400.	703	3	400.	754	4	400.	805	1	400.	856	5	400.
653	4	400.	704	5	400.	755	3	400.	806	4	400.	857	5	400.
654	5	400.	705	5	400.	756	3	400.	807	5	400.	858	3	400.
655	5	400.	706	4	400.	757	1	400.	808	5	400.	859	5	400.
656	5	400.	707	4	400.	758	4	400.	809	5	400.	860	4	400.
657	5	400.	708	1	400.	759	4	400.	810	4	400.	861	5	400.
658	2	400.	709	3	400.	760	5	400.	811	3	400.	862	3	400.
659	5	400.	710	1	400.	761	4	400.	812	2	400.	863	5	400.
660	5	400.	711	5	400.	762	2	400.	813	4	400.	864	3	400.
661	4	400.	712	3	400.	763	3	400.	814	3	400.	865	5	400.
662	1	400.	713	....	1000.	764	5	400.	815	4	400.	866	2	400.
663	2	400.	714	4	400.	765	3	400.	816	5	400.	867	2	400.
664	5	400.	715	....	500.	766	4	400.	817	5	400.	868	2	400.
665	5	400.	716	2	400.	767	5	400.	818	4	400.	869	4	400.
666	4	400.	717	5	400.	768	5	400.	819	5	400.	870	5	400.
667	2	400.	718	2	400.	769	3	400.	820	5	400.	871	5	400.
668	3	400.	719	5	400.	770	5	400.	821	5	400.	872	....	500.
669	5	400.	720	2	400.	771	4	400.	822	5	400.	873	5	400.
670	4	400.	721	5	400.	772	1	400.	823	3	400.	874	5	400.
671	5	400.	722	4	400.	773	5	400.	824	....	600.	875	5	400.
672	3	400.	723	3	400.	774	4	400.	825	4	400.	876	3	400.
673	5	400.	724	3	400.	775	5	400.	826	2	400.	877	2	400.
674	2	400.	725	5	400.	776	4	400.	827	5	400.	878	3	400.
675	3	400.	726	5	400.	777	3	400.	828	1	400.	879	4	400.
676	4	400.	727	3	400.	778	5	400.	829	4	400.	880	4	400.
677	3	400.	728	5	400.	779	....	3000.	830	4	400.	881	2	400.
678	5	400.	729	5	400.	780	2	400.	831	4	400.	882	5	400.
679	4	400.	730	5	400.	781	5	400.	832	....	500.	883	4	400.
680	4	400.	731	3	400.	782	4	400.	833	4	400.	884	3	400.
681	3	400.	732	2	400.	783	3	400.	834	4	400.	885	4	400.

Numéros	Époques.	LOTS.	Numéros	Époques.	LOTS.	Numéros	Époques.	LOTS.	Numéros	Époques.	LOTS.	Numéros	Époques.	LOTS.
		liv.			liv.			liv.			liv.			liv.
886	....	500.	937	5	400.	988	4	400.	1038	5	400.	1089	4	400.
887	5	400.	938	4	400.	989	1	400.	039	4	400.	090	3	400.
888	5	400.	939	2	400.	990	5	400.	040	5	400.	091	5	400.
889	...	10000.	940	5	400.	991	2	400.	041	5	400.	092	5	400.
890	4	400.	941	5	400.	992	4	400.	042	2	400.	093	....	500.
891	5	400.	942	2	400.	993	5	400.	043	2	400.	094	2	400.
892	2	400.	943	5	400.	994	4	400.	044	4	400.	095	1	400.
893	4	400.	944	2	400.	995	4	400.	045	4	400.	096	4	400.
894	5	400.	945	4	400.	996	1	400.	046	4	400.	097	5	400.
895	3	400.	946	4	400.	997	4	400.	047	5	400.	098	5	400.
896	4	400.	947	4	400.	998	3	400.	048	4	400.	099	4	400.
897	4	400.	948	5	400.	999	1	400.	049	3	400.	100	4	400.
898	5	400.	949	4	400.	1000	5	400.	050	4	400.	101	4	400.
899	2	400.	950	4	400.				051	3	400.	102	5	400.
900	3	400.	951	5	400.	1001	4	400.	052	2	400.	103	3	400.
901	2	400.	952	4	400.	002	5	400.	053	4	400.	104	3	400.
902	1	400.	953	2	400.	003	4	400.	054	5	400.	105	4	400.
903	5	400.	954	5	400.	004	5	400.	055	4	400.	106	1	400.
904	5	400.	955	2	400.	005	3	400.	056	5	400.	107	4	400.
905	3	400.	956	3	400.	006	4	400.	057	2	400.	108	5	400.
906	5	400.	957	2	400.	007	4	400.	058	5	400.	109	4	400.
907	5	400.	958	4	400.	008	....	500.	059	5	400.	110	5	400.
908	4	400.	959	4	400.	009	3	400.	060	4	400.	111	5	400.
909	....	500.	960	4	400.	010	5	400.	061	5	400.	112	3	400.
910	2	400.	961	1	400.	011	5	400.	062	5	400.	113	5	400.
911	5	400.	962	5	400.	012	5	400.	063	2	400.	114	5	400.
912	2	400.	963	5	400.	013	5	400.	064	4	400.	115	4	400.
913	2	400.	964	4	400.	014	2	400.	065	4	400.	116	....	600.
914	3	400.	965	5	400.	015	....	500.	066	5	400.	117	3	400.
915	3	400.	966	3	400.	016	2	400.	067	4	400.	118	5	400.
916	5	400.	967	2	400.	017	3	400.	068	4	400.	119	5	400.
917	4	400.	968	4	400.	018	4	400.	069	4	400.	120	2	400.
918	4	400.	969	5	400.	019	4	400.	070	5	400.	121	3	400.
919	1	400.	970	2	400.	020	4	400.	071	4	400.	122	4	400.
920	5	400.	971	4	400.	021	5	400.	072	4	400.	123	5	400.
921	....	600.	972	4	400.	022	3	400.	073	4	400.	124	....	500.
922	....	500.	973	4	400.	023	2	400.	074	2	400.	125	4	400.
923	4	400.	974	4	400.	024	2	400.	075	3	400.	126	5	400.
924	4	400.	975	5	400.	025	4	400.	076	3	400.	127	5	400.
925	1	400.	976	1	400.	026	2	400.	077	2	400.	128	4	400.
926	1	400.	977	4	400.	027	5	400.	078	4	400.	129	3	400.
927	4	400.	978	5	400.	028	5	400.	079	5	400.	130	1	400.
928	5	400.	979	....	500.	029	5	400.	080	5	400.	131	3	400.
929	....	500.	980	5	400.	030	5	400.	081	1	400.	132	1	400.
930	5	400.	981	....	600.	031	5	400.	082	4	400.	133	1	400.
931	5	400.	982	4	400.	032	3	400.	083	5	400.	134	1	400.
932	4	400.	983	5	400.	033	4	400.	084	4	400.	135	4	400.
933	2	400.	984	5	400.	034	5	400.	085	5	400.	136	...	600.
934	2	400.	985	3	400.	035	4	400.	086	5	400.	137	4	400.
935	4	400.	986	4	400.	036	5	400.	087	4	400.	138	4	400.
936	5	400.	987	5	400.	037	4	400.	088	4	400.	139	4	400.

Numéros	Époques.	LOTS.	Numéros	Époques.	LOTS.	Numéros	Époques.	LOTS.	Numéros	Époques.	LOTS.	Numéros	Époques.	LOTS.
		liv.			liv.			liv.			liv.			liv.
1140	5	400.	1191	3	400.	1242	5	400.	1293	3	400.	1344	5	400.
141	3	400.	192	4	400.	243	4	400.	294	3	400.	345	5	400.
142	5	400.	193	....	45000.	244	....	500.	295	2	400.	346	5	400.
143	3	400.	194	4	400.	245	5	400.	296	3	400.	347	4	400.
144	5	400.	195	5	400.	246	4	400.	297	4	400.	348	4	400.
145	2	400.	196	1	400.	247	5	400.	298	....	500.	349	3	400.
146	3	400.	197	5	400.	248	4	400.	299	5	400.	350	1	400.
147	5	400.	198	5	400.	249	4	400.	300	5	400.	351	4	400.
148	3	400.	199	5	400.	250	4	400.	301	5	400.	352	2	400.
149	3	400.	200	3	400.	251	5	400.	302	....	500.	353	5	400.
150	5	400.	201	3	400.	252	4	400.	303	4	400	354	5	400.
151	5	400.	202	5	400.	253	1	400.	304	4	400.	355	4	400.
152	3	400.	203	2	400.	254	5	400.	305	3	400.	356	5	400.
153	....	1500.	204	4	400.	255	1	400.	306	2	400.	357	3	400.
154	5	400.	205	4	400.	256	5	400.	307	....	600.	358	3	400.
155	4	400.	206	5	400.	257	5	400.	308	5	400.	359	5	400.
156	4	400.	207	4	400.	258	3	400.	309	5	400.	360	5	400.
157	4	400.	208	3	400.	259	1	400.	310	5	400.	361	....	1000.
158	4	400.	209	5	400.	260	1	400.	311	2	400.	362	3	400.
159	2	400.	210	4	400.	261	5	400.	312	3	400.	363	4	400.
160	4	400.	211	1	400.	262	4	400.	313	5	400.	364	....	500.
161	3	400.	212	5	400.	263	5	400.	314	3	400.	365	4	400.
162	3	400.	213	5	400.	264	4	400.	315	5	400.	366	4	400.
163	2	400.	214	5	400.	265	5	400.	316	5	400.	367	5	400.
164	4	400.	215	4	400.	266	5	400.	317	5	400.	368	3	400.
165	3	400.	216	5	400.	267	5	400.	318	5	400.	369	3	400.
166	5	400.	217	2	400.	268	1	400.	319	2	400.	370	4	400.
167	3	400.	218	....	600.	269	....	500.	320	4	400.	371	5	400.
168	5	400.	219	1	400.	270	2	400.	321	....	500.	372	5	400.
169	5	400.	220	5	400.	271	3	400.	322	3	400.	373	5	400.
170	4	400.	221	4	400.	272	5	400.	323	5	400.	374	4	400.
171	4	400.	222	2	400.	273	5	400.	324	5	400.	375	5	400.
172	2	400.	223	5	400.	274	5	400.	325	4	400.	376	2	400.
173	1	400.	224	3	400.	275	4	400.	326	3	400.	377	3	400.
174	5	400.	225	2	40.0	276	5	400.	327	4	400.	378	3	400.
175	5	400.	226	4	400.	277	4	400.	328	5	400.	379	5	400.
176	5	400.	227	5	400.	278	5	400.	329	5	400.	380	3	400.
177	4	400.	228	3	400.	279	4	400.	330	5	400.	381	4	400.
178	2	400.	229	5	400.	280	5	400.	331	4	400.	382	4	400.
179	5	400.	230	2	400.	281	3	400.	332	4	400.	383	4	400.
180	4	400.	231	5	400.	282	5	400.	333	5	400.	384	5	400.
181	2	400.	232	2	400.	283	4	400.	334	4	400	385	4	400.
182	2	400.	233	4	400.	284	1	400.	335	5	400.	386	5	400.
183	5	400.	234	1	400.	285	5	400.	336	....	600.	387	5	400.
184	5	400.	235	5	400.	286	5	400.	337	5	400.	388	....	600.
185	3	400.	236	1	400.	287	4	400.	338	5	400.	389	5	400.
186	2	400.	237	5	400.	288	4	400.	339	....	600.	390	4	400.
187	3	400.	238	2	400.	289	5	400.	340	2	400.	391	4	400.
188	1	400.	239	5	400.	290	5	400.	341	5	400.	392	3	400.
189	4	400.	240	2	400.	291	5	400.	342	1	400.	393	4	400.
190	3	400.	241	5	400.	292	4	400.	343	4	400.	394	1	400.

Numéros	Époques.	LOTS.	Numéros	Époques.	LOTS.	Numéros	Époques.	LOT S.	Numéros	Époques.	LOT S.	Numéros	Époques.	LOTS.
		liv.			liv.			liv.			liv.			liv.
1395	5	400.	1446	1	400.	1497	2	400.	1548	4	400.	1599	3	400.
396	2	400.	447	3	400.	498	1	400.	549	5	400.	600	3	400.
397	5	400.	448	3	400.	499	5	400.	550	2	400.	601	5	400.
398	2	400.	449	3	400.	500	5	400.	551	5	400.	602	2	400.
399	5	400.	450	2	400.	501	3	400.	552	2	400.	603	5	400.
400	2	400.	451	5	400.	502	1	400.	553	2	400.	604	5	400.
401	2	400.	452	2	400.	503	2	400.	554	3	400.	605	5	400.
402	2	400.	453	3	400.	504	3	400.	555	3	400.	606	3	400.
403	5	400.	454	5	400.	505	....	30000.	556	1	400.	607	5	400.
404	4	400.	455	4	400.	506	4	400.	557	3	400.	608	4	400.
405	2	400.	456	3	400.	507	5	400.	558	3	400.	609	5	400.
406	2	400.	457	2	400.	508	4	400.	559	5	400.	610	5	400.
407	1	400.	458	5	400.	509	5	400.	560	2	400.	611	3	400.
408	2	400.	459	3	400.	510	2	400.	561	5	400.	612	1	400.
409	5	400.	460	1	400.	511	4	400.	562	5	400.	613	5	400.
410	2	400.	461	5	400.	512	3	400.	563	4	400.	614	4	400.
411	2	400.	462	4	400.	513	3	400.	564	5	400.	615	5	400.
412	2	400.	463	5	400.	514	1	400.	565	2	400.	616	4	400.
413	4	400.	464	5	400.	515	2	400.	566	4	400.	617	5	400.
414	4	400.	465	1	400.	516	5	400.	567	2	400.	618	5	400.
415	4	400.	466	2	400.	517	4	400.	568	2	400.	619	2	400.
416	5	400.	467	3	400.	518	2	400.	569	4	400.	620	3	400.
417	5	400.	468	4	400.	519	5	400	570	1	400.	621	5	400.
418	4	400.	469	3	400.	520	3	400.	571	5	400.	622	....	500.
419	4	400.	470	2	400.	521	2	400.	572	3	400.	623	5	400.
420	2	400.	471	4	400.	522	3	400.	573	1	400.	624	5	400.
421	5	400.	472	4	400.	523	3	400.	574	3	400.	625	5	400.
422	2	400.	473	3	400.	524	4	400.	575	5	400.	626	5	400.
423	5	400.	474	2	400.	525	4	400.	576	4	400.	627	4	400.
424	3	400.	475	2	400.	526	4	400.	577	3	400.	628	1	400.
425	2	400.	476	5	400.	527	3	400.	578	4	400.	629	5	400.
426	1	400.	477	5	400.	528	5	400.	579	5	400.	630	4	400.
427	....	600.	478	4	400.	529	4	400.	580	5	400.	631	....	500.
428	1	400.	479	5	400.	530	4	400.	581	2	400.	632	1	400.
429	2	400.	480	1	400.	531	5	400.	582	2	400.	633	4	400.
430	1	400.	481	4	400.	532	2	400.	583	3	400.	634	4	400.
431	4	400.	482	4	400.	533	3	400.	584	5	400.	635	5	400.
432	4	400.	483	3	400.	534	....	500.	585	5	400.	636	4	400.
433	1	400.	484	5	400.	535	2	400.	586	5	400.	637	3	400.
434	4	400.	485	1	400.	536	4	400.	587	3	400.	638	4	400.
435	4	400.	486	3	400.	537	5	400.	588	....	500.	639	5	400.
436	4	400.	487	3	400.	538	3	400.	589	3	400.	640	3	400.
437	5	400.	488	5	400.	539	3	400.	590	3	400.	641	4	400.
438	5	400.	489	3	400.	540	5	400.	591	1	400.	642	....	500.
439	5	400.	490	4	400.	541	1	400.	592	4	400.	643	4	400.
440	2	400.	491	5	400.	542	2	400.	593	4	400.	644	5	400.
441	4	400.	492	2	400.	543	....	500.	594	5	400.	645	5	400.
442	2	400.	493	5	400.	544	5	400.	595	2	400.	646	3	400.
443	1	400.	494	4	400.	545	2	400.	596	4	400.	647	4	400.
444	3	400.	495	5	400.	546	5	400	597	4	400.	648	2	400.
445	2	400.	496	2	400.	547	2	400.	598	5	400.	649	2	400

Numéros	Époques.	LOTS.	Numéros	Époques.	LOTS.	Numéros	Époques.	LOTS.	Numéros	Époques.	LOTS.	Numéros	Époques.	LOTS.
		liv.			liv.			liv.			liv.			liv.
1650	4	400.	1701	1	400.	1752	2	400.	1803	4	400.	1854	5	400.
651	5	400.	702	4	400.	753	2	400.	804	4	400.	855	4	400.
652	1	400.	703	1	400.	754	....	500.	805	1	400.	856	2	400.
653	5	400.	704	1	400.	755	5	400.	806	2	400.	857	5	400.
654	2	400.	705	....	600.	756	2	400.	807	2	400.	858	4	400.
655	2	400.	706	3	400.	757	3	400.	808	3	400.	859	5	400.
656	4	400.	707	1	400.	758	....	500.	809	5	400.	860	5	400.
657	5	400.	708	3	400.	759	5	400.	810	4	400.	861	5	400.
658	4	400.	709	5	400.	760	2	400.	811	3	400.	862	2	400.
659	3	400.	710	5	400.	761	....	600.	812	2	400.	863	1	400.
660	5	400.	711	1	400.	762	3	400.	813	1	400.	864	5	400.
661	3	400.	712	3	400.	763	5	400.	814	5	400.	865	5	400.
662	3	400.	713	5	400.	764	4	400.	815	3	400.	866	1	400.
663	4	400.	714	4	400.	765	3	400.	816	1	400.	867	5	400.
664	4	400.	715	4	400.	766	2	400.	817	3	400.	868	....	500.
665	1	400.	716	5	400.	767	5	400.	818	5	400.	869	3	400.
666	5	400.	717	3	400.	768	5	400.	819	4	400.	870	3	400.
667	4	400.	718	5	400.	769	4	400.	820	3	400.	871	5	400.
668	5	400.	719	2	400.	770	2	400.	821	1	400.	872	5	400.
669	5	400.	720	4	400.	771	3	400.	822	4	400.	873	4	400.
670	1	400.	721	3	400.	772	2	400.	823	....	500.	874	3	400.
671	5	400.	722	5	400.	773	5	400.	824	4	400.	875	4	400.
672	5	400.	723	1	400.	774	3	400.	825	4	400.	876	3	400.
673	5	400.	724	5	400.	775	4	400.	826	5	400.	877	4	400.
674	5	400.	725	5	400.	776	5	400.	827	5	400.	878	5	400.
675	3	400.	726	5	400.	777	4	400.	828	4	400.	879	5	400.
676	5	400.	727	4	400.	778	1	400.	829	5	400.	880	3	400.
677	5	400.	728	1	400.	779	4	400.	830	4	400.	881	4	400.
678	5	400.	729	4	400.	780	....	1000.	831	....	500.	882	5	400.
679	3	400.	730	4	400.	781	5	400.	832	2	400.	883	3	400.
680	5	400.	731	5	400.	782	5	400.	833	5	400.	884	5	400.
681	2	400.	732	....	500.	783	5	400.	834	3	400.	885	2	400.
682	4	400.	733	3	400.	784	....	3000.	835	4	400.	886	3	400.
683	5	400.	734	4	400.	785	2	400.	836	3	400.	887	4	400.
684	4	400.	735	4	400.	786	5	400.	837	4	400.	888	5	400.
685	2	400.	736	3	400.	787	4	400.	838	3	400.	889	2	400.
686	5	400.	737	5	400.	788	4	400.	839	4	400.	890	2	400.
687	5	400.	738	4	400.	789	5	400.	840	5	400.	891	5	400.
688	4	400.	739	1	400.	790	1	400.	841	4	400.	892	5	400.
689	4	400.	740	4	400.	791	3	400.	842	4	400.	893	4	400.
690	4	400.	741	4	400.	792	1	400.	843	3	400.	894	5	400.
691	5	400.	742	4	400.	793	5	400.	844	4	400.	895	3	400.
692	5	400.	743	5	400.	794	5	400.	845	3	400.	896	5	400.
693	5	400.	744	5	400.	795	3	400.	846	4	400.	897	3	400.
694	5	400.	745	4	400.	796	5	400.	847	1	400.	898	5	400.
695	5	400.	746	5	400.	797	5	400.	848	4	400.	899	5	400.
696	....	1000.	747	3	400.	798	4	400.	849	5	400.	900	4	400.
697	4	400.	748	4	400.	799	5	400.	850	2	400.	901	2	400.
698	5	400.	749	2	400.	800	2	400.	851	3	400.	902	5	400.
699	3	400.	750	1	400.	801	5	400.	852	4	400.	903	5	400.
700	5	400.	751	5	400.	802	4	400.	853	5	400.	904	4	400.

Numéros	Époques.	LOTS.	Numéros	Époques.	LOTS.	Numéros	Époques.	LOTS.	Numéros	Époques.	LOTS.	Numéros	Époques.	LOTS.
		liv.			liv.			liv.			liv.			liv.
1905	2	400.	1956	5	400.	2006	3	400.	2057	5	400.	2108	2	400.
906	4	400.	957	3	400.	007	2	400.	058	3	400.	109	2	400.
907	5	400.	958	5	400.	008	5	400.	059	5	400.	110	3	400.
908	5	400.	959	2	400.	009	4	400.	060	1	400.	111	3	400.
909	5	400.	960	1	400.	010	3	400.	061	4	400.	112	4	400.
910	4	400.	961	2	400.	011	4	400.	062	4	400.	113	2	400.
911	4	400.	962	5	400.	012	5	400.	063	4	400.	114	1	400.
912	5	400.	963	5	400.	013	3	400.	064	4	400.	115	2	400.
913	5	400.	964	4	400.	014	4	400.	065	2	400.	116	4	400.
914	5	400.	965	2	400.	015	4	400.	066	5	400.	117	4	400.
915	4	400.	966	2	400.	016	5	400.	067	4	400.	118	4	400.
916	5	400.	967	2	400.	017	5	400.	068	5	400.	119	4	400.
917	3	400.	968	4	400.	018	4	400.	069	3	400.	120	3	400.
918	3	400.	969	5	400.	019	3	400.	070	....	500.	121	3	400.
919	4	400.	970	4	400.	020	2	400.	071	4	400.	122	5	400.
920	4	400.	971	....	500.	021	3	400.	072	2	400.	123	5	400.
921	3	400.	972	5	400.	022	3	400.	073	1	400.	124	3	400.
922	5	400.	973	5	400.	023	1	400.	074	5	400.	125	3	400.
923	5	400.	974	3	400.	024	1	400.	075	3	400.	126	4	400.
924	4	400.	975	5	400.	025	5	400.	076	5	400.	127	1	400.
925	2	400.	976	2	400.	026	2	400.	077	5	400.	128	2	400.
926	5	400.	977	4	400.	027	3	400.	078	3	400.	129	5	400.
927	5	400.	978	4	400.	028	....	500.	079	3	400.	130	4	400.
928	2	400.	979	2	400.	029	5	400.	080	4	400.	131	2	400.
929	4	400.	980	5	400.	030	5	400.	081	5	400.	132	3	400.
930	2	400.	981	5	400.	031	1	400.	082	5	400.	133	4	400.
931	5	400.	982	4	400.	032	5	400.	083	3	400.	134	5	400.
932	5	400.	983	2	400.	033	3	400.	084	4	400.	135	4	400.
933	3	400.	984	4	400.	034	3	400.	085	5	400.	136	4	400.
934	....	600.	985	1	400.	035	2	400.	086	3	400.	137	5	400.
935	4	400.	986	5	400.	036	5	400.	087	3	400.	138	4	400.
936	4	400.	987	5	400.	037	4	400.	088	3	400.	139	3	400.
937	1	400.	988	3	400.	038	3	400.	089	5	400.	140	4	400.
938	2	400.	989	4	400.	039	5	400.	090	2	400.	141	5	400.
939	3	400.	990	1	400.	040	3	400.	091	5	400.	142	....	1500.
940	2	400.	991	5	400.	041	2	400.	092	5	400.	143	4	400.
941	4	400.	992	2	400.	042	3	400.	093	4	400.	144	2	400.
942	5	400.	993	4	400.	043	4	400.	094	3	400.	145	3	400.
943	1	400.	994	4	400.	044	2	400.	095	4	400.	146	1	400.
944	3	400.	995	3	400.	045	4	400.	096	5	400.	147	5	400.
945	4	400.	996	2	400.	046	2	400.	097	5	400.	148	4	400.
946	....	500.	997	4	400.	047	5	400.	098	2	400.	149	4	400.
947	4	400.	998	3	400.	048	2	400.	099	4	400.	150	5	400.
948	5	400.	999	1	400.	049	5	400.	100	3	400.	151	3	400.
949	5	400.	2000	4	400.	050	1	400.	101	2	400.	152	3	400.
950	3	400.				051	3	400.	102	2	400.	153	5	400.
951	4	400.	2001	....	600.	052	5	400.	103	5	400.	154	1	400.
952	3	400.	002	....	500.	053	3	400.	104	5	400.	155	2	400.
953	3	400.	003	3	400.	054	3	400.	105	3	400.	156	4	400.
954	5	400.	004	5	400.	055	2	400.	106	5	400.	157	5	400.
955	4	400.	005	4	400.	056	1	400.	107	2	400.	158	5	400.

Numéros	Époques.	LOTS.	Numéros	Époques.	LOTS.	Numéros	Époques.	LOTS.	Numéros	Époques.	LOTS.	Numéros	Époques.	LOTS.
		liv.			liv.			liv.			liv.			liv.
2159	3	400.	2210	5	400.	2261	4	400.	2312	5	400.	2363	4	400.
160	5	400.	211	3	400.	262	4	400.	313	5	400.	364	4	400.
161	3	400.	212	3	400.	263	2	400.	314	4	400.	365	4	400.
162	3	400.	213	2	400.	264	5	400.	315	3	400.	366	2	400.
163	1	400.	214	2	400.	265	4	400.	316	4	400.	367	5	400.
164	2	400.	215	5	400.	266	....	500.	317	3	400.	368	5	400.
165	4	400.	216	5	400.	267	4	400.	318	5	400.	369	5	400.
166	5	400.	217	2	400.	268	2	400.	319	4	400.	370	5	400.
167	5	400.	218	5	400.	269	3	400.	320	5	400.	371	5	400.
168	2	400.	219	3	400.	270	4	400.	321	1	400.	372	5	400.
169	5	400.	220	5	400.	271	4	400.	322	4	400.	373	4	400.
170	2	400.	221	....	600.	272	2	400.	323	3	400.	374	4	400.
171	4	400.	222	5	400.	273	4	400.	324	4	400.	375	3	400.
172	2	400.	223	2	400.	274	3	400.	325	5	400.	376	1	400.
173	1	400.	224	5	400.	275	4	400.	326	4	400.	377	2	400.
174	5	400.	225	3	400.	276	5	400.	327	5	400.	378	2	400.
175	4	400.	226	5	400.	277	4	400.	328	5	400.	379	5	400.
176	2	400.	227	5	400.	278	4	400.	329	3	400.	380	2	400.
177	4	400.	228	5	400.	279	5	400.	330	3	400.	381	1	400.
178	5	400.	229	5	400.	280	3	400.	331	4	400.	382	5	400.
179	2	400.	230	5	400.	281	5	400.	332	4	400.	383	2	400.
180	2	400.	231	4	400.	282	3	400.	333	1	400.	384	5	400.
181	4	400.	232	3	400.	283	3	400.	334	3	400.	385	5	400.
182	1	400.	233	5	400.	284	4	400.	335	3	400.	386	5	400.
183	4	400.	234	4	400.	285	4	400.	336	1	400.	387	4	400.
184	4	400.	235	4	400.	286	5	400.	337	5	400.	388	3	400.
185	5	400.	236	2	400.	287	5	400.	338	3	400.	389	4	400.
186	4	400.	237	2	400.	288	2	400.	339	3	400.	390	5	400.
187	5	400.	238	5	400.	289	2	400.	340	5	400.	391	4	400.
188	2	400.	239	3	400.	290	3	400.	341	5	400.	392	4	400.
189	4	400.	240	5	400.	291	4	400.	342	2	400.	393	5	400.
190	1	400.	241	4	400.	292	3	400.	343	3	400.	394	5	400.
191	4	400.	242	4	400.	293	4	400.	344	4	400.	395	4	400.
192	5	400.	243	4	400.	294	4	400.	345	5	400.	396	4	400.
193	5	400.	244	3	400.	295	2	400.	346	....	500.	397	4	400.
194	5	400.	245	2	400.	296	5	400.	347	4	400.	398	2	400.
195	5	400.	246	2	400.	297	2	400.	348	1	400.	399	3	400.
196	5	400.	247	1	400.	298	....	500.	349	5	400.	400	4	400.
197	3	400.	248	4	400.	299	5	400.	350	2	400.	401	....	1500.
198	4	400.	249	2	400.	300	5	400.	351	5	400.	402	2	400.
199	1	400.	250	5	400.	301	4	400.	352	4	400.	403	4	400.
200	2	400.	251	2	400.	302	5	400.	353	2	400.	404	5	400.
201	4	400.	252	5	400.	303	5	400.	354	....	10000.	405	3	400.
202	2	400.	253	2	400.	304	5	400.	355	5	400.	406	3	400.
203	3	400.	254	2	400.	305	5	400.	356	4	400.	407	1	400.
204	2	400.	255	5	400.	306	1	400.	357	3	400.	408	4	400.
205	5	400.	256	4	400.	307	3	400.	358	5	400.	409	2	400.
206	5	400.	257	1	400.	308	3	400.	359	5	400.	410	5	400.
207	3	400.	258	5	400.	309	2	400.	360	3	400.	411	3	400.
208	4	400.	259	4	400.	310	....	500.	361	5	400.	412	5	400.
209	4	400.	260	2	400.	311	3	400.	362	2	400	413	5	400.

Numéros	Époques.	LOTS.	Numéros	Époques.	LOTS.	Numéros	Époques.	LOTS.	Numéros	Époques.	LOTS.	Numéros	Époques.	LOTS.
		liv.			liv.			liv.			liv.			liv.
2414	4	400.	2465	3	400.	2516	....	600.	2567	5	400.	2618	5	400.
415	4	400.	466	3	400.	517	2	400.	568	1	400.	619	4	400.
416	5	400.	467	3	400.	518	3	400.	569	4	400.	620	2	400.
417	5	400.	468	4	400.	519	4	400.	570	1	400.	621	5	400.
418	5	400.	469	3	400.	520	2	400.	571	5	400.	622	5	400.
419	....	1500.	470	5	400.	521	4	400.	572	4	400.	623	5	400.
420	3	400.	471	2	400.	522	2	400.	573	5	400.	624	5	400.
421	1	400.	472	4	400.	523	5	400.	574	5	400.	625	3	400.
422	5	400.	473	4	400.	524	3	400.	575	3	400.	626	4	400.
423	2	400.	474	4	400.	525	....	600.	576	3	400.	627	4	400.
424	1	400.	475	5	400.	526	5	400.	577	4	400.	628	3	400.
425	4	400.	476	3	400.	527	5	400.	578	5	400.	629	5	400.
426	....	600.	477	1	400.	528	3	400.	579	4	400.	630	5	400.
427	5	400.	478	2	400.	529	5	400.	580	4	400.	631	2	400.
428	....	500.	479	4	400.	530	4	400.	581	5	400.	632	3	400.
429	....	600.	480	2	400.	531	4	400.	582	4	400.	633	5	400.
430	3	400.	481	4	400.	532	1	400.	583	5	400.	634	4	400.
431	1	400.	482	4	400.	533	4	400.	584	4	400.	635	1	400.
432	5	400.	483	3	400.	534	4	400.	585	4	400.	636	4	400.
433	1	400.	484	5	400.	535	2	400.	586	2	400.	637	4	400.
434	3	400.	485	5	400.	536	5	400.	587	4	400.	638	2	400.
435	4	400.	486	1	400.	537	3	400.	588	....	600.	639	2	400.
436	4	400.	487	1	400.	538	4	400.	589	5	400.	640	2	400.
437	5	400.	488	4	400.	539	4	400.	590	1	400.	641	4	400.
438	2	400.	489	5	400.	540	3	400.	591	5	400.	642	1	400.
439	3	400.	490	5	400.	541	4	400.	592	4	400.	643	5	400.
440	5	400.	491	5	400.	542	4	400.	593	1	400.	644	4	400.
441	4	400.	492	5	400.	543	4	400.	594	5	400.	645	5	400.
442	4	400.	493	5	400.	544	3	400.	595	5	400.	646	3	400.
443	3	400.	494	2	400.	545	5	400.	596	3	400.	647	2	400.
444	5	400.	495	2	400.	546	5	400.	597	1	400.	648	4	400.
445	4	400.	496	5	400.	547	5	400.	598	3	400.	649	2	400.
446	5	400.	497	2	400.	548	4	400.	599	4	400.	650	3	400.
447	3	400.	498	5	400.	549	1	400.	600	5	400.	651	4	400.
448	5	400.	499	5	400.	550	4	400.	601	3	400.	652	1	400.
449	5	400.	500	5	400.	551	4	400.	602	3	400.	653	1	400.
450	5	400.	501	4	400.	552	5	400.	603	5	400.	654	4	400.
451	5	400.	502	2	400.	553	2	400.	604	2	400.	655	3	400.
452	4	400.	503	4	400.	554	3	400.	605	5	400.	656	4	400.
453	4	400.	504	2	400.	555	3	400.	606	3	400.	657	5	400.
454	5	400.	505	2	400.	556	5	400.	607	4	400.	658	5	400.
455	4	400.	506	....	600.	557	2	400.	608	4	400.	659	3	400.
456	5	400.	507	....	500.	558	5	400.	609	3	400.	660	2	400.
457	2	400.	508	5	400.	559	4	400.	610	5	400.	661	5	400.
458	3	400.	509	4	400.	560	4	400.	611	5	400.	662	5	400.
459	3	400.	510	2	400.	561	5	400.	612	5	400.	663	3	400.
460	3	400.	511	....	500.	562	5	400.	613	2	400.	664	5	400.
461	2	400.	512	5	400.	563	3	400.	614	5	400.	665	3	400.
462	4	400.	513	5	400.	564	4	400.	615	4	400.	666	5	400.
463	5	400.	514	5	400.	565	5	400.	616	5	400.	667	5	400.
464	5	400.	515	1	400.	566	5	400.	617	4	400.	668	2	400.

Numéros	Époques.	LOTS.	Numéros	Époques.	LOTS.	Numéros	Époques.	LOTS.	Numéros	Époques.	LOTS.	Numéros	Époques.	LOTS.
		liv.			liv.			liv.			liv.			liv.
2669	4	400.	2720	....	500.	2771	5	400.	2822	5	400.	2873	5	400.
670	4	400.	721	5	400.	772	3	400.	823	2	400.	874	5	400.
671	3	400.	722	4	400.	773	5	400.	824	2	400.	875	4	400.
672	4	400.	723	5	400.	774	5	400.	825	3	400.	876	3	400.
673	5	400.	724	5	400.	775	2	400.	826	2	400.	877	4	400.
674	4	400.	725	5	400.	776	1	400.	827	5	400.	878	1	400.
675	4	400.	726	4	400.	777	5	400.	828	4	400.	879	3	400.
676	3	400.	727	5	400.	778	3	400.	829	4	400.	880	2	400.
677	1	400.	728	1	400.	779	4	400.	830	4	400.	881	5	400.
678	....	500.	729	4	400.	780	5	400.	831	4	400.	882	....	500.
679	5	400.	730	5	400.	781	3	400.	832	2	400.	883	....	500.
680	3	400.	731	4	400.	782	4	400.	833	5	400.	884	3	400.
681	4	400.	732	3	400.	783	2	400.	834	2	400.	885	3	400.
682	5	400.	733	2	400.	784	5	400.	835	1	400.	886	5	400.
683	5	400.	734	4	400.	785	5	400.	836	4	400.	887	2	400.
684	5	400.	735	3	400.	786	4	400.	837	5	400.	888	4	400.
685	5	400.	736	3	400.	787	1	400.	838	3	400.	889	2	400.
686	5	400.	737	3	400.	788	1	400.	839	1	400.	890	4	400.
687	3	400.	738	2	400.	789	4	400.	840	3	400.	891	5	400.
688	3	400.	739	4	400.	790	5	400.	841	2	400.	892	4	400.
689	3	400.	740	....	500.	791	4	400.	842	5	400.	893	5	400.
690	4	400.	741	3	400.	792	5	400.	843	4	400.	894	4	400.
691	5	400.	742	1	400.	793	....	500.	844	4	400.	895	4	400.
692	2	400.	743	4	400.	794	....	500.	845	5	400.	896	3	400.
693	3	400.	744	4	400.	795	3	400.	846	5	400.	897	4	400.
694	1	400.	745	5	400.	796	3	400.	847	2	400.	898	4	400.
695	1	400.	746	....	500.	797	4	400.	848	5	400.	899	4	400.
696	2	400.	747	5	400.	798	3	400.	849	4	400.	900	4	400.
697	5	400.	748	3	400.	799	4	400.	850	1	400.	901	5	400.
698	5	400.	749	4	400.	800	4	400.	851	5	400.	902	2	400.
699	3	400.	750	4	400.	801	3	400.	852	2	400.	903	5	400.
700	3	400.	751	5	400.	802	....	600.	853	4	400.	904	4	400.
701	5	400.	752	3	400.	803	4	400.	854	5	400.	905	2	400.
702	4	400.	753	2	400.	804	3	400.	855	5	400.	906	4	400.
703	5	400.	754	4	400.	805	5	400.	856	5	400.	907	2	400.
704	4	400.	755	5	400.	806	5	400.	857	5	400.	908	5	400.
705	3	400.	756	4	400.	807	4	400.	858	5	400.	909	5	400.
706	5	400.	757	4	400.	808	5	400.	859	2	400.	910	5	400.
707	4	400.	758	2	400.	809	2	400.	860	4	400.	911	3	400.
708	....	500.	759	2	400.	810	5	400.	861	4	400.	912	5	400.
709	5	400.	760	3	400.	811	5	400.	862	1	400.	913	5	400.
710	4	400.	761	5	400.	812	2	400.	863	1	400.	914	5	400.
711	....	500.	762	2	400.	813	3	400.	864	3	400.	915	3	400.
712	4	400.	763	4	400.	814	5	400.	865	5	400.	916	2	400.
713	4	400.	764	5	400.	815	2	400.	866	5	400.	917	5	400.
714	4	400.	765	4	400.	816	....	500.	867	5	400.	918	1	400.
715	5	400.	766	4	400.	817	2	400.	868	4	400.	919	4	400.
716	3	400.	767	....	500.	818	5	400.	869	2	400.	920	4	400.
717	1	400.	768	4	400.	819	5	400.	870	4	400.	921	5	400.
718	4	400.	769	1	400.	820	3	400.	871	3	400.	922	1	400.
719	2	400.	770	1	400.	821	3	400.	872	3	400.	923	4	400.

Numéros	Époques.	LOTS.	Numéros	Époques.	LOTS.	Numéros	Époques.	LOTS.	Numéros	Époques.	LOTS.	Numéros	Époques.	LOTS.
		liv.			liv.			liv.			liv.			liv.
2924	5	400.	2975	3	400.	3025	4	400.	3076	1	400.	3127	4	400.
925	5	400.	976	4	400.	026	5	400.	077	5	400.	128	2	400.
926	3	400.	977	3	400.	027	1	400.	078	4	400.	129	4	400.
927	4	400.	978	4	400.	028	2	400.	079	4	400.	130	5	400.
928	5	400.	979	4	400.	029	4	400.	080	....	600.	131	....	600.
929	4	400.	980	5	400.	030	5	400.	081	....	600.	132	5	400.
930	4	400.	981	2	400.	031	4	400.	082	2	400.	133	4	400.
931	3	400.	982	5	400.	032	2	400.	083	5	400.	134	4	400.
932	3	400.	983	2	400.	033	5	400.	084	3	400.	135	4	400.
933	5	400.	984	2	400.	034	1	400.	085	1	400.	136	1	400.
934	4	400.	985	4	400.	035	4	400.	086	....	600.	137	4	400.
935	2	400.	986	5	400.	036	4	400.	087	5	400.	138	1	400.
936	4	400.	987	3	400.	037	4	400.	088	1	400.	139	3	400.
937	5	400.	988	4	400.	038	4	400.	089	4	400.	140	4	400.
938	5	400.	989	5	400.	039	5	400.	090	5	400.	141	3	400.
939	2	400.	990	5	400.	040	5	400.	091	5	400.	142	3	400.
940	1	400.	991	2	400.	041	5	400.	092	2	400.	143	3	400.
941	5	400.	992	3	400.	042	3	400.	093	5	400.	144	5	400.
942	5	400.	993	4	400.	043	1	400.	094	5	400.	145	4	400.
943	5	400.	994	5	400.	044	1	400.	095	3	400.	146	2	400.
944	5	400.	995	1	400.	045	3	400.	096	4	400.	147	5	400.
945	1	400.	996	2	400.	046	4	400.	097	4	400.	148	1	400.
946	5	400.	997	3	400.	047	2	400.	098	4	400.	149	5	400.
947	5	400.	998	4	400.	048	....	600.	099	2	400.	150	5	400.
948	3	400.	999	2	400.	049	3	400.	100	4	400.	151	3	400.
949	....	500.	3000	2	400.	050	3	400.	101	5	400.	152	5	400.
950	5	400.				051	5	400.	102	5	400.	153	2	400.
951	4	400.	3001	4	400.	052	5	400.	103	5	400.	154	4	400.
952	4	400.	002	4	400.	053	4	400.	104	5	400.	155	5	400.
953	5	400.	003	5	400.	054	2	400.	105	3	400.	156	5	400.
954	3	400.	004	5	400.	055	3	400.	106	4	400.	157	3	400.
955	4	400.	005	3	400.	056	5	400.	107	5	400.	158	3	400.
956	4	400.	006	4	400.	057	1	400.	108	3	400.	159	4	400.
957	2	400.	007	5	400.	058	....	600.	109	2	400.	160	2	400.
958	5	400.	008	5	400.	059	4	400.	110	5	400.	161	3	400.
959	....	600.	009	4	400.	060	3	400.	111	2	400.	162	2	400.
960	3	400.	010	....	3000.	061	1	400.	112	3	400.	163	....	500.
961	3	400.	011	5	400.	062	2	400.	113	5	400.	164	3	400.
962	4	400.	012	5	400.	063	4	400.	114	5	400.	165	3	400.
963	3	400.	013	3	400.	064	5	400.	115	4	400.	166	4	400.
964	5	400.	014	4	400.	065	5	400.	116	3	400.	167	2	400.
965	4	400.	015	3	400.	066	5	400.	117	5	400.	168	2	400.
966	3	400.	016	5	400.	067	....	3000.	118	2	400.	169	2	400.
967	3	400.	017	2	400.	068	2	400.	119	5	400.	170	4	400.
968	5	400.	018	5	400.	069	1	400.	120	3	400.	171	5	400.
969	5	400.	019	5	400.	070	5	400.	121	5	400.	172	5	400.
970	....	600.	020	4	400.	071	3	400.	122	2	400.	173	2	400.
971	3	400.	021	4	400.	072	1	400.	123	4	400.	174	3	400.
972	3	400.	022	5	400.	073	2	400.	124	3	400.	175	4	400.
973	4	400.	023	1	400.	074	4	400.	125	4	400.	176	1	400.
974	4	400.	024	5	400.	075	4	400.	126	5	400.	177	4	400.

Numéros	Époques.	LOTS.	Numéros	Époques.	LOTS.	Numéros	Époques.	LOTS.	Numéros	Époques.	LOTS.	Numéros	Époques.	LOTS.
		liv.			liv.			liv.			liv.			liv.
3178	2	400.	3229	3	400.	3280	5	400.	3331	5	400.	3382	2	400.
179	2	400.	230	4	400.	281	3	400.	332	3	400.	383	5	400.
180	....	600.	231	5	400.	282	2	400.	333	4	400.	384	5	400.
181	2	400.	232	5	400.	283	5	400.	334	2	400.	385	2	400.
182	4	400.	233	4	400.	284	5	400.	335	1	400.	386	4	400.
183	2	400.	234	3	400.	285	5	400.	336	5	400.	387	2	400.
184	2	400.	235	2	400.	286	5	400.	337	4	400.	388	1	400.
185	4	400.	236	5	400.	287	1	400.	338	4	400.	389	4	400.
186	....	500.	237	....	500.	288	2	400.	339	3	400.	390	3	400.
187	5	400.	238	2	400.	289	4	400.	340	5	400.	391	4	400.
188	2	400.	239	5	400.	290	4	400.	341	5	400.	392	2	400.
189	2	400.	240	4	400.	291	5	400.	342	1	400.	393	5	400.
190	4	400.	241	4	400.	292	5	400.	343	5	400.	394	3	400.
191	2	400.	242	5	400.	293	5	400.	344	4	400.	395	2	400.
192	5	400.	243	4	400.	294	4	400.	345	3	400.	396	....	500.
193	2	400.	244	4	400.	295	3	400.	346	1	400.	397	5	400.
194	2	400.	245	4	400.	296	3	400.	347	1	400.	398	5	400.
195	2	400.	246	5	400.	297	4	400.	348	5	400.	399	3	400.
196	4	400.	247	5	400.	298	1	400.	349	5	400.	400	5	400.
197	1	400.	248	4	400.	299	4	400.	350	2	400.	401	2	400.
198	5	400.	249	3	400.	300	5	400.	351	4	400.	402	4	400.
199	4	400.	250	5	400.	301	4	400.	352	2	400.	403	3	400.
200	5	400.	251	5	400.	302	3	400.	353	5	400.	404	2	400.
201	5	400.	252	5	400.	303	5	400.	354	5	400.	405	4	400.
202	1	400.	253	1	400.	304	1	400.	355	....	500.	406	4	400.
203	5	400.	254	4	400.	305	3	400.	356	2	400.	407	1	400.
204	....	500.	255	5	400.	306	5	400.	357	3	400.	408	5	400.
205	3	400.	256	4	400.	307	3	400.	358	4	400.	409	2	400.
206	3	400.	257	1	400.	308	2	400.	359	4	400.	410	2	400.
207	4	400.	258	5	400.	309	3	400.	360	1	400.	411	4	400.
208	2	400.	259	3	400.	310	5	400.	361	2	400.	412	4	400.
209	4	400.	260	4	400.	311	1	400.	362	2	400.	413	3	400.
210	4	400.	261	5	400.	312	4	400.	363	5	400.	414	5	400.
211	4	400.	262	1	400.	313	5	400.	364	4	400.	415	5	400.
212	4	400.	263	5	400.	314	4	400.	365	4	400.	416	5	400.
213	3	400.	264	2	400.	315	3	400.	366	4	400.	417	5	400.
214	5	400.	265	3	400.	316	3	400.	367	5	400.	418	5	400.
215	3	400.	266	2	400.	317	5	400.	368	2	400.	419	5	400.
216	5	400.	267	4	400.	318	4	400.	369	5	400.	420	2	400.
217	2	400.	268	4	400.	319	5	400.	370	5	400.	421	3	400.
218	4	400.	269	5	400.	320	4	400.	371	4	400.	422	5	400.
219	3	400.	270	3	400.	321	5	400.	372	2	400.	423	5	400.
220	2	400.	271	4	400.	322	5	400.	373	4	400.	424	3	400.
221	3	400.	272	1	400.	323	5	400.	374	3	400.	425	5	400.
222	5	400.	273	5	400.	324	5	400.	375	2	400.	426	4	400.
223	5	400.	274	3	400.	325	5	400.	376	4	400.	427	....	500.
224	5	400.	275	4	400.	326	4	400.	377	....	1500.	428	1	400.
225	1	400.	276	5	400.	327	4	400.	378	4	400.	429	4	400.
226	5	400.	277	1	400.	328	5	400.	379	5	400.	430	3	400.
227	3	400.	278	3	400.	329	2	400.	380	4	400.	431	3	400.
228	5	400.	279	4	400.	330	....	500.	381	3	400.	432	4	400.

Numéros	Époques.	LOTS.	Numéros	Époques.	LOTS.	Numéros	Époques.	LOTS.	Numéros	Époques.	LOTS.	Numéros	Époques.	LOTS.
		liv.			liv.			liv.			liv.			liv.
3433	4	400.	3484	1	400.	3535	5	400.	3586	3	400.	3637	4	400.
434	4	400.	485	2	400.	536	4	400.	587	3	400.	638	5	400.
435	4	400.	486	5	400.	537	5	400.	588	4	400.	639	....	500.
436	3	400.	487	4	400.	538	5	400.	589	5	400.	640	5	400.
437	4	400.	488	5	400.	539	3	400.	590	2	400.	641	4	400.
438	1	400.	489	5	400.	540	....	500.	591	5	400.	642	....	500.
439	1	400.	490	5	400.	541	5	400.	592	5	400.	643	5	400.
440	5	400.	491	4	400.	542	3	400.	593	5	400.	644	5	400.
441	5	400.	492	5	400.	543	3	400.	594	5	400.	645	4	400.
442	1	400.	493	5	400.	544	4	400.	595	2	400.	646	3	400.
443	5	400.	494	5	400.	545	5	400.	596	5	400.	647	1	400.
444	3	400.	495	4	400.	546	5	400.	597	3	400.	648	5	400.
445	3	400.	496	4	400.	547	5	400.	598	3	400.	649	5	400.
446	3	400.	497	4	400.	548	4	400.	599	4	400.	650	4	400.
447	4	400.	498	2	400.	549	3	400.	600	5	400.	651	5	400.
448	1	400.	499	4	400.	550	5	400.	601	2	400.	652	4	400.
449	3	400.	500	4	400.	551	4	400.	602	2	400.	653	2	400.
450	3	400.	501	4	400.	552	5	400.	603	4	400.	654	1	400.
451	5	400.	502	5	400.	553	4	400.	604	4	400.	655	4	400.
452	5	400.	503	....	600.	554	2	400.	605	3	400.	656	1	400.
453	5	400.	504	4	400.	555	2	400.	606	5	400.	657	5	400.
454	5	400.	505	2	400.	556	3	400.	607	2	400.	658	2	400.
455	5	400.	506	....	500.	557	5	400.	608	4	400.	659	3	400.
456	2	400.	507	2	400.	558	3	400.	609	2	400.	660	5	400.
457	4	400.	508	3	400.	559	5	400.	610	3	400.	661	3	400.
458	5	400.	509	3	400.	560	5	400.	611	3	400.	662	5	400.
459	3	400.	510	3	400.	561	5	400.	612	5	400.	663	3	400.
460	5	400.	511	1	400.	562	4	400.	613	5	400.	664	4	400.
461	4	400.	512	4	400.	563	3	400.	614	4	400.	665	3	400.
462	2	400.	513	5	400.	564	3	400.	615	5	400.	666	4	400.
463	5	400.	514	4	400.	565	2	400.	616	5	400.	667	....	500.
464	4	400.	515	....	500.	566	5	400.	617	2	400.	668	3	400.
465	3	400.	516	....	500.	567	5	400.	618	1	400.	669	4	400.
466	1	400.	517	4	400.	568	3	400.	619	2	400.	670	3	400.
467	3	400.	518	5	400.	569	4	400.	620	5	400.	671	4	400.
468	4	400.	519	5	400.	570	5	400.	621	5	400.	672	5	400.
469	2	400.	520	4	400.	571	4	400.	622	4	400.	673	4	400.
470	2	400.	521	4	400.	572	4	400.	623	3	400.	674	2	400.
471	2	400.	522	4	400.	573	2	400.	624	5	400.	675	2	400.
472	5	400.	523	5	400.	574	5	400.	625	5	400.	676	3	400.
473	4	400.	524	2	400.	575	5	400.	626	2	400.	677	5	400.
474	4	400.	525	4	400.	576	4	400.	627	4	400.	678	5	400.
475	5	400.	526	5	400.	577	5	400.	628	4	400.	679	4	400.
476	4	400.	527	3	400.	578	3	400.	629	5	400.	680	3	400.
477	5	400.	528	3	400.	579	3	400.	630	1	400.	681	2	400.
478	4	400.	529	4	400.	580	3	400.	631	3	400.	682	2	400.
479	2	400.	530	4	400.	581	5	400.	632	5	400.	683	....	3000.
480	4	400.	531	3	400.	582	1	400.	633	2	400.	684	5	400.
481	4	400.	532	3	400.	583	5	400.	634	5	400.	685	4	400.
482	2	400.	533	4	400.	584	5	400.	635	2	400.	686	3	400.
483	3	400.	534	4	400.	585	2	400.	636	2	400.	687	5	400.

Numéros	Époques.	LOTS.	Numéros	Époques.	LOTS.	Numéros	Époques.	LOTS.	Numéros	Époques.	LOTS.	Numéros	Époques.	LOTS.
		liv.			liv.			liv.			liv.			liv.
3688	1	400.	3739	3	400.	3790	5	400.	3841	2	400.	3892	4	400.
689	5	400.	740	5	400.	791	1	400.	842	5	400.	893	4	400.
690	2	400.	741	5	400.	792	1	400.	843	5	400.	894	5	400.
691	5	400.	742	4	400.	793	2	400.	844	1	400.	895	4	400.
692	5	400.	743	2	400.	794	4	400.	845	2	400.	896	5	400.
693	3	400.	744	3	400.	795	4	400.	846	4	400.	897	5	400.
694	3	400.	745	5	400.	796	3	400.	847	5	400.	898	3	400.
695	5	400.	746	3	400.	797	4	400.	848	4	400.	899	4	400.
696	5	400.	747	4	400.	798	3	400.	849	3	400.	900	4	400.
697	5	400.	748	4	400.	799	3	400.	850	5	400.	901	2	400.
698	3	400.	749	3	400.	800	5	400.	851	4	400.	902	3	400.
699	3	400.	750	5	400.	801	3	400.	852	2	400.	903	4	400.
700	5	400.	751	5	400.	802	1	400.	853	5	400.	904	5	400.
701	4	400.	752	3	400.	803	5	400.	854	2	400.	905	4	400.
702	4	400.	753	5	400.	804	5	400.	855	4	400.	906	5	400.
703	5	400.	754	1	400.	805	5	400.	856	5	400.	907	4	400.
704	3	400.	755	4	400.	806	5	400.	857	2	400.	908	1	400.
705	5	400.	756	5	400.	807	5	400.	858	4	400.	909	4	400.
706	3	400.	757	5	400.	808	3	400.	859	3	400.	910	5	400.
707	3	400.	758	2	400.	809	2	400.	860	4	400.	911	4	400.
708	5	400.	759	5	400.	810	5	400.	861	2	400.	912	1	400.
709	4	400.	760	3	400.	811	2	400.	862	5	400.	913	3	400.
710	2	400.	761	5	400.	812	4	400.	863	2	400.	914	3	400.
711	5	400.	762	4	400.	813	3	400.	864	3	400.	915	1	400.
712	4	400.	763	4	400.	814	4	400.	865	1	400.	916	5	400.
713	4	400.	764	2	400.	815	5	400.	866	5	400.	917	4	400.
714	4	400.	765	....	600.	816	....	1500.	867	3	400.	918	....	600.
715	4	400.	766	2	400.	817	4	400.	868	3	400.	919	5	400.
716	5	400.	767	4	400.	818	5	400.	869	1	400.	920	4	400.
717	4	400.	768	1	400.	819	1	400.	870	3	400.	921	2	400.
718	....	1500.	769	4	400.	820	1	400.	871	4	400.	922	4	400.
719	2	400.	770	5	400.	821	3	400.	872	3	400.	923	4	400.
720	4	400.	771	1	400.	822	5	400.	873	4	400.	924	5	400.
721	5	400.	772	3	400.	823	5	400.	874	1	400.	925	4	400.
722	5	400.	773	3	400.	824	4	400.	875	4	400.	926	5	400.
723	4	400.	774	4	400.	825	5	400.	876	4	400.	927	5	400.
724	5	400.	775	5	400.	826	5	400.	877	5	400.	928	5	400.
725	5	400.	776	5	400.	827	5	400.	878	5	400.	929	3	400.
726	4	400.	777	5	400.	828	3	400.	879	5	400.	930	1	400.
727	4	400.	778	5	400.	829	4	400.	880	3	400.	931	4	400.
728	5	400.	779	2	400.	830	4	400.	881	5	400.	932	5	400.
729	5	400.	780	3	400.	831	5	400.	882	4	400.	933	3	400.
730	1	400.	781	4	400.	832	3	400.	883	3	400.	934	4	400.
731	3	400.	782	5	400.	833	4	400.	884	4	400.	935	4	400.
732	4	400.	783	5	400.	834	4	400.	885	5	400.	936	3	400.
733	2	400.	784	5	400.	835	5	400.	886	2	400.	937	5	400.
734	5	400.	785	4	400.	836	1	400.	887	2	400.	938	5	400.
735	4	400.	786	5	400.	837	....	500.	888	4	400.	939	1	400.
736	5	400.	787	3	400.	838	5	400.	889	3	400.	940	1	400.
737	3	400.	788	1	400.	839	2	400.	890	5	400.	941	2	400.
738	5	400.	789	5	400.	840	5	400.	891	3	400.	942	4	400.

Numéros	Époques.	LOTS.	Numéros	Époques.	LOTS.	Numéros	Époques.	LOTS.	Numéros	Époques.	LOTS.	Numéros	Époques.	LOTS.
		liv.			liv.			liv.			liv.			liv.
3943	5	400.	3994	4	400.	4044	3	400.	4095	4	400.	4146	4	400.
944	4	400.	995	3	400.	045	....	1500.	096	1	400.	147	5	400.
945	5	400.	996	2	400.	046	4	400.	097	5	400.	148	3	400.
946	5	400.	997	1	400.	047	5	400.	098	4	400.	149	....	500.
947	3	400.	998	2	400.	048	5	400.	099	5	400.	150	4	400.
948	5	400.	999	3	400.	049	1	400.	100	5	400.	151	2	400.
949	4	400.	4000	5	400.	050	5	400.	101	4	400.	152	1	400.
950	1	400.				051	2	400.	102	4	400.	153	3	400.
951	5	400.	4001	2	400.	052	4	400.	103	2	400.	154	2	400.
952	1	400.	002	4	400.	053	1	400.	104	4	400.	155	1	400.
953	3	400.	003	3	400.	054	3	400.	105	4	400.	156	2	400.
954	5	400.	004	4	400.	055	4	400.	106	1	400.	157	2	400.
955	5	400.	005	5	400.	056	1	400.	107	5	400.	158	5	400.
956	4	400.	006	5	400.	057	3	400.	108	5	400.	159	5	400.
957	3	400.	007	5	400.	058	4	400.	109	....	500.	160	4	400.
958	2	400.	008	5	400.	059	2	400.	110	5	400.	161	5	400.
959	4	400.	009	5	400.	060	2	400.	111	5	400.	162	4	400.
960	5	400.	010	2	400.	061	5	400.	112	4	400.	163	4	400.
961	....	1500.	011	4	400.	062	4	400.	113	5	400.	164	2	400.
962	4	400.	012	4	400.	063	4	400.	114	1	400.	165	....	600.
963	5	400.	013	3	400.	064	4	400.	115	3	400.	166	5	400.
964	4	400.	014	4	400.	065	5	400.	116	4	400.	167	4	400.
965	3	400.	015	2	400.	066	....	500.	117	3	400.	168	5	400.
966	4	400.	016	5	400.	067	4	400.	118	1	400.	169	2	400.
967	1	400.	017	3	400.	068	4	400.	119	4	400.	170	4	400.
968	5	400.	018	2	400.	069	4	400.	120	4	400.	171	4	400.
969	5	400.	019	1	400.	070	3	400.	121	2	400.	172	4	400.
970	1	400.	020	2	400.	071	1	400.	122	3	400.	173	4	400.
971	3	400.	021	4	400.	072	4	400.	123	2	400.	174	3	400.
972	4	400.	022	1	400.	073	4	400.	124	4	400.	175	1	400.
973	5	400.	023	5	400.	074	5	400.	125	3	400.	176	4	400.
974	1	400.	024	3	400.	075	4	400.	126	5	400.	177	5	400.
975	2	400.	025	5	400.	076	5	400.	127	....	1000.	178	4	400.
976	1	400.	026	2	400.	077	3	400.	128	2	400.	179	3	400.
977	5	400.	027	4	400.	078	5	400.	129	4	400.	180	5	400.
978	2	400.	028	2	400.	079	5	400.	130	4	400.	181	4	400.
979	5	400.	029	3	400.	080	3	400.	131	4	400.	182	4	400.
980	4	400.	030	4	400.	081	5	400.	132	2	400.	183	4	400.
981	4	400.	031	5	400.	082	5	400.	133	2	400.	184	3	400.
982	4	400.	032	5	400.	083	3	400.	134	5	400.	185	3	400.
983	5	400.	033	3	400.	084	5	400.	135	5	400.	186	1	400.
984	1	400.	034	5	400.	085	2	400.	136	4	400.	187	5	400.
985	1	400.	035	3	400.	086	5	400.	137	....	500.	188	4	400.
986	3	400.	036	5	400.	087	2	400.	138	3	400.	189	5	400.
987	4	400.	037	5	400.	088	4	400.	139	5	400.	190	4	400.
988	3	400.	038	4	400.	089	4	400.	140	3	400.	191	4	400.
989	....	600.	039	4	400.	090	3	400.	141	4	400.	192	5	400.
990	5	400.	040	5	400.	091	4	400.	142	....	500.	193	4	400.
991	3	400.	041	5	400.	092	4	400.	143	2	400.	194	4	400.
992	4	400.	042	5	400.	093	3	400.	144	4	400.	195	3	400.
993	5	400.	043	3	400.	094	3	400.	145	4	400.	196	2	400.

Numéros	Époques.	LOTS.	Numéros	Époques.	LOTS.	Numéros	Époques.	LOTS.	Numéros	Époques.	LOTS.	Numéros	Époques.	LOTS.
		liv.			liv.			liv.			liv.			liv.
4197	5	400.	4248	1	400.	4298	5	400.	4349	4	400.	4400	4	400.
198	5	400.	249	5	400.	299	5	400.	350	2	400.	401	5	400.
199	4	400.	250	5	400.	300	4	400.	351	5	400.	402	4	400.
200	3	400.	251	2	400.	301	3	400.	352	2	400.	403	5	400.
201	5	400.	252	5	400.	302	5	400.	353	2	400.	404	4	400.
202	1	400.	253	2	400.	303	2	400.	354	5	400.	405	1	400.
203	3	400.	254	....	3000.	304	....	600.	355	5	400.	406	2	400.
204	5	400.	255	5	400.	305	4	400.	356	5	400.	407	3	400.
205	2	400.	256	5	400.	306	3	400.	357	2	400.	408	2	400.
206	3	400.	257	1	400.	307	4	400.	358	4	400.	409	2	400.
207	3	400.	258	4	400.	308	5	400.	359	5	400.	410	4	400.
208	5	400.	259	5	400.	309	4	400.	360	2	400.	411	5	400.
209	3	400.	260	....	500.	310	3	400.	361	5	400.	412	2	400.
210	4	400.	261	5	400.	311	2	400.	362	1	400.	413	2	400.
211	3	400.	262	5	400.	312	3	400.	363	2	400.	414	5	400.
212	2	400.	263	4	400.	313	5	400.	364	1	400.	415	5	400.
213	3	400.	264	5	400.	314	3	400.	365	3	400.	416	3	400.
214	1	400.	265	5	400.	315	....	600.	366	2	400.	417	3	400.
215	5	400.	266	5	400.	316	4	400.	367	5	400.	418	1	400.
216	4	400.	267	4	400.	317	5	400.	368	5	400.	419	....	500.
217	5	400.	268	4	400.	318	2	400.	369	4	400.	420	4	400.
218	4	400.	269	4	400.	319	5	400.	370	5	400.	421	1	400.
219	5	400.	270	2	400.	320	5	400.	371	1	400.	422	5	400.
220	4	400.	271	3	400.	321	5	400.	372	3	400.	423	3	400.
221	5	400.	272	1	400.	322	....	1500.	373	3	400.	424	3	400.
222	3	400.	273	5	400.	323	2	400.	374	5	400.	425	4	400.
223	3	400.	274	....	600.	324	2	400.	375	3	400.	426	2	400.
224	3	400.	275	1	400.	325	2	400.	376	1	400.	427	2	400.
225	1	400.	276	2	400.	326	4	400.	377	1	400.	428	5	400.
226	5	400.	277	4	400.	327	4	400.	378	1	400.	429	3	400.
227	1	400.	278	4	400.	328	4	400.	379	3	400.	430	5	400.
228	5	400.	279	2	400.	329	5	400.	380	2	400.	431	4	400.
229	5	400.	280	4	400.	330	5	400.	381	4	400.	432	4	400.
230	2	400.	281	5	400.	331	5	400.	382	2	400.	433	3	400.
231	2	400.	282	4	400.	332	2	400.	383	5	400.	434	3	400.
232	3	400.	283	2	400.	333	3	400.	384	3	400.	435	5	400.
233	....	1000.	284	1	400.	334	3	400.	385	1	400.	436	4	400.
234	1	400.	285	5	400.	335	5	400.	386	5	400.	437	5	400.
235	2	400.	286	2	400.	336	4	400.	387	4	400.	438	5	400.
236	5	400.	287	5	400.	337	4	400.	388	1	400.	439	4	400.
237	3	400.	288	1	400.	338	5	400.	389	5	400.	440	3	400.
238	2	400.	289	3	400.	339	5	400.	390	5	400.	441	3	400.
239	3	400.	290	5	400.	340	4	400.	391	2	400.	442	5	400.
240	5	400.	291	5	400.	341	2	400.	392	3	400.	443	5	400.
241	4	400.	292	5	400.	342	5	400.	393	2	400.	444	5	400.
242	4	400.	293	3	400.	343	5	400.	394	4	400.	445	4	400.
243	4	400.	294	2	400.	344	2	400.	395	4	400.	446	....	3000.
244	5	400.	295	5	400.	345	4	400.	396	4	400.	447	2	400.
245	2	400.	296	3	400.	346	1	400.	397	4	400.	448	2	400.
246	4	400.	297	1	400.	347	5	400.	398	3	400.	449	5	400.
247	3	400.				348	2	400.	399	5	400.	450	2	400.

Numéros	Époques.	LOTS.	Numéros	Époques.	LOTS.	Numéros	Époques.	LOTS.	Numéros	Époques.	LOTS.	Numéros	Époques.	LOTS.
		liv.			liv.			liv.			liv.			liv.
4451	5	400.	4502	5	400.	4553	5	400.	4604	3	400.	4655	3	400.
452	5	400.	503	5	400.	554	5	400.	605	5	400.	656	5	400.
453	5	400.	504	5	400.	555	1	400.	606	5	400.	657	5	400.
454	3	400.	505	5	400.	556	5	400.	607	5	400.	658	3	400.
455	3	400.	506	4	400.	557	5	400.	608	3	400.	659	4	400.
456	4	400.	507	5	400.	558	5	400.	609	3	400.	660	2	400.
457	4	400.	508	5	400.	559	....	500.	610	5	400.	661	5	400.
458	2	400.	509	4	400.	560	5	400.	611	4	400.	662	1	400.
459	5	400.	510	4	400.	561	5	400.	612	1	400.	663	4	400.
460	3	400.	511	4	400.	562	5	400.	613	4	400.	664	2	400.
461	5	400.	512	4	400.	563	4	400.	614	5	400.	665	5	400.
462	1	400.	513	5	400.	564	4	400.	615	4	400.	666	5	400.
463	2	400.	514	2	400.	565	5	400.	616	4	400.	667	2	400.
464	4	400.	515	5	400.	566	5	400.	617	3	400.	668	4	400.
465	1	400.	516	2	400.	567	4	400.	618	2	400.	669	5	400.
466	4	400.	517	3	400.	568	5	400.	619	5	400.	670	1	400.
467	5	400.	518	4	400.	569	3	400.	620	5	400.	671	5	400.
468	1	400.	519	3	400	570	3	400.	621	5	400.	672	4	400.
469	4	400.	520	5	400.	571	4	400.	622	4	400.	673	1	400.
470	2	400.	521	3	400.	572	5	400.	623	5	400.	674	4	400.
471	2	400.	522	4	400.	573	2	400.	624	3	400.	675	4	400.
472	5	400.	523	4	400.	574	5	400.	625	4	400.	676	5	400.
473	5	400.	524	....	600.	575	4	400.	626	5	400.	677	3	400.
474	5	400.	525	4	400.	576	5	400.	627	4	400.	678	2	400.
475	2	400.	526	3	400.	577	3	400.	628	5	400.	679	5	400.
476	4	400.	527	5	400.	578	5	400.	629	5	400.	680	2	400.
477	4	400.	528	4	400.	579	1	400.	630	....	600.	681	3	400.
478	5	400.	529	3	400.	580	1	400.	631	5	400.	682	3	400.
479	5	400.	530	4	400.	581	2	400.	632	4	400.	683	....	1500.
480	3	400.	531	5	400.	582	5	400.	633	2	400.	684	4	400.
481	3	400.	532	1	400.	583	2	400.	634	5	400.	685	5	400.
482	3	400.	533	5	400.	584	4	400.	635	....	500.	686	4	400.
483	....	500.	534	5	400.	585	4	400.	636	4	400.	687	5	400.
484	4	400.	535	4	400.	586	4	400.	637	2	400.	688	4	400.
485	4	400.	536	5	400.	587	4	400.	638	3	400.	689	3	400.
486	2	400.	537	4	400.	588	5	400.	639	4	400.	690	4	400.
487	3	400.	538	5	400.	589	5	400.	640	4	400.	691	5	400.
488	4	400.	539	5	400.	590	5	400.	641	3	400.	692	5	400.
489	5	400.	540	5	400.	591	4	400.	642	4	400.	693	4	400.
490	4	400.	541	1	400.	592	5	400.	643	4	400.	694	5	400.
491	5	400.	542	4	400.	593	5	400.	644	2	400.	695	5	400.
492	4	400.	543	4	400.	594	5	400.	645	5	400.	696	4	400.
493	5	400.	544	4	400.	595	5	400.	646	3	400.	697	1	400.
494	3	400.	545	4	400.	596	1	400.	647	5	400.	698	1	400.
495	....	500.	546	5	400.	597	3	400.	648	2	400.	699	....	500.
496	3	400.	547	3	400.	598	3	400.	649	4	400.	700	4	400.
497	5	400.	548	4	400.	599	5	400.	650	5	400.	701	4	400.
498	5	400.	549	2	400.	600	3	400.	651	3	400.	702	2	400.
499	5	400.	550	4	400.	601	4	400.	652	2	400.	703	3	400.
500	1	400.	551	3	400.	602	4	400.	653	....	600.	704	4	400.
501	5	400.	552	4	400.	603	5	400.	654	3	400.	705	4	400.

Numéros	Époques.	LOTS.	Numéros	Époques.	LOTS.	Numéros	Époques.	LOTS.	Numéros	Époques.	LOTS.	Numéros	Époques.	LOTS.
		liv.			liv.			liv.			liv.			liv.
4706	5	400.	4757	3	400.	4808	4	400.	4859	4	400.	4910	4	400.
707	3	400.	758	2	400.	809	5	400.	860	5	400.	911	4	400.
708	1	400.	759	4	400.	810	3	400.	861	5	400.	912	3	400.
709	5	400.	760	3	400.	811	4	400.	862	4	400.	913	1	400.
710	4	400.	761	5	400.	812	5	400.	863	5	400.	914	....	1500.
711	1	400.	762	5	400.	813	5	400.	864	4	400.	915	3	400.
712	4	400.	763	3	400.	814	4	400.	865	4	400.	916	3	400.
713	5	400.	764	2	400.	815	1	400.	866	4	400.	917	5	400.
714	4	400.	765	5	400.	816	5	400.	867	5	400.	918	4	400.
715	3	400.	766	5	400.	817	4	400.	868	2	400.	919	4	400.
716	....	500.	767	5	400.	818	5	400.	869	2	400.	920	4	400.
717	5	400.	768	5	400.	819	3	400.	870	1	400.	921	5	400.
718	2	400.	769	....	500.	820	2	400.	871	4	400.	922	4	400.
719	5	400,	770	5	400.	821	5	400.	872	5	400.	923	5	400.
720	....	500.	771	4	400.	822	4	400.	873	3	400.	924	5	400.
721	3	400.	772	4	400.	823	3	400.	874	3	400.	925	5	400.
722	2	400.	773	2	400.	824	5	400.	875	3	400.	926	2	400.
723	4	400.	774	5	400.	825	3	400.	876	3	400.	927	5	400.
724	1	400.	775	5	400.	826	5	400.	877	1	400.	928	5	400.
725	1	400.	776	5	400.	827	4	400.	878	3	400.	929	4	400.
726	3	400.	777	5	400.	828	2	400.	879	3	400.	930	2	400.
727	2	400.	778	5	400.	829	5	400.	880	5	400.	931	4	400.
728	4	400.	779	3	400.	830	4	400.	881	4	400.	932	2	400.
729	3	400.	780	4	400.	831	3	400.	882	5	400.	933	3	400.
730	5	400.	781	....	1500.	832	4	400.	883	2	400.	934	3	400.
731	2	400.	782	4	400.	833	3	400.	884	4	400.	935	5	400.
732	1	400.	783	....	600.	834	5	400.	885	....	500.	936	4	400.
733	5	400.	784	1	400.	835	2	400.	886	5	400.	937	3	400.
734	1	400.	785	5	400.	836	3	400.	887	5	400.	938	2	400.
735	5	400.	786	2	400.	837	4	400.	888	3	400.	939	5	400.
736	3	400.	787	3	400.	838	4	400.	889	5	400.	940	4	400.
737	5	400.	788	4	400.	839	4	400.	890	4	400.	941	5	400.
738	3	400.	789	5	400.	840	5	400.	891	4	400.	942	3	400.
739	4	400.	790	5	400.	841	2	400.	892	2	400.	943	5	400.
740	3	400.	791	5	400.	842	4	400.	893	3	400.	944	5	400.
741	5	400.	792	5	400.	843	3	400.	894	3	400.	945	5	400.
742	5	400.	793	3	400.	844	5	400.	895	5	400.	946	2	400.
743	....	500.	794	5	400.	845	5	400.	896	5	400.	947	2	400.
744	2	400.	795	5	400.	846	2	400.	897	3	400.	948	4	400.
745	4	400.	796	1	400.	847	2	400.	898	1	400.	949	5	400.
746	5	400.	797	1	400.	848	5	400.	899	4	400.	950	3	400.
747	5	400.	798	2	400.	849	2	400.	900	3	400.	951	1	400.
748	....	500.	799	2	400.	850	5	400.	901	3	400.	952	4	400.
749	5	400.	800	2	400.	851	2	400.	902	5	400.	953	5	400.
750	5	400.	801	5	400.	852	5	400.	903	5	400.	954	4	400.
751	2	400.	802	....	5000.	853	4	400.	904	4	400.	955	4	400.
752	5	400.	803	5	400.	854	1	400.	905	3	400.	956	3	400.
753	3	400.	804	4	400.	855	5	400.	906	5	400.	957	2	400.
754	4	400.	805	4	400.	856	4	400.	907	5	400.	958	4	400.
755	2	400.	806	5	400.	857	4	400.	908	4	400.	959	2	400.
756	1	400.	807	2	400.	858	3	400.	909	4	400.	960	5	400.

Numéros	Époques.	LOTS.	Numéros	Époques.	LOTS.	Numéros	Époques.	LOTS.	Numéros	Époques.	LOTS.	Numéros	Époques.	LOTS.
		liv.			liv.			liv.			liv.			liv.
4961	5	400.	5011	5	400.	5062	2	400.	5113	2	400.	5164	4	400.
962	5	400.	012	4	400.	063	5	400.	114	5	400.	165	4	400.
963	1	400.	013	5	400.	064	5	400.	115	3	400.	166	3	400.
964	5	400.	014	2	400.	065	5	400.	116	5	400.	167	2	400.
965	5	400.	015	4	400.	066	4	400.	117	5	400.	168	2	400.
966	4	400.	016	1	400.	067	4	400.	118	1	400.	169	3	400.
967	5	400.	017	5	400.	068	5	400.	119	5	400.	170	5	400.
968	4	400.	018	4	400.	069	4	400.	120	4	400.	171	2	400.
969	5	400.	019	5	400.	070	4	400.	121	3	400.	172	5	400.
970	5	400.	020	5	400.	071	5	400.	122	3	400.	173	2	400.
971	5	400.	021	5	400.	072	4	400.	123	4	400.	174	2	400.
972	3	400.	022	1	400.	073	3	400.	124	3	400.	175	2	400.
973	5	400.	023	5	400.	074	5	400.	125	5	400.	176	1	400.
974	2	400.	024	5	400.	075	5	400.	126	2	400.	177	5	400.
975	1	400.	025	5	400.	076	4	400.	127	3	400.	178	3	400.
976	2	400.	026	4	400.	077	3	400.	128	5	400.	179	2	400.
977	4	400.	027	4	400.	078	3	400.	129	5	400.	180	5	400.
978	5	400.	028	2	400.	079	4	400.	130	5	400.	181	4	400.
979	1	400.	029	4	400.	080	4	400.	131	4	400.	182	2	400.
980	4	400.	030	4	400.	081	2	400.	132	3	400.	183	4	400.
981	....	500.	031	5	400.	082	4	400.	133	4	400.	184	3	400.
982	4	400.	032	3	400.	083	2	400.	134	2	400.	185	3	400.
983	4	400.	033	4	400.	084	4	400.	135	4	400.	186	5	400.
984	5	400.	034	5	400.	085	2	400.	136	4	400.	187	3	400.
985	5	400.	035	3	400.	086	4	400.	137	5	400.	188	5	400.
986	4	400.	036	3	400.	087	4	400.	138	5	400.	189	1	400.
987	3	400.	037	4	400.	088	2	400.	139	5	400.	190	3	400.
988	1	400.	038	....	600.	089	5	400.	140	2	400.	191	2	400.
989	1	400.	039	5	400.	090	1	400.	141	5	400.	192	5	400.
990	4	400.	040	3	400.	091	4	400.	142	5	400.	193	5	400.
991	1	400.	041	5	400.	092	4	400.	143	5	400.	194	2	400.
992	2	400.	042	2	400.	093	4	400.	144	3	400.	195	5	400.
993	4	400.	043	5	400.	094	5	400.	145	4	400.	196	5	400.
994	3	400.	044	3	400.	095	4	400.	146	2	400.	197	2	400.
995	1	400.	045	3	400.	096	5	400.	147	3	400.	198	3	400.
996	2	400.	046	2	400.	097	5	400.	148	1	400.	199	2	400.
997	4	400.	047	4	400.	098	5	400.	149	4	400.	200	4	400.
998	5	400.	048	4	400.	099	4	400.	150	3	400.	201	5	400.
999	5	400.	049	5	400.	100	4	400.	151	....	1000.	202	4	400.
5000	2	400.	050	3	400.	101	5	400.	152	1	400.	203	5	400.
			051	5	400.	102	4	400.	153	4	400.	204	4	400.
5001	5	400.	052	4	400.	103	5	400.	154	5	400.	205	5	400.
002	4	400.	053	4	400.	104	4	400.	155	5	400.	206	4	400.
003	3	400.	054	5	400.	105	....	500.	156	3	400.	207	3	400.
004	5	400.	055	2	400.	106	2	400.	157	5	400.	208	2	400.
005	4	400.	056	5	400.	107	5	400.	158	3	400.	209	4	400.
006	5	400.	057	5	400.	108	5	400.	159	3	400.	210	1	400.
007	5	400.	058	4	400.	109	....	500.	160	4	400.	211	3	400.
008	4	400.	059	2	400.	110	5	400.	161	3	400.	212	4	400.
009	5	400.	060	5	400.	111	5	400.	162	3	400.	213	2	400.
010	5	400.	061	5	400.	112	5	400.	163	1	400.	214	5	400.

Numéros	Époques.	LOTS.	Numéros	Époques.	LOTS.	Numéros	Époques.	LOTS.	Numéros	Époques.	LOTS.	Numéros	Époques.	LOTS.
		liv.			liv.			liv.			liv.			liv.
5215	5	400.	5266	5	400.	5317	4	400.	5368	5	400.	5419	5	400.
216	5	400.	267	5	400.	318	5	400.	369	4	400.	420	5	400.
217	4	400.	268	5	400.	319	2	400.	370	5	400.	421	2	400.
218	1	400.	269	1	400.	320	2	400.	371	2	400.	422	1	400.
219	4	400.	270	5	400.	321	4	400.	372	4	400.	423	5	400.
220	2	400.	271	2	400.	322	5	400.	373	....	1500.	424	2	400.
221	....	500.	272	5	400.	323	2	400.	374	5	400.	425	4	400.
222	5	400.	273	5	400.	324	5	400.	375	1	400.	426	2	400.
223	....	500.	274	1	400.	325	5	400.	376	4	400.	427	4	400.
224	3	400.	275	2	400.	326	....	600.	377	4	400.	428	4	400.
225	2	400.	276	5	400.	327	3	400.	378	3	400.	429	3	400.
226	2	400.	277	2	400.	328	3	400.	379	5	400.	430	5	400.
227	2	400.	278	5	400.	329	1	400.	380	5	400.	431	....	500.
228	3	400.	279	4	400.	330	3	400.	381	5	400.	432	2	400.
229	5	400.	280	5	400.	331	5	400.	382	5	400.	433	4	400.
230	5	400.	281	5	400.	332	4	400.	383	5	400.	434	4	400.
231	1	400.	282	5	400.	333	1	400.	384	3	400.	435	4	400.
232	5	400.	283	3	400.	334	3	400.	385	2	400.	436	5	400.
233	1	400.	284	2	400.	335	5	400.	386	4	400.	437	5	400.
234	3	400.	285	3	400.	336	4	400.	387	4	400.	438	5	400.
235	5	400.	286	1	400.	337	4	400.	388	3	400.	439	2	400.
236	1	400.	287	5	400.	338	3	400.	389	....	1000.	440	....	500.
237	2	400.	288	3	400.	339	1	400.	390	1	400.	441	5	400.
238	3	400.	289	2	400.	340	2	400.	391	4	400.	442	1	400.
239	4	400.	290	3	400.	341	4	400.	392	4	400.	443	2	400.
240	3	400.	291	2	400.	342	5	400.	393	2	400.	444	3	400.
241	4	400.	292	5	400.	343	2	400.	394	5	400.	445	2	400.
242	3	400.	293	5	400.	344	1	400.	395	4	400.	446	5	400.
243	5	400.	294	4	400.	345	4	400.	396	5	400.	447	5	400.
244	3	400.	295	4	400.	346	4	400.	397	5	400.	448	5	400.
245	2	400.	296	4	400.	347	1	400.	398	3	400.	449	4	400.
246	5	400.	297	3	400.	348	5	400.	399	1	400.	450	4	400.
247	5	400.	298	4	400.	349	3	400.	400	3	400.	451	2	400.
248	3	400.	299	2	400.	350	1	400.	401	3	400.	452	2	400.
249	5	400.	300	2	400.	351	5	400.	402	1	400.	453	5	400.
250	1	400.	301	4	400.	352	5	400.	403	4	400.	454	1	400.
251	1	400.	302	4	400.	353	4	400.	404	3	400.	455	...	1000.
252	5	400.	303	4	400.	354	4	400.	405	5	400.	456	4	400.
253	3	400.	304	3	400.	355	5	400.	406	4	400.	457	2	400.
254	3	400.	305	5	400.	356	3	400.	407	4	400.	458	1	400.
255	4	400.	306	5	400.	357	3	400.	408	5	400.	459	2	400.
256	4	400.	307	4	400.	358	....	500.	409	5	400.	460	5	400.
257	2	400.	308	3	400.	359	2	400.	410	4	400.	461	5	400.
258	4	400.	309	5	400.	360	1	400.	411	4	400.	462	5	400.
259	3	400.	310	5	400.	361	4	400.	412	5	400.	463	1	400.
260	5	400.	311	3	400.	362	3	400.	413	3	400.	464	4	400.
261	5	400.	312	1	400.	363	1	400.	414	5	400.	465	5	400.
262	4	400.	313	3	400.	364	4	400.	415	5	400.	466	....	500.
263	4	400.	314	1	400.	365	2	400.	416	5	400.	467	4	400.
264	....	500.	315	3	400.	366	....	500.	417	5	400.	468	5	400.
265	3	400.	316	3	400.	367	5	400.	418	3	400.	469	....	500.

Numéros	Époques.	LOTS.	Numéros	Époques.	LOTS.	Numéros	Époques.	LOTS.	Numéros	Époques.	LOTS.	Numéros	Époques.	LOTS.
		liv.			liv.			liv			liv.			liv.
5470	4	400.	5521	5	400.	5572	5	400.	5623	1	400.	5674	4	400.
471	5	400.	522	5	400.	573	1	400.	624	5	400.	675	4	400.
472	3	400.	523	4	400.	574	3	400.	625	5	400.	676	4	400.
473	3	400.	524	4	400.	575	2	400.	626	1	400.	677	5	400.
474	4	400.	525	3	400.	576	4	400.	627	3	400.	678	4	400.
475	2	400.	526	5	400.	577	4	400.	628	1	400.	679	1	400.
476	3	400.	527	5	400.	578	4	400.	629	2	400.	680	5	400.
477	2	400.	528	5	400.	579	5	400.	630	5	400.	681	4	400.
478	4	400.	529	2	400.	580	3	400.	631	5	400.	682	5	400.
479	5	400.	530	5	400.	581	4	400.	632	1	400.	683	5	400.
480	3	400.	531	1	400.	582	1	400.	633	....	500.	684	....	600.
481	2	400.	532	5	400.	583	4	400.	634	4	400.	685	5	400.
482	4	400.	533	5	400.	584	1	400.	635	2	400.	686	3	400.
483	1	400.	534	5	400.	585	5	400.	636	5	400.	687	5	400.
484	3	400.	535	2	400.	586	5	400.	637	3	400.	688	3	400.
485	3	400.	536	5	400.	587	5	400.	638	4	400.	689	3	400.
486	4	400.	537	4	400.	588	3	400.	639	4	400.	690	4	400.
487	....	500.	538	3	400.	589	5	400.	640	4	400.	691	5	400.
488	3	400.	539	5	400.	590	5	400.	641	2	400.	692	5	400.
489	3	400.	540	3	400.	591	1	400.	642	5	400.	693	3	400.
490	4	400.	541	5	400.	592	5	400.	643	3	400.	694	3	400.
491	5	400.	542	2	400.	593	5	400.	644	4	400.	695	3	400.
492	5	400.	543	2	400.	594	2	400.	645	5	400.	696	5	400.
493	3	400.	544	4	400.	595	4	400.	646	1	400.	697	4	400.
494	....	500.	545	2	400.	596	1	400.	647	5	400.	698	5	400.
495	3	400.	546	4	400.	597	5	400.	648	5	400.	699	5	400.
496	3	400.	547	2	400.	598	2	400.	649	4	400.	700	5	400.
497	1	400.	548	4	400.	599	5	400.	650	4	400.	701	3	400.
498	5	400.	549	5	400.	600	4	400.	651	2	400.	702	3	400.
499	5	400.	550	2	400.	601	5	400.	652	4	400.	703	....	1500.
500	3	400.	551	4	400.	602	2	400.	653	4	400.	704	5	400.
501	1	400.	552	5	400.	603	5	400.	654	3	400.	705	5	400.
502	5	400.	553	....	12000.	604	3	400.	655	5	400.	706	....	500.
503	5	400.	554	3	400.	605	3	400.	656	5	400.	707	5	400.
504	5	400.	555	5	400.	606	4	400.	657	3	400.	708	5	400.
505	....	600.	556	2	400.	607	4	400.	658	5	400.	709	2	400.
506	5	400.	557	2	400.	608	1	400.	659	3	400.	710	4	400.
507	4	400.	558	4	400.	609	5	400.	660	5	400.	711	3	400.
508	5	400.	559	4	400.	610	5	400.	661	2	400.	712	5	400.
509	4	400.	560	2	400.	611	3	400.	662	5	400.	713	4	400.
510	2	400.	561	3	400.	612	3	400.	663	3	400.	714	5	400.
511	3	400.	562	5	400.	613	4	400.	664	4	400.	715	1	400.
512	5	400.	563	2	400.	614	2	400.	665	4	400.	716	5	400.
513	4	400.	564	5	400.	615	2	400.	666	5	400.	717	5	400.
514	3	400.	565	2	400.	616	3	400.	667	3	400.	718	5	400.
515	1	400.	566	3	400.	617	4	400.	668	1	400.	719	5	400.
516	1	400.	567	3	400.	618	2	400.	669	2	400.	720	5	400.
517	4	400.	568	3	400.	619	5	400.	670	3	400.	721	5	400.
518	2	400.	569	5	400.	620	5	400.	671	4	400.	722	3	400.
519	2	400.	570	5	400.	621	5	400.	672	5	400.	723	4	400.
520	3	400.	571	5	400.	622	....	500.	673	5	400.	724	1	400.

Numéros	Époques.	LOTS.	Numéros	Époques.	LOTS.	Numéros	Époques.	LOTS.	Numéros	Époques.	LOTS.	Numéros	Époques.	LOTS.
		liv.			liv.			liv.			liv.			liv.
5725	3	400.	5776	1	400.	5827	4	400.	5878	4	400.	5929	5	400.
726	3	400.	777	1	400.	828	1	400.	879	4	400.	930	2	400.
727	4	400.	778	5	400.	829	5	400.	880	5	400.	931	3	400.
728	5	400.	779	2	400.	830	5	400.	881	2	400.	932	5	400.
729	5	400.	780	3	400.	831	2	400.	882	2	400.	933	1	400.
730	2	400.	781	5	400.	832	3	400.	883	2	400.	934	5	400.
731	4	400.	782	5	400.	833	5	400.	884	4	400.	935	1	400.
732	3	400.	783	4	400.	834	5	400.	885	5	400.	936	5	400.
733	4	400.	784	5	400.	835	4	400.	886	5	400.	937	4	400.
734	5	400.	785	2	400.	836	4	400.	887	5	400.	938	2	400.
735	5	400.	786	3	400.	837	5	400.	888	5	400.	939	3	400.
736	5	400.	787	2	400.	838	3	400.	889	5	400.	940	2	400.
737	4	400.	788	5	400.	839	4	400.	890	2	400.	941	1	400.
738	1	400.	789	4	400.	840	5	400.	891	2	400.	942	5	400.
739	1	400.	790	5	400.	841	5	400.	892	2	400.	943	2	400.
740	5	400.	791	5	400.	842	3	400.	893	4	400.	944	2	400.
741	4	400.	792	3	400.	843	5	400.	894	1	400.	945	5	400.
742	2	400.	793	3	400.	844	2	400.	895	4	400.	946	2	400.
743	5	400.	794	5	400.	845	1	400.	896	5	400.	947	5	400.
744	3	400.	795	5	400.	846	1	400.	897	4	400.	948	2	400.
745	5	400.	796	4	400.	847	4	400.	898	4	400.	949	4	400.
746	4	400.	797	3	400.	848	4	400.	899	5	400.	950	2	400.
747	2	400.	798	4	400.	849	4	400.	900	1	400.	951	2	400.
748	2	400.	799	4	400.	850	5	400.	901	1	400.	952	5	400.
749	5	400.	800	5	400.	851	5	400.	902	5	400.	953	3	400.
750	2	400.	801	4	400.	852	4	400.	903	3	400.	954	4	400.
751	5	400.	802	4	400.	853	4	400.	904	2	400.	955	3	400.
752	5	400.	803	4	400.	854	5	400.	905	4	400.	956	5	400.
753	5	400.	804	4	400.	855	5	400.	906	5	400.	957	4	400.
754	1	400.	805	5	400.	856	4	400.	907	5	400.	958	4	400.
755	5	400.	806	5	400.	857	2	400.	908	5	400.	959	4	400.
756	5	400.	807	4	400.	858	5	400.	909	2	400.	960	5	400.
757	5	400.	808	5	400.	859	4	400.	910	5	400.	961	1	400.
758	5	400.	809	4	400.	860	4	400.	911	2	400.	962	5	400.
759	5	400.	810	5	400.	861	4	400.	912	1	400.	963	4	400.
760	5	400.	811	2	400.	862	5	400.	913	4	400.	964	3	400.
761	2	400.	812	4	400.	863	2	400.	914	1	400.	965	2	400.
762	5	400.	813	4	400.	864	1	400.	915	3	400.	966	4	400.
763	4	400.	814	5	400.	865	5	400.	916	4	400.	967	3	400.
764	5	400.	815	2	400.	866	5	400.	917	1	400.	968	5	400.
765	3	400.	816	5	400.	867	5	400.	918	5	400.	969	4	400.
766	1	400.	817	4	400.	868	4	400.	919	5	400.	970	1	400.
767	1	400.	818	5	400.	869	3	400.	920	5	400.	971	5	400.
768	3	400.	819	5	400.	870	5	400.	921	5	400.	972	2	400.
769	1	400.	820	4	400.	871	5	400.	922	2	400.	973	5	400.
770	4	400.	821	5	400.	872	2	400.	923	5	400.	974	3	400.
771	5	400.	822	1	400.	873	4	400.	924	5	400.	975	5	400.
772	4	400.	823	4	400.	874	4	400.	925	2	400.	976	5	400.
773	2	400.	824	4	400.	875	5	400.	926	5	400.	977	1	400.
774	4	400.	825	3	400.	876	4	400.	927	4	400.	978	4	400.
775	5	400.	826	2	400.	877	5	400.	928	4	400.	979	5	400.

Numéros	Époques.	LOTS.	Numéros	Époques.	LOTS.	Numéros	Époques.	LOTS.	Numéros	Époques.	LOTS.	Numéros	Époques.	LOTS.
		liv.			liv.			liv.			liv.			liv.
5980	5	400.	6030	5	400.	6081	3	400.	6132	4	400.	6183	5	400.
981	4	400.	031	....	500.	082	4	400.	133	4	400.	184	2	400.
982	5	400.	032	5	400.	083	5	400.	134	3	400.	185	....	600.
983	4	400.	033	3	400.	084	2	400.	135	4	400.	186	3	400.
984	2	400.	034	5	400.	085	5	400.	136	4	400.	187	2	400.
985	2	400.	035	4	400.	086	3	400.	137	5	400.	188	5	400.
986	3	400.	036	4	400.	087	5	400.	138	4	400.	189	....	600.
987	1	400.	037	5	400.	088	1	400.	139	4	400.	190	2	400.
988	4	400.	038	1	400.	089	5	400.	140	5	400.	191	2	400.
989	5	400.	039	4	400.	090	3	400.	141	5	400.	192	....	600.
990	5	400.	040	2	400.	091	5	400.	142	5	400.	193	5	400.
991	5	400.	041	1	400.	092	5	400.	143	5	400.	194	3	400.
992	5	400.	042	4	400.	093	2	400.	144	5	400.	195	4	400.
993	5	400.	043	5	400.	094	5	400.	145	1	400.	196	4	400.
994	....	600.	044	5	400.	095	4	400.	146	2	400.	197	5	400.
995	1	400.	045	5	400.	096	2	400.	147	5	400.	198	1	400.
996	4	400.	046	4	400.	097	5	400.	148	3	400.	199	3	400.
997	4	400.	047	2	400.	098	5	400.	149	2	400.	200	5	400.
998	3	400.	048	4	400.	099	4	400.	150	3	400.	201	2	400.
999	3	400.	049	3	400.	100	4	400.	151	4	400.	202	2	400.
6000	5	400.	050	4	400.	101	5	400.	152	4	400.	203	4	400.
			051	5	400.	102	3	400.	153	4	400.	204	4	400.
6001	5	400.	052	5	400.	103	5	400.	154	4	400.	205	4	400.
002	4	400.	053	2	400.	104	4	400.	155	5	400.	206	1	400.
003	4	400.	054	5	400.	105	5	400.	156	4	400.	207	4	400.
004	3	400.	055	3	400.	106	3	400.	157	2	400.	208	2	400.
005	4	400.	056	5	400.	107	5	400.	158	2	400.	209	2	400.
006	3	400.	057	....	600.	108	5	400.	159	4	400.	210	3	400.
007	5	400.	058	2	400.	109	5	400.	160	5	400.	211	5	400.
008	2	400.	059	5	400.	110	1	400.	161	5	400.	212	2	400.
009	2	400.	060	....	600.	111	4	400.	162	4	400.	213	5	400.
010	5	400.	061	4	400.	112	2	400.	163	5	400.	214	5	400.
011	4	400.	062	1	400.	113	3	400.	164	5	400.	215	5	400.
012	5	400.	063	5	400.	114	2	400.	165	4	400.	216	5	400.
013	3	400.	064	4	400.	115	2	400.	166	4	400.	217	5	400.
014	5	400.	065	5	400.	116	5	400.	167	3	400.	218	2	400.
015	2	400.	066	5	400.	117	4	400.	168	5	400.	219	....	500.
016	5	400.	067	4	400.	118	5	400.	169	4	400.	220	2	400.
017	2	400.	068	4	400.	119	2	400.	170	....	500.	221	3	400.
018	4	400.	069	2	400.	120	5	400.	171	4	400.	222	5	400.
019	3	400.	070	4	400.	121	5	400.	172	4	400.	223	2	400.
020	5	400.	071	5	400.	122	5	400.	173	5	400.	224	5	400.
021	2	400.	072	5	400.	123	5	400.	174	1	400.	225	....	500.
022	3	400.	073	5	400.	124	2	400.	175	3	400.	226	4	400.
023	5	400.	074	2	400.	125	5	400.	176	4	400.	227	2	400.
024	4	400.	075	3	400.	126	3	400.	177	5	400.	228	5	400.
025	4	400.	076	2	400.	127	4	400.	178	5	400.	229	4	400.
026	5	400.	077	3	400.	128	5	400.	179	2	400.	230	3	400.
027	4	400.	078	3	400.	129	1	400.	180	5	400.	231	5	400.
028	5	400.	079	....	500.	130	3	400.	181	4	400.	232	3	400.
029	2	400.	080	5	400.	131	5	400.	182	5	400.	233	3	400.

Numéros	Époques.	LOTS.	Numéros	Époques.	LOTS.	Numéros	Époques.	LOTS.	Numéros	Époques.	LOTS.	Numéros	Époques.	LOTS.
		liv.			liv.			liv.			liv			liv.
6234	5	400.	6285	3	400.	6336	5	400.	6387	4	400.	6438	5	400.
235	5	400.	286	3	400.	337	5	400.	388	5	400.	439	2	400.
236	3	400.	287	3	400.	338	3	400.	389	4	400.	440	2	400.
237	5	400.	288	3	400.	339	5	400.	390	2	400.	441	5	400.
238	2	400.	289	5	400.	340	4	400.	391	3	400.	442	3	400.
239	3	400.	290	2	400.	341	4	400.	392	4	400.	443	4	400.
240	4	400.	291	3	400.	342	5	400.	393	4	400.	444	5	400.
241	2	400.	292	....	600.	343	4	400.	394	5	400.	445	4	400.
242	4	400.	293	5	400.	344	3	400.	395	5	400.	446	5	400.
243	5	400.	294	1	400.	345	5	400.	396	5	400.	447	2	400.
244	2	400.	295	....	500.	346	3	400.	397	4	400.	448	4	400.
245	5	400.	296	2	400.	347	4	400.	398	5	400.	449	5	400.
246	2	400.	297	3	400.	348	4	400.	399	5	400.	450	5	400.
247	4	400.	298	3	400.	349	2	400.	400	5	400.	451	5	400.
248	5	400.	299	5	400.	350	5	400.	401	5	400.	452	5	400.
249	4	400.	300	3	400.	351	2	400.	402	4	400.	453	5	400.
250	4	400.	301	3	400.	352	5	400.	403	1	400.	454	2	400.
251	3	400.	302	5	400.	353	4	400.	404	2	400.	455	3	400.
252	5	400.	303	5	400.	354	4	400.	405	....	600.	456	5	400.
253	5	400.	304	1	400.	355	1	400.	406	5	400.	457	4	400.
254	2	400.	305	3	400.	356	4	400.	407	2	400.	458	3	400.
255	5	400.	306	5	400.	357	4	400.	408	5	400.	459	3	400.
256	5	400.	307	4	400.	358	2	400.	409	5	400.	460	5	400.
257	5	400.	308	4	400.	359	....	500.	410	5	400.	461	5	400.
258	4	400.	309	3	400.	360	5	400.	411	4	400.	462	3	400.
259	5	400.	310	4	400.	361	....	500.	412	5	400.	463	5	400.
260	1	400.	311	5	400.	362	5	400.	413	4	500.	464	5	400.
261	2	400.	312	5	400.	363	5	400.	414	4	400.	465	5	400.
262	3	400.	313	5	400.	364	5	400.	415	2	400.	466	2	400.
263	2	400.	314	4	400.	365	5	400.	416	3	400.	467	3	400.
264	1	400.	315	5	400.	366	4	400.	417	1	400.	468	4	400.
265	4	400.	316	5	400.	367	4	400.	418	5	400.	469	5	400.
266	3	400.	317	5	400.	368	3	400.	419	5	400.	470	5	400.
267	3	400.	318	....	500.	369	2	400.	420	2	400.	471	4	400.
268	5	400.	319	3	400.	370	3	400.	421	4	400.	472	5	400.
269	4	400.	320	5	400.	371	3	400.	422	4	400.	473	2	400.
270	3	400.	321	3	400.	372	4	400.	423	3	400.	474	1	400.
271	....	600.	322	5	400.	373	5	400.	424	4	400.	475	3	400.
272	3	400.	323	1	400.	374	2	400.	425	1	400.	476	2	400.
273	5	400.	324	4	400.	375	5	400.	426	4	400.	477	5	400.
274	4	400.	325	4	400.	376	5	400.	427	2	400.	478	4	400.
275	4	400.	326	2	400.	377	2	400.	428	5	400.	479	4	400.
276	5	400.	327	4	400.	378	2	400	429	2	400.	480	5	400.
277	3	400.	328	4	400.	379	1	400	430	1	400.	481	5	400.
278	4	400.	329	5	400.	380	5	400.	431	2	400.	482	4	400.
279	5	400.	330	5	400.	381	1	400.	432	5	400.	483	4	400.
280	5	400.	331	4	400.	382	3	400.	433	3	400.	484	5	400.
281	4	400.	332	5	400.	383	4	400.	434	5	400.	485	2	400.
282	5	400.	333	5	400.	384	5	400.	435	3	400.	486	1	400.
283	3	400.	334	1	400.	385	1	400.	436	5	400.	487	2	400.
284	5	400.	335	4	400.	386	3	400.	437	5	400.	488	5	400.

Numéros	Époques.	LOTS.	Numéros	Époques.	LOTS.	Numéros	Époques.	LOTS.	Numéros	Époques.	LOTS.	Numéros	Époques.	LOTS.
		liv.			liv.			liv.			liv.			liv.
6489	5	400.	6540	4	400.	6591	2	400.	6642	5	400.	6693	4	400.
490	....	500.	541	4	400.	592	4	400.	643	2	400.	694	3	400.
491	5	400.	542	2	400.	593	5	400.	644	5	400.	695	5	400.
492	4	400.	543	4	400.	594	4	400.	645	1	400.	696	1	400.
493	2	400.	544	1	400.	595	5	400.	646	4	400.	697	3	400.
494	3	400.	545	1	400.	596	4	400.	647	5	400.	698	1	400.
495	3	400.	546	....	500.	597	4	400.	648	5	400.	699	4	400.
496	2	400.	547	1	400.	598	4	400.	649	4	400.	700	3	400.
497	5	400.	548	5	400.	599	5	400.	650	3	400.	701	3	400.
498	4	400.	549	4	400.	600	3	400.	651	5	400.	702	3	400.
499	5	400.	550	5	400.	601	2	400.	652	4	400.	703	5	400.
500	3	400.	551	3	400.	602	4	400.	653	2	400.	704	4	400.
501	5	400.	552	5	400.	603	4	400.	654	....	600.	705	2	400.
502	3	400.	553	3	400.	604	5	400.	655	1	400.	706	4	400.
503	5	400.	554	5	400.	605	5	400.	656	5	400.	707	4	400.
504	5	400.	555	5	400.	606	4	400.	657	4	400.	708	2	400.
505	2	400.	556	4	400.	607	5	400.	658	1	400.	709	5	400.
506	3	400.	557	3	400.	608	5	400.	659	3	400.	710	3	400.
507	....	600.	558	4	400.	609	5	400.	660	3	400.	711	3	400.
508	5	400.	559	4	400.	610	4	400.	661	3	400.	712	3	400.
509	5	400.	560	4	400.	611	3	400.	662	2	400.	713	4	400.
510	2	400.	561	4	400.	612	1	400.	663	....	600.	714	5	400.
511	4	400.	562	3	400.	613	5	400.	664	5	400.	715	3	400.
512	5	400.	563	3	400.	614	5	400.	665	5	400.	716	3	400.
513	4	400.	564	4	400.	615	5	400.	666	5	400.	717	....	600.
514	5	400.	565	3	400.	616	5	400.	667	4	400.	718	1	400.
515	3	400.	566	5	400.	617	5	400.	668	3	400.	719	5	400.
516	5	400.	567	2	400.	618	5	400.	669	5	400.	720	5	400.
517	4	400.	568	4	400.	619	5	400.	670	5	400.	721	....	600.
518	3	400.	569	2	400.	620	4	400.	671	5	400.	722	4	400.
519	4	400.	570	5	400.	621	4	400.	672	5	400.	723	1	400.
520	2	400.	571	4	400.	622	2	400.	673	5	400.	724	4	400.
521	4	400.	572	2	400.	623	4	400.	674	5	400.	725	4	400.
522	5	400.	573	1	400.	624	5	400.	675	....	500.	726	5	400.
523	4	400.	574	5	400.	625	3	400.	676	5	400.	727	....	500.
524	5	400.	575	2	400.	626	3	400.	677	1	400.	728	5	400.
525	2	400.	576	....	500.	627	1	400.	678	4	400.	729	1	400.
526	3	400.	577	5	400.	628	5	400.	679	2	400.	730	5	400.
527	3	400.	578	5	400.	629	5	400.	680	5	400.	731	4	400.
528	3	400.	579	5	400.	630	2	400.	681	4	400.	732	4	400.
529	4	400.	580	5	400.	631	5	400.	682	3	400.	733	3	400.
530	5	400.	581	3	400.	632	2	400.	683	4	400.	734	3	400.
531	4	400.	582	2	400.	633	1	400.	684	3	400.	735	3	400.
532	3	400.	583	4	400.	634	1	400.	685	5	400.	736	1	400.
533	4	400.	584	5	400.	635	2	400.	686	3	400.	737	5	400.
534	5	400.	585	4	400.	636	5	400.	687	5	400.	738	3	400.
535	5	400.	586	1	400.	637	5	400.	688	5	400.	739	5	400.
536	4	400.	587	5	400.	638	3	400.	689	4	400.	740	2	400.
537	3	400.	588	2	400.	639	4	400.	690	4	400.	741	4	400.
538	4	400.	589	4	400.	640	4	400.	691	5	400.	742	3	400.
539	1	400.	590	5	400.	641	3	400.	692	1	400.	743	5	400.

Numéros	Époques.	LOTS.	Numéros	Époques.	LOTS.	Numéros	Époques.	LOTS.	Numéros	Époques.	LOTS.	Numéros	Époques.	LOTS.
		liv.			liv.			liv.			liv.			liv.
6744	4	400.	6795	2	400.	6846	5	400.	6897	4	400.	6948	5	400.
745	3	400.	796	5	400.	847	5	400.	898	5	400.	949	5	400.
746	2	400.	797	4	400.	848	5	400.	899	4	400.	950	5	400.
747	4	400.	798	5	400.	849	5	400.	900	5	400.	951	1	400.
748	2	400.	799	5	400.	850	3	400.	901	2	400.	952	5	400.
749	5	400.	800	5	400.	851	3	400.	902	2	400.	953	4	400.
750	5	400.	801	2	400.	852	5	400.	903	5	400.	954	4	400.
751	5	400.	802	4	400.	853	2	400.	904	3	400.	955	3	400.
752	3	400.	803	5	400.	854	5	400.	905	4	400.	956	5	400.
753	5	400.	804	2	400.	855	5	400.	906	5	400.	957	5	400.
754	5	400.	805	5	400.	856	3	400.	907	3	400.	958	2	400.
755	1	400.	806	4	400.	857	3	400.	908	4	400.	959	2	400.
756	2	400.	807	5	400.	858	5	400.	909	4	400.	960	4	400.
757	4	400.	808	4	400.	859	5	400.	910	5	400.	961	5	400.
758	2	400.	809	5	400.	860	5	400.	911	5	400.	962	4	400.
759	5	400.	810	5	400.	861	3	400.	912	4	400.	963	5	400.
760	5	400.	811	4	400.	862	1	400.	913	4	400.	964	4	400.
761	3	400.	812	4	400.	863	....	500.	914	2	400.	965	2	400.
762	3	400.	813	2	400.	864	1	400.	915	4	400.	966	3	400.
763	2	400.	814	2	400.	865	3	400.	916	5	400.	967	5	400.
764	4	400.	815	....	500.	866	2	400.	917	3	400.	968	1	400.
765	5	400.	816	3	400.	867	2	400.	918	2	400.	969	3	400.
766	3	400.	817	2	400.	868	5	400.	919	4	400.	970	4	400.
767	5	400.	818	1	400.	869	2	400.	920	4	400.	971	5	400.
768	3	400.	819	5	400.	870	4	400.	921	3	400.	972	4	400.
769	2	400.	820	5	400.	871	2	400.	922	4	400.	973	4	400.
770	4	400.	821	5	400.	872	4	400.	923	5	400.	974	5	400.
771	5	400.	822	5	400.	873	5	400.	924	2	400.	975	3	400.
772	2	400.	823	4	400.	874	3	400.	925	2	400.	976	3	400.
773	1	400.	824	....	600.	875	....	600.	926	4	400.	977	3	400.
774	5	400.	825	3	400.	876	1	400.	927	3	400.	978	4	400.
775	4	400.	826	3	400.	877	5	400.	928	1	400.	979	2	400.
776	2	400.	827	4	400.	878	5	400.	929	5	400.	980	5	400.
777	3	400.	828	4	400.	879	4	400.	930	3	400.	981	4	400.
778	4	400.	829	2	400.	880	5	400.	931	4	400.	982	4	400.
779	5	400.	830	4	400.	881	4	400.	932	5	400.	983	5	400.
780	2	400.	831	4	400.	882	4	400.	933	4	400.	984	5	400.
781	5	400.	832	3	400.	883	4	400.	934	5	400.	985	4	400.
782	4	400.	833	2	400.	884	5	400.	935	5	400.	986	3	400.
783	5	400.	834	4	400.	885	4	400.	936	5	400.	987	4	400.
784	4	400.	835	3	400.	886	2	400.	937	2	400.	988	1	400.
785	5	400.	836	4	400.	887	3	400.	938	3	400.	989	3	400.
786	4	400.	837	5	400.	888	4	400.	939	4	400.	990	5	400.
787	2	400.	838	4	400.	889	4	400.	940	5	400.	991	5	400.
788	4	400.	839	2	400.	890	5	400.	941	5	400.	992	3	400.
789	4	400.	840	5	400.	891	2	400.	942	4	400.	993	3	400.
790	1	400.	841	4	400.	892	5	400.	943	4	400.	994	2	400.
791	5	400.	842	4	400.	893	5	400.	944	5	400.	995	4	400.
792	3	400.	843	4	400.	894	4	400.	945	5	400.	996	1	400.
793	5	400.	844	4	400.	895	3	400.	946	4	400.	997	4	400.
794	5	400.	845	3	400.	896	5	400.	947	3	400.	998	5	400.

Numéros	Époques.	LOTS.	Numéros	Époques.	LOTS.	Numéros	Époques.	LOTS.	Numéros	Époques.	LOTS.	Numéros	Époques.	LOTS.
		liv.			liv.			liv.			liv.			liv.
6999	2	400.	7049	3	400.	7100	3	400.	7151	5	400.	7202	5	400.
7000	4	400.	050	5	400.	101	3	400.	152	5	400.	203	5	400.
			051	4	400.	102	....	600.	153	5	400.	204	5	400.
7001	5	400.	052	4	400.	103	3	400.	154	1	400.	205	2	400.
002	4	400.	053	1	400.	104	4	400.	155	4	400.	206	1	400.
003	2	400.	054	2	400.	105	5	400.	156	5	400.	207	5	400.
004	5	400.	055	1	400.	106	4	400.	157	5	400.	208	3	400.
005	1	400.	056	4	400.	107	2	400.	158	2	400.	209	5	400.
006	5	400.	057	2	400.	108	3	400.	159	2	400.	210	3	400.
007	2	400.	058	4	400.	109	5	400.	160	1	400.	211	....	600.
008	4	400.	059	2	400.	110	2	400.	161	4	400.	212	5	400.
009	5	400.	060	3	400.	111	4	400.	162	2	400.	213	5	400.
010	2	400.	061	....	1000.	112	3	400.	163	5	400.	214	3	400.
011	4	400.	062	5	400.	113	2	400.	164	2	400.	215	5	400.
012	3	400.	063	5	400.	114	3	400.	165	4	400.	216	5	400.
013	2	400.	064	5	400.	115	....	500.	166	5	400.	217	2	400.
014	5	400.	065	5	400.	116	5	400.	167	3	400.	218	2	400.
015	1	400.	066	5	400.	117	4	400.	168	5	400.	219	4	400.
016	2	400.	067	5	400.	118	5	400.	169	4	400.	220	5	400.
017	5	400.	068	3	400.	119	5	400.	170	5	400.	221	2	400.
018	2	400.	069	5	400.	120	4	400.	171	4	400.	222	4	400.
019	4	400.	070	4	400.	121	4	400.	172	1	400.	223	4	400.
020	4	400.	071	5	400.	122	4	400.	173	3	400.	224	2	400.
021	5	400.	072	2	400.	123	5	400.	174	5	400.	225	5	400.
022	4	400.	073	4	400.	124	5	400.	175	4	400.	226	5	400.
023	5	400.	074	5	400.	125	5	400.	176	2	400.	227	5	400.
024	4	400.	075	3	400.	126	5	400.	177	5	400.	228	5	400.
025	4	400.	076	....	500.	127	4	400.	178	4	400.	229	2	400.
026	5	400.	077	5	400.	128	....	500.	179	5	400.	230	2	400.
027	4	400.	078	3	400.	129	1	400.	180	2	400.	231	4	400.
028	3	400.	079	3	400.	130	3	400.	181	5	400.	232	3	400.
029	4	400.	080	5	400.	131	5	400.	182	4	400.	233	5	400.
030	4	400.	081	5	400.	132	4	400.	183	2	400.	234	3	400.
031	4	400.	082	5	400.	133	4	400.	184	2	400.	235	4	400.
032	4	400.	083	3	400.	134	4	400.	185	2	400.	236	1	400.
033	4	400.	084	4	400.	135	2	400.	186	....	500.	237	5	400.
034	4	400.	085	4	400.	136	....	500.	187	5	400.	238	3	400.
035	4	400.	086	2	400.	137	3	400.	188	5	400.	239	4	400.
036	4	400.	087	5	400.	138	3	400.	189	3	400.	240	5	400.
037	3	400.	088	4	400.	139	3	400.	190	5	400.	241	4	400.
038	3	400.	089	5	400.	140	1	400.	191	4	400.	242	1	400.
039	3	400.	090	2	400.	141	1	400.	192	4	400.	243	4	400
040	4	400.	091	5	400.	142	4	400.	193	2	400.	244	....	500.
041	3	400.	092	3	400.	143	4	400.	194	5	400.	245	5	400.
042	4	400.	093	5	400.	144	5	400.	195	5	400.	246	2	400.
043	5	400.	094	5	400.	145	4	400.	196	4	400.	247	5	400.
044	5	400.	095	5	400.	146	5	400.	197	3	400.	248	5	400.
045	4	400.	096	....	500.	147	1	400.	198	5	400.	249	4	400.
046	4	400.	097	5	400.	148	1	400.	199	5	400.	250	5	400.
047	5	400.	098	5	400.	149	5	400.	200	2	400.	251	2	400.
048	5	400.	099	4	400.	150	4	400.	201	2	400.	252	1	400.

Numéros	Époques.	LOTS.	Numéros	Époques.	LOTS.	Numéros	Époques.	LOTS.	Numéros	Époques.	LOTS.	Numéros	Époques.	LOTS.
		liv.			liv.			liv.			liv.			liv.
7253	5	400.	7304	4	400.	7355	4	400.	7406	3	400.	7457	4	400.
254	4	400.	305	1	400.	356	4	400.	407	5	400.	458	1	400.
255	1	400.	306	1	400.	357	3	400.	408	4	400.	459	4	400.
256	5	400.	307	4	400.	358	4	400.	409	5	400.	460	4	400.
257	5	400.	308	5	400.	359	3	400.	410	5	400.	461	5	400.
258	4	400.	309	2	400.	360	1	400.	411	5	400.	462	2	400.
259	1	400.	310	4	400.	361	4	400.	412	5	400.	463	2	400.
260	4	400.	311	4	400.	362	4	400.	413	4	400.	464	2	400.
261	5	400.	312	5	400.	363	3	400.	414	3	400.	465	4	400.
262	5	400.	313	4	400.	364	4	400.	415	1	400.	466	4	400.
263	3	400.	314	5	400.	365	3	400.	416	....	500.	467	4	400.
264	2	400.	315	5	400.	366	5	400.	417	5	400.	468	4	400.
265	5	400.	316	3	400.	367	5	400.	418	4	400.	469	2	400.
266	5	400.	317	5	400.	368	2	400.	419	4	400.	470	4	400.
267	3	400.	318	5	400.	369	5	400.	420	4	400.	471	5	400.
268	4	400.	319	4	400.	370	5	400.	421	4	400.	472	3	400.
269	2	400.	320	4	400.	371	1	400.	422	5	400.	473	4	400.
270	5	400.	321	4	400.	372	5	400.	423	3	400.	474	5	400.
271	5	400.	322	1	400.	373	5	400.	424	4	400.	475	1	400.
272	5	400.	323	3	400.	374	5	400.	425	4	400.	476	5	400.
273	2	400.	324	5	400.	375	4	400.	426	5	400.	477	5	400.
274	5	400.	325	2	400.	376	1	400.	427	5	400.	478	4	400.
275	2	400.	326	4	400.	377	1	400.	428	1	400.	479	2	400.
276	4	400.	327	5	400.	378	5	400.	429	5	400.	480	5	400.
277	5	400.	328	5	400.	379	5	400.	430	5	400.	481	3	400.
278	3	400.	329	5	400.	380	5	400.	431	4	400.	482	4	400.
279	4	400.	330	4	400.	381	5	400.	432	1	400.	483	5	400.
280	3	400.	331	4	400.	382	3	400.	433	5	400.	484	4	400.
281	4	400.	332	4	400.	383	2	400.	434	3	400.	485	5	400.
282	4	400.	333	5	400.	384	5	400.	435	5	400.	486	5	400.
283	4	400.	334	5	400.	385	3	400.	436	4	400.	487	5	400.
284	5	400.	335	2	400.	386	5	400.	437	1	400.	488	4	400.
285	4	400.	336	3	400.	387	2	400.	438	2	400.	489	4	400.
286	4	400.	337	2	400.	388	3	400.	439	4	400.	490	5	400.
287	2	400.	338	2	400.	389	2	400.	440	3	400.	491	5	400.
288	1	400.	339	2	400.	390	5	400.	441	5	400.	492	3	400.
289	5	400.	340	4	400.	391	3	400.	442	1	400.	493	3	400.
290	4	400.	341	3	400.	392	5	400.	443	1	400.	494	4	400.
291	4	400.	342	5	400.	393	2	400.	444	3	400.	495	5	400.
292	5	400.	343	2	400.	394	3	400.	445	5	400.	496	5	400.
293	5	400.	344	4	400.	395	5	400.	446	5	400.	497	2	400.
294	4	400.	345	4	400.	396	4	400.	447	5	400.	498	2	400.
295	3	400.	346	....	500.	397	2	400.	448	5	400.	499	5	400.
296	....	500.	347	3	400.	398	3	400.	449	2	400.	500	5	400.
297	....	500.	348	3	400.	399	5	400.	450	4	400.	501	4	400.
298	4	400.	349	5	400.	400	5	400.	451	5	400.	502	2	400.
299	2	400.	350	3	400.	401	5	400.	452	5	400.	503	5	400.
300	5	400.	351	4	400.	402	4	400.	453	1	400.	504	4	400.
301	3	400.	352	4	400.	403	3	400.	454	3	400.	505	3	400.
302	3	400.	353	4	400.	404	5	400.	455	3	400.	506	1	400.
303	5	400.	354	5	400.	405	4	400.	456	5	400.	507	3	400.

Numéros	Époques.	LOTS.	Numéros	Époques.	LOTS.	Numéros	Époques.	LOTS.	Numéros	Époques.	LOTS.	Numéros	Époques.	LOTS.
		liv.			liv.			liv.			liv.			liv.
7508	2	400.	7559	5	400.	7610	3	400.	7661	1	400.	7712	2	400.
509	5	400.	560	4	400.	611	....	500.	662	5	400.	713	3	400.
510	3	400.	561	5	400.	612	2	400.	663	1	400.	714	4	400.
511	3	400.	562	5	400.	613	5	400.	664	4	400.	715	3	400.
512	3	400.	563	3	400.	614	3	400.	665	5	400.	716	5	400.
513	3	400.	564	5	400.	615	3	400.	666	5	400.	717	4	400.
514	3	400.	565	4	400.	616	4	400.	667	2	400.	718	4	400.
515	2	400.	566	5	400.	617	3	400.	668	4	400.	719	5	400.
516	5	400.	567	5	400.	618	5	400.	669	3	400.	720	4	400.
517	4	400.	568	4	400.	619	2	400.	670	5	400.	721	....	3000.
518	4	400.	569	2	400.	620	2	400.	671	2	400.	722	4	400.
519	2	400.	570	1	400.	621	2	400.	672	3	400.	723	5	400.
520	4	400.	571	4	400.	622	5	400.	673	5	400.	724	3	400.
521	2	400.	572	2	400.	623	4	400.	674	5	400.	725	4	400.
522	3	400.	573	5	400.	624	5	400.	675	1	400.	726	4	400.
523	3	400.	574	4	400.	625	5	400.	676	3	400.	727	4	400.
524	3	400.	575	2	400.	626	5	400.	677	1	400.	728	3	400.
525	2	400.	576	4	400.	627	4	400.	678	5	400.	729	4	400.
526	4	400.	577	2	400.	628	3	400.	679	5	400.	730	2	400.
527	5	400.	578	2	400.	629	4	400.	680	....	500.	731	2	400.
528	5	400.	579	3	400.	630	3	400.	681	5	400.	732	3	400.
529	5	400.	580	5	400.	631	4	400.	682	1	400.	733	4	400.
530	5	400.	581	3	400.	632	5	400.	683	4	400.	734	5	400.
531	5	400.	582	2	400.	633	3	400.	684	3	400.	735	2	400.
532	2	400.	583	3	400.	634	1	400.	685	1	400.	736	5	400.
533	5	400.	584	4	400.	635	5	400.	686	2	400.	737	3	400.
534	5	400.	585	2	400.	636	4	400.	687	5	400.	738	4	400.
535	4	400.	586	4	400.	637	2	400.	688	4	400.	739	5	400.
536	5	400.	587	5	400.	638	5	400.	689	3	400.	740	5	400.
537	4	400.	588	4	400.	639	5	400.	690	2	400.	741	5	400.
538	4	400.	589	4	400.	640	5	400.	691	5	400.	742	....	500.
539	5	400.	590	4	400.	641	1	400.	692	3	400.	743	4	400.
540	4	400.	591	4	400.	642	3	400.	693	2	400.	744	5	400.
541	5	400.	592	1	400.	643	4	400.	694	5	400.	745	4	400.
542	...	500.	593	2	400.	644	4	400.	695	4	400.	746	1	400.
543	3	400.	594	5	400.	645	5	400.	696	5	400.	747	5	400.
544	3	400.	595	5	400.	646	5	400.	697	1	400.	748	5	400.
545	1	400.	596	1	400.	647	3	400.	698	3	400.	749	5	400.
546	2	400.	597	2	400.	648	2	400.	699	4	400.	750	4	400.
547	1	400.	598	4	400.	649	3	400.	700	5	400.	751	5	400.
548	5	400.	599	1	400.	650	5	400.	701	4	400.	752	4	400.
549	3	400.	600	4	400.	651	5	400.	702	5	400.	753	5	400.
550	5	400.	601	5	400.	652	1	400.	703	4	400.	754	3	400.
551	....	600.	602	4	400.	653	4	400.	704	2	400.	755	4	400.
552	5	400.	603	....	500.	654	3	400.	705	4	400.	756	3	400.
553	5	400.	604	4	400.	655	2	400.	706	5	400.	757	3	400.
554	4	400.	605	5	400.	656	4	400.	707	2	400.	758	4	400.
555	4	400.	606	1	400.	657	4	400.	708	4	400.	759	4	400.
556	5	400.	607	4	400.	658	4	400.	709	4	400.	760	2	400.
557	5	400.	608	5	400.	659	5	400.	710	4	400.	761	3	400.
558	5	400.	609	5	400.	660	4	400.	711	3	400.	762	1	400.

Numéros	Époques.	LOTS.	Numéros	Époques.	LOTS.	Numéros	Époques.	LOTS.	Numéros	Époques.	LOTS.	Numéros	Époques.	LOTS.
		liv.			liv.			liv.			liv.			liv.
7763	5	400.	7814	3	400.	7865	5	400.	7916	5	400.	7967	2	400.
764	4	400.	815	1	400.	866	5	400.	917	4	400.	968	4	400.
765	5	400.	816	3	400.	867	2	400.	918	5	400.	969	5	400.
766	4	400.	817	4	400.	868	1	400.	919	4	400.	970	....	600.
767	3	400.	818	3	400.	869	3	400.	920	5	400.	971	5	400.
768	1	400.	819	4	400.	870	5	400.	921	2	400.	972	3	400.
769	3	400.	820	5	400.	871	3	400.	922	5	400.	973	4	400.
770	2	400.	821	4	400.	872	5	400.	923	5	400.	974	5	400.
771	3	400.	822	2	400.	873	4	400.	924	2	400.	975	3	400.
772	5	400.	823	4	400.	874	2	400.	925	5	400.	976	1	400.
773	5	400.	824	2	400.	875	4	400.	926	4	400.	977	5	400.
774	4	400.	825	2	400.	876	4	400.	927	4	400.	978	4	400.
775	3	400.	826	3	400.	877	4	400.	928	4	400.	979	2	400.
776	3	400.	827	2	400.	878	4	400.	929	....	600.	980	4	400.
777	4	400.	828	3	400.	879	4	400.	930	4	400.	981	5	400.
778	4	400.	829	5	400.	880	5	400.	931	2	400.	982	3	400.
779	3	400.	830	2	400.	881	3	400.	932	4	400.	983	4	400.
780	2	400.	831	3	400.	882	1	400.	933	3	400.	984	1	400.
781	4	400.	832	....	500.	883	....	5000.	934	3	400.	985	5	400.
782	5	400.	833	5	400.	884	4	400.	935	4	400.	986	5	400.
783	5	400.	834	5	400.	885	2	400.	936	5	400.	987	4	400.
784	2	400.	835	2	400.	886	4	400.	937	4	400.	988	4	400.
785	4	400.	836	1	400.	887	3	400.	938	5	400.	989	5	400.
786	4	400.	837	5	400.	888	4	400.	939	5	400.	990	3	400.
787	5	400.	838	4	400.	889	5	400.	940	5	400.	991	1	400.
788	5	400.	839	5	400.	890	5	400.	941	4	400.	992	5	400.
789	2	400.	840	2	400.	891	4	400.	942	....	1000.	993	4	400.
790	1	400.	841	4	400.	892	2	400.	943	2	400.	994	4	400.
791	4	400.	842	5	400.	893	4	400.	944	2	400.	995	4	400.
792	2	400.	843	4	400.	894	4	400.	945	4	400.	996	5	400.
793	5	400.	844	4	400.	895	5	400.	946	4	400.	997	4	400.
794	5	400.	845	2	400.	896	2	400.	947	5	400.	998	4	400.
795	4	400.	846	5	400.	897	5	400.	948	5	400.	999	4	400.
796	4	400.	847	5	400.	898	5	400.	949	4	400.	8000	2	400.
797	....	500.	848	3	400.	899	4	400.	950	3	400.			
798	3	400.	849	5	400.	900	3	400.	951	4	400.	8001	4	400.
799	1	400.	850	4	400.	901	5	400.	952	4	400.	002	5	400.
800	4	400.	851	4	400.	902	2	400.	953	5	400.	003	3	400.
801	5	400.	852	5	400.	903	4	400.	954	1	400.	004	3	400.
802	5	400.	853	4	400.	904	2	400.	955	2	400.	005	4	400.
803	1	400.	854	5	400.	905	5	400.	956	5	400.	006	2	400.
804	4	400.	855	1	400.	906	4	400.	957	2	400.	007	3	400.
805	5	400.	856	5	400.	907	5	400.	958	3	400.	008	4	400.
806	5	400.	857	5	400.	908	4	400.	959	....	600.	009	5	400.
807	1	400.	858	5	400.	909	5	400.	960	3	400.	010	4	400.
808	5	400.	859	3	400.	910	4	400.	961	4	400.	011	5	400.
809	4	400.	860	3	400.	911	5	400.	962	5	400.	012	1	400.
810	5	400.	861	4	400.	912	4	400.	963	5	400.	013	5	400.
811	2	400.	862	4	400.	913	2	400.	964	5	400.	014	3	400.
812	1	400.	863	1	400.	914	5	400.	965	4	400.	015	4	400.
813	5	400.	864	5	400.	915	5	400.	966	2	400.	016	2	400.

Numéros	Époques.	LOTS.	Numéros	Époques.	LOTS.	Numéros	Époques	LOTS.	Numéros	Époques.	LOTS.	Numéros	Époques.	LOTS.
		liv.			liv.			liv.			liv.			liv.
8017	5	400.	8068	5	400.	8119	5	400.	8170	4	400.	8221	5	400.
018	2	400.	069	5	400.	120	5	400.	171	5	400.	222	4	400.
019	4	400.	070	4	400.	121	4	400.	172	3	400.	223	4	400.
020	5	400.	071	1	400.	122	5	400.	173	4	400.	224	2	400.
021	5	400.	072	4	400.	123	2	400.	174	3	400.	225	3	400.
022	5	400.	073	5	400.	124	4	400.	175	3	400.	226	4	400.
023	2	400.	074	5	400.	125	3	400.	176	5	400.	227	2	400.
024	1	400.	075	4	400.	126	2	400.	177	5	400.	228	2	400.
025	2	400.	076	....	500.	127	4	400.	178	5	400.	229	5	400.
026	4	400.	077	2	400.	128	5	400.	179	4	400.	230	2	400.
027	4	400.	078	4	400.	129	1	400.	180	4	400.	231	5	400.
028	5	400.	079	4	400.	130	4	400.	181	5	400.	232	4	400.
029	5	400.	080	4	400.	131	5	400.	182	3	400.	233	5	400.
030	2	400.	081	4	400.	132	5	400.	183	5	400.	234	3	400.
031	5	400.	082	1	400.	133	5	400.	184	4	400.	235	1	400.
032	4	400.	083	4	400.	134	3	400.	185	5	400.	236	4	400.
033	4	400.	084	1	400.	135	5	400.	186	5	400.	237	3	400.
034	4	400.	085	5	400.	136	4	400.	187	4	400.	238	4	400.
035	2	400.	086	3	400.	137	1	400.	188	5	400.	239	2	400.
036	4	400.	087	4	400.	138	4	400.	189	2	400.	240	5	400.
037	4	400.	088	3	400.	139	5	400.	190	3	400.	241	3	400.
038	3	400.	089	3	400.	140	4	400.	191	4	400.	242	2	400.
039	3	400.	090	2	400.	141	1	400.	192	1	400.	243	1	400.
040	2	400.	091	2	400.	142	3	400.	193	3	400.	244	4	400.
041	5	400.	092	3	400.	143	2	400.	194	3	400.	245	2	400.
042	3	400.	093	3	400.	144	5	400.	195	4	400.	246	4	400.
043	5	400.	094	2	400.	145	5	400.	196	1	400.	247	4	400.
044	5	400.	095	4	400.	146	4	400.	197	5	400.	248	5	400.
045	5	400.	096	1	400.	147	4	400.	198	2	400.	249	....	500.
046	2	400.	097	4	400.	148	5	400.	199	5	400.	250	3	400.
047	4	400.	098	2	400.	149	2	400.	200	4	400.	251	4	400.
048	3	400.	099	4	400.	150	5	400.	201	1	400.	252	3	400.
049	2	400.	100	4	400.	151	5	400.	202	....	500.	253	5	400.
050	5	400.	101	....	500.	152	....	500.	203	5	400.	254	....	500.
051	4	400.	102	3	400.	153	5	400.	204	5	400.	255	3	400.
052	3	400.	103	5	400.	154	3	400.	205	1	400.	256	2	400.
053	5	400.	104	5	400.	155	5	400.	206	3	400.	257	5	400.
054	3	400.	105	2	400.	156	2	400.	207	1	400.	258	4	400.
055	5	400.	106	5	400.	157	3	400.	208	4	400.	259	3	400.
056	5	400.	107	2	400.	158	4	400.	209	2	400.	260	3	400.
057	4	400.	108	5	400.	159	5	400.	210	4	400.	261	4	400.
058	4	400.	109	1	400.	160	5	400.	211	3	400.	262	4	400.
059	4	400.	110	4	400.	161	5	400.	212	5	400.	263	4	400.
060	4	400.	111	4	400.	162	5	400.	213	1	400.	264	1	400.
061	5	400.	112	5	400.	163	4	400.	214	....	500.	265	4	400.
062	3	400.	113	4	400.	164	2	400.	215	4	400.	266	4	400.
063	3	400.	114	4	400.	165	4	400.	216	4	400.	267	....	1500.
064	3	400.	115	2	400.	166	3	400.	217	2	400.	268	5	400.
065	1	400.	116	5	400.	167	5	400.	218	4	400.	269	2	400.
066	5	400.	117	4	400.	168	4	400.	219	5	400.	270	1	400.
067	5	400.	118	....	600.	169	5	400.	220	5	400.	271	2	400.

Numéros	Époques.	LOTS.	Numéros	Époques.	LOTS.	Numéros	Époques.	LOTS.	Numéros	Époques.	LOTS.	Numéros	Époques.	LOTS.
		liv.			liv.			liv.			liv.			liv.
8272	5	400.	8323	3	400.	8374	4	400.	8425	5	400.	8476	4	400
273	5	400.	324	5	400.	375	3	400.	426	5	400.	477	4	400.
274	4	400.	325	4	400.	376	2	400.	427	5	400.	478	4	400.
275	5	400.	326	5	400.	377	5	400.	428	5	400.	479	3	400.
276	5	400.	327	5	400.	378	1	400.	429	2	400.	480	1	400.
277	5	400.	328	5	400.	379	5	400.	430	5	400.	481	5	400.
278	2	400.	329	5	400.	380	2	400.	431	4	400.	482	3	400.
279	1	400.	330	3	400.	381	5	400.	432	4	400.	483	5	400.
280	5	400.	331	5	400.	382	1	400.	433	2	400.	484	5	400.
281	5	400.	332	3	400.	383	3	400.	434	5	400.	485	5	400.
282	5	400.	333	5	400.	384	3	400.	435	5	400.	486	4	400.
283	5	400.	334	5	400.	385	3	400.	436	3	400.	487	3	400.
284	2	400.	335	4	400.	386	3	400.	437	3	400.	488	5	400.
285	1	400.	336	3	400.	387	2	400.	438	2	400.	489	4	400.
286	3	400.	337	2	400.	388	5	400.	439	1	400.	490	5	400.
287	3	400.	338	5	400.	389	4	400.	440	5	400.	491	4	400.
288	5	400.	339	1	400.	390	4	400.	441	5	400.	492	5	400.
289	5	400.	340	5	400.	391	5	400.	442	1	400.	493	4	400.
290	5	400.	341	5	400.	392	2	400.	443	4	400.	494	5	400.
291	5	400.	342	5	400.	393	4	400.	444	3	400.	495	5	400.
292	2	400.	343	5	400.	394	2	400.	445	4	400.	496	4	400.
293	5	400.	344	5	400.	395	4	400.	446	5	400.	497	5	400.
294	4	400.	345	1	400.	396	2	400.	447	4	400.	498	3	400.
295	4	400.	346	5	400.	397	4	400.	448	4	400.	499	4	400.
296	4	400.	347	5	400.	398	5	400.	449	1	400.	500	4	400.
297	5	400.	348	5	400.	399	3	400.	450	5	400.	501	2	400.
298	4	400.	349	4	400.	400	4	400.	451	3	400.	502	3	400.
299	3	400.	350	5	400.	401	4	400.	452	5	400.	503	2	400.
300	1	400.	351	3	400.	402	4	400.	453	3	400.	504	4	400.
301	4	400.	352	5	400.	403	4	400.	454	5	400.	505	3	400.
302	5	400.	353	4	400.	404	1	400.	455	4	400.	506	5	400.
303	1	400.	354	3	400.	405	2	400.	456	5	400.	507	3	400.
304	2	400.	355	4	400.	406	5	400.	457	3	400.	508	5	400.
305	4	400.	356	3	400.	407	4	400.	458	2	400.	509	3	400.
306	4	400.	357	4	400.	408	5	400.	459	3	400.	510	3	400.
307	4	400.	358	4	400.	409	3	400.	460	2	400.	511	4	400.
308	4	400.	359	2	400.	410	3	400.	461	5	400.	512	5	400.
309	3	400.	360	....	3000.	411	1	400.	462	3	400.	513	3	400.
310	5	400.	361	4	400.	412	3	400.	463	4	400.	514	5	400.
311	5	400.	362	5	400.	413	4	400.	464	3	400.	515	5	400.
312	5	400.	363	5	400.	414	5	400.	465	4	400.	516	2	400.
313	5	400.	364	4	400.	415	3	400.	466	1	400.	517	4	400.
314	4	400.	365	4	400.	416	2	400.	467	4	400.	518	3	400.
315	4	400.	366	4	400.	417	3	400.	468	4	400.	519	3	400.
316	5	400.	367	5	400.	418	1	400.	469	5	400.	520	1	400.
317	4	400.	368	5	400.	419	4	400.	470	5	400.	521	5	400.
318	3	400.	369	4	400.	420	5	400.	471	5	400.	522	5	400.
319	4	400.	370	5	400.	421	2	400.	472	5	400.	523	3	400.
320	5	400.	371	2	400.	422	3	400.	473	3	400.	524	5	400.
321	5	400.	372	4	400.	423	2	400.	474	2	400.	525	5	400.
322	3	400.	373	1	400.	424	2	400.	475	5	400.	526	5	400.

Numéros	Époques.	LOTS.	Numéros	Époques.	LOTS.	Numéros	Époques.	LOTS.	Numéros	Époques.	LOTS.	Numéros	Époques.	LOTS.
		liv.			liv.			liv.			liv.			liv.
8527	5	400.	8578	5	400.	8629	3	400.	8680	3	400.	8731	3	400.
528	5	400.	579	4	400.	630	3	400.	681	5	400.	732	4	400.
529	2	400.	580	3	400.	631	4	400.	682	4	400.	733	3	400.
530	3	400.	581	4	400.	632	4	400.	683	5	400.	734	5	400.
531	4	400.	582	4	400.	633	5	400.	684	5	400.	735	1	400.
532	3	400.	583	5	400.	634	4	400.	685	4	400.	736	4	400.
533	2	400.	584	3	400.	635	4	400.	686	5	400.	737	3	400.
534	5	400.	585	3	400.	636	5	400.	687	3	400.	738	4	400.
535	1	400.	586	5	400.	637	4	400.	688	5	400.	739	4	400.
536	4	400.	587	5	400.	638	5	400.	689	3	400.	740	5	400.
537	5	400.	588	5	400.	639	5	400.	690	3	400.	741	1	400.
538	4	400.	589	4	400.	640	2	400.	691	4	400.	742	3	400.
539	4	400.	590	4	400.	641	4	400.	692	5	400.	743	4	400.
540	5	400.	591	5	400.	642	3	400.	693	....	500.	744	2	400.
541	4	400.	592	4	400.	643	5	400.	694	3	400.	745	3	400.
542	2	400.	593	3	400.	644	4	400.	695	5	400.	746	4	400.
543	2	400.	594	4	400.	645	5	400.	696	2	400.	747	4	400.
544	4	400.	595	4	400.	646	5	400.	697	2	400.	748	1	400.
545	4	400.	596	4	400.	647	2	400.	698	2	400.	749	5	400.
546	5	400.	597	2	400.	648	1	400.	699	5	400.	750	1	400.
547	3	400.	598	5	400.	649	5	400.	700	5	400.	751	3	400.
548	2	400.	599	....	600.	650	4	400.	701	2	400.	752	4	400.
549	5	400.	600	5	400.	651	5	400.	702	3	400.	753	3	400.
550	5	400.	601	4	400.	652	5	400.	703	5	400.	754	5	400.
551	4	400.	602	2	400.	653	3	400.	704	2	400.	755	3	400.
552	1	400.	603	4	400.	654	5	400.	705	3	400.	756	1	400.
553	3	400.	604	4	400.	655	4	400.	706	5	400.	757	4	400.
554	2	400.	605	3	400.	656	5	400.	707	4	400.	758	5	400.
555	3	400.	606	5	400.	657	4	400.	708	4	400.	759	1	400.
556	2	400.	607	2	400.	658	5	400.	709	4	400.	760	4	400.
557	2	400.	608	5	400.	659	5	400.	710	4	400.	761	4	400.
558	....	500.	609	5	400.	660	1	400.	711	4	400.	762	3	400.
559	2	400.	610	5	400.	661	2	400.	712	4	400.	763	2	400.
560	3	400.	611	3	400.	662	5	400.	713	2	400.	764	4	400.
561	2	400.	612	5	400.	663	1	400.	714	4	400.	765	4	400.
562	3	400.	613	4	400.	664	1	400.	715	5	400.	766	5	400.
563	4	400.	614	4	400.	665	3	400.	716	....	1000.	767	2	400.
564	4	400.	615	4	400.	666	2	400.	717	5	400.	768	2	400.
565	5	400.	616	1	400.	667	5	400.	718	5	400.	769	5	400.
566	3	400.	617	5	400.	668	4	400.	719	2	400.	770	5	400.
567	2	400.	618	5	400.	669	....	500.	720	4	400.	771	4	400.
568	5	400.	619	4	400.	670	2	400.	721	5	400.	772	5	400.
569	5	400.	620	5	400.	671	2	400.	722	4	400.	773	5	400.
570	3	400.	621	5	400.	672	2	400.	723	5	400.	774	4	400.
571	4	400.	622	3	400.	673	2	400.	724	4	400.	775	5	400.
572	4	400.	623	2	400.	674	...	600.	725	5	400.	776	3	400.
573	3	400.	624	4	400.	675	4	400.	726	3	400.	777	4	400.
574	3	400.	625	5	400.	676	4	400.	727	3	400.	778	4	400.
575	2	400.	626	....	500.	677	5	400.	728	1	400.	779	2	400.
576	3	400.	627	3	400.	678	5	400.	729	5	400.	780	4	400.
577	5	400.	628	5	400.	679	2	400.	730	5	400.	781	5	400.

Numéros	Époques.	LOTS.	Numéros	Époques.	LOTS.	Numéros	Époques.	LOTS.	Numéros	Époques.	LOTS.	Numéros	Époques.	LOTS.
		liv.			liv.			liv.			liv.			liv.
8782	4	400.	8833	5	400.	8884	5	400.	8935	2	400.	8986	4	400.
783	5	400.	834	4	400.	885	3	400.	936	4	400.	987	4	400.
784	4	400.	835	5	400.	886	4	400.	937	2	400.	988	4	400.
785	5	400.	836	3	400.	887	3	400.	938	4	400.	989	4	400.
786	3	400.	837	4	400.	888	5	400.	939	5	400.	990	5	400.
787	2	400.	838	5	400.	889	4	400.	940	5	400.	991	5	400.
788	5	400.	839	5	400.	890	1	400.	941	4	400.	992	3	400.
789	5	400.	840	5	400.	891	3	400.	942	3	400.	993	5	400.
790	4	400.	841	2	400.	892	5	400.	943	3	400.	994	3	400.
791	4	400.	842	3	400.	893	5	400.	944	2	400.	995	3	400.
792	5	400.	843	5	400.	894	5	400.	945	5	400.	996	5	400.
793	4	400.	844	1	400.	895	5	400.	946	1	400.	997	5	400.
794	5	400.	845	4	400.	896	2	400.	947	2	400.	998	4	400.
795	3	400.	846	5	400.	897	4	400.	948	5	400.	999	5	400.
796	5	400.	847	4	400.	898	3	400.	949	2	400.	9000	1	400.
797	5	400.	848	2	400.	899	4	400.	950	1	400.			
798	4	400.	849	3	400.	900	2	400.	951	4	400.	9001	4	400.
799	4	400.	850	5	400.	901	5	400.	952	1	400.	002	5	400.
800	4	400.	851	4	400.	902	2	400.	953	3	400.	003	5	400.
801	3	400.	852	2	400.	903	5	400.	954	2	400.	004	4	400.
802	5	400.	853	1	400.	904	2	400.	955	5	400.	005	5	400.
803	5	400.	854	4	400.	905	5	400.	956	3	400.	006	....	500.
804	1	400.	855	4	400.	906	2	400.	957	5	400.	007	2	400.
805	5	400.	856	4	400.	907	3	400.	958	3	400.	008	4	400.
806	3	400.	857	4	400.	908	3	400.	959	5	400.	009	2	400.
807	5	400.	858	2	400.	909	4	400.	960	4	400.	010	5	400.
808	4	400.	859	1	400.	910	1	400.	961	5	400.	011	....	500.
809	5	400.	860	5	400.	911	2	400.	962	5	400.	012	5	400.
810	3	400.	861	3	400.	912	2	400.	963	3	400.	013	5	400.
811	3	400.	862	....	500.	913	5	400.	964	5	400.	014	5	400.
812	5	400.	863	5	400.	914	3	400.	965	4	400.	015	5	400.
813	5	400.	864	....	500.	915	4	400.	966	4	400.	016	5	400.
814	2	400.	865	3	400.	916	1	400.	967	2	400.	017	....	600.
815	2	400.	866	5	400.	917	4	400.	968	5	400.	018	1	400.
816	5	400.	867	4	400.	918	5	400.	969	5	400.	019	5	400.
817	2	400.	868	5	400.	919	5	400.	970	5	400.	020	4	400.
818	5	400.	869	5	400.	920	1	400.	971	....	500.	021	5	400.
819	5	400.	870	2	400.	921	5	400.	972	3	400.	022	5	400.
820	5	400.	871	5	400.	922	2	400.	973	....	600.	023	4	400.
821	5	400.	872	5	400.	923	4	400.	974	4	400.	024	3	400.
822	4	400.	873	5	400.	924	4	400.	975	4	400.	025	5	400.
823	3	400.	874	3	400.	925	3	400.	976	5	400.	026	2	400.
824	5	400.	875	3	400.	926	3	400.	977	2	400.	027	2	400.
825	5	400.	876	4	400.	927	4	400.	978	3	400.	028	4	400.
826	2	400.	877	3	400.	928	....	500.	979	3	400.	029	5	400.
827	....	600.	878	4	400.	929	5	400.	980	1	400.	030	5	400.
828	5	400.	879	5	400.	930	5	400.	981	4	400.	031	4	400.
829	4	400.	880	5	400.	931	3	400.	982	5	400.	032	2	400.
830	4	400.	881	2	400.	932	4	400.	983	2	400.	033	4	400.
831	5	400.	882	1	400.	933	....	500.	984	5	400.	034	5	400.
832	2	400.	883	2	400.	934	3	400	985	1	400.	035	4	400.

Numéros	Époques.	LOTS.	Numéros	Époques.	LOTS.	Numéros	Époques.	LOTS.	Numéros	Époques.	LOTS.	Numéros	Époques.	LOTS.
		liv.			liv.			liv.			liv.			liv.
9036	3	400.	9087	4	400.	9138	3	400.	9189	4	400.	9240	5	400.
037	4	400.	088	5	400.	139	5	400.	190	5	400.	241	5	400.
038	5	400.	089	3	400.	140	2	400.	191	3	400.	242	5	400.
039	5	400.	090	5	400.	141	3	400.	192	5	400.	243	4	400.
040	3	400.	091	3	400.	142	2	400.	193	1	400.	244	3	400.
041	5	400.	092	4	400.	143	5	400.	194	2	400.	245	5	400.
042	2	400.	093	2	400.	144	4	400.	195	4	400.	246	3	400.
043	2	400.	094	3	400.	145	3	400.	196	4	400.	247	5	400.
044	3	400.	095	3	400.	146	5	400.	197	4	400.	248	5	400.
045	4	400.	096	2	400.	147	2	400.	198	4	400.	249	5	400.
046	5	400.	097	5	400.	148	4	400.	199	4	400.	250	4	400.
047	5	400.	098	1	400.	149	2	400.	200	5	400.	251	3	400.
048	3	400.	099	4	400.	150	4	400.	201	2	400.	252	3	400.
049	....	500.	100	5	400.	151	5	400.	202	3	400.	253	5	400.
050	3	400.	101	2	400.	152	5	400.	203	4	400.	254	2	400.
051	3	400.	102	5	400.	153	1	400.	204	3	400.	255	3	400.
052	2	400.	103	2	400.	154	5	400.	205	5	400.	256	....	500.
053	3	400.	104	5	400.	155	5	400.	206	4	400.	257	2	400.
054	4	400.	105	5	400.	156	5	400.	207	3	400.	258	5	400.
055	3	400.	106	....	500.	157	2	400.	208	2	400.	259	2	400.
056	3	400.	107	3	400.	158	1	400.	209	4	400.	260	2	400.
057	5	400.	108	4	400.	159	3	400.	210	3	400.	261	3	400.
058	2	400.	109	....	600.	160	5	400.	211	2	400.	262	4	400.
059	5	400.	110	3	400.	161	3	400.	212	4	400.	263	5	400.
060	3	400.	111	5	400.	162	5	400.	213	3	400.	264	4	400.
061	2	400.	112	4	400.	163	5	400.	214	4	400.	265	4	400.
062	1	400.	113	5	400.	164	3	400.	215	2	400.	266	4	400.
063	5	400.	114	....	600.	165	4	400.	216	3	400.	267	1	400.
064	3	400.	115	4	400.	166	4	400.	217	5	400.	268	3	400.
065	5	400.	116	4	400.	167	2	400.	218	5	400.	269	5	400.
066	2	400.	117	1	400.	168	4	400.	219	4	400.	270	5	400.
067	5	400.	118	5	400.	169	5	400.	220	3	400.	271	4	400.
068	5	400.	119	2	400.	170	5	400.	221	5	400.	272	1	400.
069	4	400.	120	5	400.	171	3	400.	222	4	400.	273	2	400.
070	3	400.	121	5	400.	172	4	400.	223	4	400.	274	4	400.
071	4	400.	122	2	400.	173	5	400.	224	4	400.	275	4	400.
072	5	400.	123	2	400.	174	3	400.	225	1	400.	276	5	400.
073	5	400.	124	4	400.	175	5	400.	226	2	400.	277	4	400.
074	3	400.	125	5	400.	176	5	400.	227	5	400.	278	5	400.
075	4	400.	126	2	400.	177	5	400.	228	5	400.	279	4	400.
076	4	400.	127	5	400.	178	3	400.	229	....	600.	280	2	400.
077	2	400.	128	3	400.	179	3	400.	230	....	500.	281	5	400.
078	5	400.	129	5	400.	180	....	500.	231	5	400.	282	2	400.
079	2	400.	130	2	400.	181	1	400.	232	5	400.	283	3	400.
080	4	400.	131	5	400.	182	5	400.	233	3	400.	284	4	400.
081	5	400.	132	....	500.	183	4	400.	234	5	400.	285	5	400.
082	5	400.	133	5	400.	184	5	400.	235	1	400.	286	2	400.
083	4	400.	134	3	400.	185	2	400.	236	5	400.	287	4	400.
084	....	1000.	135	5	400.	186	5	400.	237	5	400.	288	....	1000.
085	5	400.	136	5	400.	187	2	400.	238	1	400.	289	4	400.
086	4	400.	137	1	400.	188	5	400.	239	4	400.	290	1	400.

Numéros	Époques.	LOTS.	Numéros	Époques.	LOTS.	Numéros	Époques.	LOTS.	Numéros	Époques.	LOTS.	Numéros	Époques.	LOTS.
		liv.			liv.			liv			liv.			liv.
9291	4	400.	9342	2	400.	9393	5	400.	9444	2	400.	9495	4	400.
292	1	400.	343	5	400.	394	2	400.	445	5	400.	496	3	400.
293	5	400.	344	4	400.	395	5	400.	446	5	400.	497	3	400.
294	4	400.	345	4	400.	396	5	400.	447	2	400.	498	5	400.
295	4	400.	346	2	400.	397	4	400.	448	4	400.	499	4	400.
296	4	400.	347	5	400.	398	3	400.	449	5	400.	500	5	400.
297	3	400.	348	4	400.	399	4	400.	450	3	400.	501	4	400.
298	5	400.	349	3	400.	400	5	400.	451	5	400.	502	3	400.
299	5	400.	350	....	500.	401	3	400.	452	2	400.	503	4	400.
300	....	500.	351	5	400.	402	5	400.	453	5	400.	504	5	400.
301	5	400.	352	3	400.	403	4	400.	454	5	400.	505	5	400.
302	2	400.	353	4	400.	404	3	400.	455	5	400.	506	4	400.
303	5	400.	354	5	400.	405	4	400.	456	2	400.	507	3	400.
304	4	400.	355	5	400.	406	5	400.	457	1	400.	508	....	500.
305	4	400.	356	4	400.	407	5	400.	458	3	400.	509	5	400.
306	2	400.	357	5	400.	408	4	400.	459	4	400.	510	4	400.
307	2	400.	358	2	400.	409	4	400.	460	5	400.	511	3	400.
308	4	400.	359	....	500.	410	4	400.	461	5	400.	512	5	400.
309	4	400.	360	5	400.	411	4	400.	462	3	400.	513	5	400.
310	4	400.	361	5	400.	412	3	400.	463	4	400.	514	3	400.
311	1	400.	362	3	400.	413	4	400.	464	1	400.	515	3	400.
312	4	400.	363	5	400.	414	4	400.	465	2	400.	516	5	400.
313	5	400.	364	3	400.	415	4	400.	466	4	400.	517	2	400.
314	4	400.	365	5	400.	416	4	400.	467	4	400.	518	4	400.
315	5	400.	366	3	400.	417	4	400.	468	4	400.	519	1	400.
316	5	400.	367	5	400.	418	3	400.	469	4	400.	520	....	500.
317	2	400.	368	5	400.	419	3	400.	470	4	400.	521	4	400.
318	4	400.	369	5	400.	420	4	400.	471	5	400.	522	3	400.
319	3	400.	370	2	400.	421	4	400.	472	3	400.	523	2	400.
320	4	400.	371	5	400.	422	4	400.	473	4	400.	524	4	400.
321	4	400.	372	3	400.	423	2	400.	474	5	400.	525	3	400.
322	4	400.	373	5	400.	424	4	400.	475	3	400.	526	2	400.
323	4	400.	374	5	400.	425	3	400.	476	4	400.	527	2	400.
324	2	400.	375	5	400.	426	3	400.	477	1	400.	528	5	400.
325	4	400.	376	3	400.	427	2	400.	478	5	400.	529	5	400.
326	2	400.	377	5	400.	428	4	400.	479	4	400.	530	4	400.
327	5	400.	378	5	400.	429	2	400.	480	5	400.	531	2	400.
328	1	400.	379	3	400.	430	5	400.	481	1	400.	532	5	400.
329	5	400.	380	3	400.	431	4	400.	482	4	400.	533	3	400.
330	5	400.	381	4	400.	432	4	400.	483	1	400.	534	1	400.
331	2	400.	382	5	400.	433	3	400.	484	5	400.	535	5	400.
332	4	400.	383	4	400.	434	4	400.	485	4	400.	536	5	400.
333	4	400.	384	2	400.	435	5	400.	486	5	400.	537	2	400.
334	2	400.	385	3	400.	436	5	400.	487	4	400.	538	4	400.
335	3	400.	386	5	400.	437	5	400.	488	3	400.	539	3	400.
336	4	400.	387	2	400.	438	3	400.	489	3	400.	540	4	400.
337	2	400.	388	5	400.	439	4	400.	490	5	400.	541	2	400.
338	2	400.	389	5	400.	440	3	400.	491	4	400.	542	5	400.
339	5	400.	390	2	400.	441	5	400.	492	1	400.	543	4	400.
340	5	400.	391	5	400.	442	5	400.	493	3	400.	544	5	400.
341	4	400.	392	4	400.	443	2	400.	494	5	400.	545	2	400.

Numéros	Époques.	LOTS.	Numéros	Époques.	LOTS.	Numéros	Époques.	LOTS.	Numéros	Époques.	LOTS.	Numéros	Époques.	LOTS.
		liv.			liv.			liv.			liv.			liv.
9546	4	400.	9597	3	400.	9648	5	400.	9699	4	400.	9750	4	400.
547	4	400.	598	3	400.	649	5	400.	700	5	400.	751	5	400.
548	5	400.	599	...	500.	650	....	1000.	701	2	400.	752	1	400.
549	4	400.	600	1	400.	651	5	400.	702	2	400.	753	5	400.
550	3	400.	601	3	400.	652	4	400.	703	1	400.	754	2	400.
551	2	400.	602	5	400.	653	3	400.	704	3	400.	755	2	400.
552	5	400.	603	4	400.	654	5	400.	705	2	400.	756	5	400.
553	4	400.	604	5	400.	655	3	400.	706	2	400.	757	3	400.
554	5	400.	605	1	400.	656	4	400.	707	....	600.	758	4	400.
555	3	400.	606	4	400.	657	3	400.	708	5	400.	759	4	400.
556	4	400.	607	4	400.	658	4	400.	709	4	400.	760	4	400.
557	4	400.	608	5	400.	659	4	400.	710	5	400.	761	4	400.
558	2	400.	609	3	400.	660	5	400.	711	4	400.	762	4	400.
559	4	400.	610	4	400.	661	1	400.	712	5	400.	763	5	400.
560	5	400.	611	3	400.	662	4	400.	713	4	400.	764	3	400.
561	4	400.	612	5	400.	663	2	400.	714	4	400.	765	2	400.
562	....	1500.	613	3	400.	664	1	400.	715	2	400.	766	5	400.
563	4	400.	614	1	400.	665	3	400.	716	2	400.	767	2	400.
564	5	400.	615	1	400.	666	3	400.	717	4	400.	768	2	400.
565	4	400.	616	3	400.	667	5	400.	718	4	400.	769	4	400.
566	....	600.	617	3	400.	668	5	400.	719	4	400.	770	4	400.
567	5	400.	618	1	400.	669	4	400.	720	3	400.	771	2	400.
568	3	400.	619	4	400.	670	4	400.	721	4	400.	772	4	400.
569	1	400.	620	5	400.	671	4	400.	722	2	400.	773	5	400.
570	4	400.	621	5	400.	672	5	400.	723	5	400.	774	3	400.
571	1	400.	622	4	400.	673	5	400.	724	5	400.	775	4	400.
572	5	400.	623	5	400.	674	4	400.	725	4	400.	776	1	400.
573	....	600.	624	3	400.	675	5	400.	726	4	400.	777	3	400.
574	4	400.	625	4	400.	676	5	400.	727	4	400.	778	1	400.
575	4	400.	626	4	400.	677	1	400.	728	3	400.	779	2	400.
576	2	400.	627	1	400.	678	1	400.	729	4	400.	780	5	400.
577	3	400.	628	1	400.	679	4	400.	730	5	400.	781	5	400.
578	5	400.	629	5	400.	680	3	400.	731	5	400.	782	2	400.
579	5	400.	630	4	400.	681	2	400.	732	2	400.	783	4	400.
580	2	400.	631	4	400.	682	5	400.	733	3	400.	784	3	400.
581	4	400.	632	2	400.	683	4	400.	734	2	400.	785	4	400.
582	2	400.	633	4	400.	684	5	400.	735	1	400.	786	4	400.
583	5	400.	634	3	400.	685	5	400.	736	1	400.	787	4	400.
584	5	400.	635	5	400.	686	5	400.	737	4	400.	788	5	400.
585	4	400.	636	4	400.	687	5	400.	738	5	400.	789	4	400.
586	2	400.	637	4	400.	688	4	400.	739	2	400.	790	4	400.
587	5	400.	638	5	400.	689	3	400.	740	5	400.	791	....	500.
588	5	400.	639	2	400.	690	1	400.	741	4	400.	792	4	400.
589	3	400.	640	4	400.	691	4	400.	742	3	400.	793	3	400.
590	4	400.	641	5	400.	692	5	400.	743	5	400	794	4	400.
591	5	400.	642	5	400.	693	4	400.	744	3	400.	795	....	500.
592	1	400.	643	4	400.	694	4	400.	745	2	400.	796	2	400.
593	5	400.	644	2	400.	695	5	400.	746	....	500.	797	5	400.
594	4	400.	645	1	400.	696	4	400.	747	....	600.	798	4	400.
595	4	400.	646	3	400.	697	5	400.	748	5	400.	799	4	400.
596	5	400.	647	2	400.	698	3	400.	749	3	400.	800	5	400.

Numéros	Époques.	LOTS.	Numéros	Époques.	LOTS.	Numéros	Époques.	LOTS.	Numéros	Époques.	LOTS.	Numéros	Époques.	LOTS.
		liv.			liv.			liv.			liv.			liv.
9801	3	400.	9852	5	400.	9903	5	400.	9954	5	400.	10004	3	400.
802	5	400.	853	4	400.	904	3	400.	955	2	400.	005	3	400.
803	3	400.	854	5	400.	905	3	400.	956	3	400.	006	5	400.
804	5	400.	855	3	400.	906	....	500.	957	4	400.	007	5	400.
805	4	400.	856	3	400.	907	2	400.	958	5	400.	008	....	5000.
806	2	400.	857	2	400.	908	4	400.	959	5	400.	009	3	400.
807	4	400.	858	5	400.	909	....	600.	960	4	400.	010	5	400.
808	5	400.	859	2	400.	910	4	400.	961	5	400.	011	4	400.
809	4	400.	860	2	400.	911	2	400.	962	1	400.	012	5	400.
810	2	400.	861	5	400.	912	4	400.	963	2	400.	013	5	400.
811	3	400.	862	3	400.	913	4	400.	964	1	400.	014	4	400.
812	1	400.	863	2	400.	914	4	400.	965	2	400.	015	4	400.
813	3	400.	864	4	400.	915	4	400.	966	5	400.	016	3	400.
814	3	400.	865	5	400.	916	5	400.	967	2	400.	017	5	400.
815	5	400.	866	....	600.	917	4	400.	968	5	400.	018	4	400.
816	3	400.	867	2	400.	918	2	400.	969	1	400.	019	4	400.
817	5	400.	868	5	400.	919	5	400.	970	5	400.	020	1	400.
818	3	400.	869	3	400.	920	5	400.	971	5	400.	021	4	400.
819	5	400.	870	5	400.	921	4	400.	972	3	400.	022	5	400.
820	5	400.	871	3	400.	922	4	400.	973	2	400.	023	4	400.
821	2	400.	872	2	400.	923	2	400.	974	4	400.	024	3	400.
822	5	400.	873	5	400.	924	....	500.	975	5	400.	025	3	400.
823	4	400.	874	4	400.	925	1	400.	976	3	400.	026	5	400.
824	4	400.	875	3	400.	926	2	400.	977	5	400.	027	2	400.
825	2	400.	876	3	400.	927	4	400.	978	5	400.	028	4	400.
826	4	400.	877	5	400.	928	2	400.	979	4	400.	029	2	400.
827	1	400.	878	2	400.	929	4	400.	980	5	400.	030	4	400.
828	3	400.	879	2	400.	930	5	400.	981	5	400.	031	4	400.
829	4	400.	880	4	400.	931	5	400.	982	3	400.	032	2	400.
830	4	400.	881	5	400.	932	2	400.	983	5	400.	033	5	400.
831	4	400.	882	1	400.	933	5	400.	984	4	400.	034	5	400.
832	2	400.	883	3	400.	934	5	400.	985	4	400.	035	2	400.
833	2	400.	884	4	400.	935	4	400.	986	5	400.	036	4	400.
834	1	400.	885	3	400.	936	5	400.	987	4	400.	037	....	600.
835	5	400.	886	1	400.	937	5	400.	988	4	400.	038	2	400.
836	2	400.	887	5	400.	938	4	400.	989	4	400.	039	5	400.
837	4	400.	888	3	400.	939	5	400.	990	4	400.	040	4	400.
838	4	400.	889	5	400.	940	3	400.	991	4	400.	041	5	400.
839	5	400.	890	3	400.	941	5	400.	992	4	400.	042	3	400.
840	2	400.	891	1	400.	942	....	500.	993	4	400.	043	5	400.
841	5	400.	892	4	400.	943	4	400.	994	4	400.	044	3	400.
842	5	400.	893	5	400.	944	5	400.	995	5	400.	045	1	400.
843	5	400.	894	5	400.	945	5	400.	996	5	400.	046	2	400.
844	4	400.	895	4	400.	946	5	400.	997	5	400.	047	3	400.
845	5	400.	896	4	400.	947	5	400.	998	3	400.	048	2	400.
846	4	400.	897	3	400.	948	4	400.	999	2	400.	049	5	400.
847	5	400.	898	4	400.	949	2	400.	10000	5	400.	050	5	400.
848	4	400.	899	2	400.	950	5	400.	——			051	4	400.
849	1	400.	900	4	400.	951	5	400.	10001	3	400.	052	4	400.
850	4	400.	901	3	400.	952	5	400.	002	1	400.	053	....	600.
851	3	400.	902	5	400.	953	5	400.	003	5	400.	054	2	400.

Numéros	Époques.	LOTS.	Numéros	Époques.	LOTS.	Numéros	Époques.	LOTS.	Numéros	Époques.	LOTS.	Numéros	Époques.	LOTS.
		liv.			liv.			liv.			liv.			liv.
10055	5	400.	10106	1	400.	10157	3	400.	10208	5	400.	10259	3	400.
056	3	400.	107	4	400.	158	2	400.	209	3	400.	260	....	500.
057	5	400.	108	1	400.	159	5	400.	210	4	400.	261	1	400.
058	2	400.	109	4	400.	160	2	400.	211	5	400.	262	....	3000.
059	5	400.	110	2	400.	161	5	400.	212	2	400.	263	5	400.
060	3	400.	111	2	400.	162	5	400.	213	5	400.	264	4	400.
061	3	400.	112	5	400.	163	4	400.	214	4	400.	265	5	400.
062	4	400.	113	5	400.	164	3	400.	215	5	400.	266	5	400.
063	1	400.	114	3	400.	165	2	400.	216	....	1500.	267	1	400.
064	5	400.	115	2	400.	166	4	400.	217	5	400.	268	1	400.
065	5	400.	116	4	400.	167	....	600.	218	2	400.	269	4	400.
066	5	400.	117	5	400.	168	5	400.	219	4	400.	270	4	400.
067	5	400.	118	5	400.	169	5	400.	220	4	400.	271	4	400.
068	4	400.	119	3	400.	170	3	400.	221	4	400.	272	4	400.
069	2	400.	120	2	400.	171	5	400.	222	5	400.	273	5	400.
070	5	400.	121	3	400.	172	4	400.	223	4	400.	274	5	400.
071	4	400.	122	4	400.	173	4	400.	224	3	400.	275	5	400.
072	1	400.	123	4	400.	174	4	400.	225	4	400.	276	2	400.
073	5	400.	124	4	400.	175	5	400.	226	5	400.	277	1	400.
074	4	400.	125	2	400.	176	3	400.	227	4	400.	278	5	400.
075	5	400.	126	4	400.	177	3	400.	228	3	400.	279	5	400.
076	5	400.	127	2	400.	178	3	400.	229	5	400.	280	5	400.
077	2	400.	128	5	400.	179	4	400.	230	4	400.	281	5	400.
078	5	400.	129	5	400.	180	4	400.	231	4	400.	282	3	400.
079	2	400.	130	5	400.	181	4	400.	232	5	400.	283	3	400.
080	5	400.	131	5	400.	182	5	400.	233	3	400.	284	....	500.
081	5	400.	132	4	400.	183	3	400.	234	5	400.	285	4	400.
082	4	400.	133	....	500.	184	4	400.	235	5	400.	286	5	400.
083	4	400.	134	3	400.	185	1	400.	236	5	400.	287	3	400.
084	4	400.	135	4	400.	186	5	400.	237	1	400.	288	2	400.
085	1	400.	136	5	400.	187	5	400.	238	4	400.	289	5	400.
086	5	400.	137	4	400.	188	5	400.	239	3	400.	290	1	400.
087	4	400.	138	5	400.	189	5	400.	240	2	400.	291	....	500.
088	4	400.	139	5	400.	190	4	400.	241	2	400.	292	5	400.
089	3	400.	140	....	500.	191	5	400.	242	3	400.	293	4	400.
090	2	400.	141	2	400.	192	3	400.	243	5	400.	294	5	400.
091	2	400.	142	3	400.	193	1	400.	244	5	400.	295	3	400.
092	4	400.	143	4	400.	194	5	400.	245	4	400.	296	4	400.
093	5	400.	144	3	400.	195	2	400.	246	1	400.	297	3	400.
094	....	600.	145	5	400.	196	1	400.	247	2	400.	298	4	400.
095	5	400.	146	2	400.	197	4	400.	248	3	400.	299	5	400.
096	4	400.	147	4	400.	198	5	400.	249	5	400.	300	3	400.
097	5	400.	148	2	400.	199	3	400.	250	3	400.	301	5	400.
098	2	400.	149	3	400.	200	2	400.	251	2	400.	302	5	400.
099	4	400.	150	5	400.	201	3	400.	252	4	400.	303	3	400.
100	....	600.	151	2	400.	202	2	400.	253	3	400.	304	2	400.
101	4	400.	152	....	600.	203	5	400.	254	2	400.	305	4	400.
102	1	400.	153	3	400.	204	1	400.	255	2	400.	306	1	400.
103	2	400.	154	5	400.	205	5	400.	256	1	400.	307	3	400.
104	5	400.	155	5	400.	206	5	400.	257	3	400.	308	5	400.
105	4	400.	156	4	400.	207	5	400.	258	4	400.	309	2	400.

Numéros	Époques.	LOTS.	Numéros	Époques.	LOTS.	Numéros	Époques.	LOTS.	Numéros	Époques.	LOTS.	Numéros	Époques.	LOTS.
		liv.			liv.			liv.			liv.			liv.
10310	4	400.	10361	5	400.	10412	4	400.	10463	4	400.	10514	5	400.
311	5	400.	362	....	500.	413	4	400.	464	1	400.	515	2	400.
312	3	400.	363	2	400.	414	5	400.	465	....	20000.	516	5	400.
313	4	400.	364	2	400.	415	2	400.	466	5	400.	517	4	400.
314	4	400.	365	5	400.	416	1	400.	467	4	400.	518	5	400.
315	3	400.	366	2	400.	417	4	400.	468	3	400.	519	2	400.
316	5	400.	367	....	600.	418	5	400.	469	2	400.	520	5	400.
317	3	400.	368	5	400.	419	5	400.	470	1	400.	521	3	400.
318	4	400.	369	4	400.	420	5	400.	471	4	400.	522	....	500.
319	3	400.	370	1	400.	421	3	400.	472	2	400.	523	3	400.
320	5	400.	371	3	400.	422	5	400.	473	4	400.	524	3	400.
321	4	400.	372	2	400.	423	5	400.	474	3	400.	525	2	400.
322	5	400.	373	4	400.	424	4	400.	475	1	400.	526	2	400.
323	4	400.	374	4	400.	425	5	400.	476	5	400.	527	3	400.
324	5	400.	375	5	400.	426	5	400.	477	3	400.	528	2	400.
325	5	400.	376	4	400.	427	4	400.	478	4	400.	529	5	400.
326	5	400.	377	2	400.	428	2	400.	479	5	400.	530	4	400.
327	5	400.	378	5	400.	429	5	400.	480	5	400	531	2	400.
328	2	400.	379	4	400.	430	5	400.	481	5	400.	532	5	400.
329	5	400.	380	3	400.	431	4	400.	482	4	400.	533	3	400.
330	3	400.	381	4	400.	432	4	400.	483	5	400.	534	1	400.
331	3	400.	382	5	400.	433	5	400.	484	4	400.	535	4	400.
332	5	400.	383	4	400.	434	2	400.	485	2	400.	536	3	400.
333	5	400.	384	4	400.	435	2	400.	486	4	400.	537	4	400.
334	5	400.	385	3	400.	436	5	400.	487	4	400.	538	2	400.
335	4	400.	386	5	400.	437	4	400.	488	2	400.	539	4	400.
336	3	400.	387	4	400.	438	5	400.	489	4	400.	540	2	400.
337	4	400.	388	4	400.	439	5	400.	490	4	400.	541	4	400.
338	3	400.	389	3	400.	440	5	400.	491	5	400.	542	4	400.
339	3	400.	390	1	400.	441	....	500.	492	4	400.	543	4	400.
340	5	400.	391	3	400.	442	....	600.	493	2	400.	544	3	400.
341	3	400.	392	5	400.	443	5	400.	494	4	400.	545	4	400.
342	4	400.	393	1	400.	444	2	400.	495	3	400.	546	5	400.
343	5	400.	394	5	400.	445	....	500.	496	5	400.	547	2	400.
344	4	400.	395	5	400.	446	5	400.	497	4	400.	548	5	400.
345	5	400.	396	....	500.	447	5	400.	498	5	400.	549	....	500.
346	1	400.	397	4	400.	448	1	400.	499	5	400.	550	5	400.
347	4	400.	398	3	400.	449	5	400.	500	2	400.	551	5	400.
348	3	400.	399	5	400.	450	4	400.	501	5	400.	552	2	400.
349	1	400.	400	1	400.	451	5	400.	502	5	400.	553	4	400.
350	....	500.	401	2	400.	452	1	400.	503	5	400.	554	4	400.
351	....	600.	402	4	400.	453	4	400.	504	....	500.	555	4	400.
352	4	400.	403	4	400.	454	5	400.	505	3	400.	556	5	400.
353	4	400.	404	4	400.	455	3	400.	506	2	400	557	2	400.
354	3	400.	405	4	400.	456	4	400.	507	4	400.	558	3	400.
355	5	400.	406	3	400.	457	1	400.	508	3	400.	559	3	400.
356	4	400.	407	3	400.	458	4	400.	509	4	400	560	3	400.
357	2	400.	408	2	400.	459	2	400.	510	5	400.	561	3	400.
358	5	400.	409	4	400.	460	5	400.	511	4	400.	562	2	400.
359	4	400.	410	3	400.	461	3	400.	512	2	400.	563	5	400.
360	4	400.	411	4	400.	462	5	400.	513	5	400.	564	4	400.

Numéros	Époques.	LOTS.	Numéros	Époques.	LOTS.	Numéros	Époques.	LOTS.	Numéros	Époques.	LOTS.	Numéros	Époques.	LOTS.
		liv.			liv.			liv.			liv.			liv.
10565	5	400.	10616	3	400.	10667	3	400.	10718	1	400.	10769	5	400.
566	4	400.	617	4	400.	668	3	400.	719	5	400.	770	4	400.
567	1	400.	618	1	400.	669	5	400.	720	2	400.	771	4	400.
568	5	400.	619	4	400.	670	5	400.	721	5	400.	772	2	400.
569	4	400.	620	2	400.	671	2	400.	722	3	400.	773	3	400.
570	2	400.	621	1	400.	672	5	400.	723	3	400.	774	4	400.
571	3	400.	622	3	400.	673	5	400.	724	4	400.	775	5	400.
572	3	400.	623	3	400.	674	4	400.	725	5	400.	776	4	400.
573	5	400.	624	2	400.	675	4	400.	726	1	400.	777	3	400.
574	5	400.	625	2	400.	676	4	400.	727	2	400.	778	5	400.
575	2	400.	626	4	400.	677	5	400.	728	5	400.	779	3	400.
576	3	400.	627	2	400.	678	5	400.	729	2	400.	780	4	400.
577	2	400.	628	3	400.	679	5	400.	730	5	400.	781	4	400.
578	5	400.	629	4	400.	680	3	400.	731	3	400.	782	5	400.
579	4	400.	630	1	400.	681	....	500.	732	4	400.	783	4	400.
580	2	400.	631	5	400.	682	5	400.	733	5	400.	784	5	400.
581	5	400.	632	4	400.	683	5	400.	734	4	400.	785	5	400.
582	5	400.	633	4	400.	684	3	400.	735	4	400.	786	4	400.
583	3	400.	634	5	400.	685	4	400.	736	5	400.	787	3	400.
584	2	400.	635	4	400.	686	1	400.	737	1	400.	788	3	400.
585	4	400.	636	5	400.	687	2	400.	738	5	400.	789	4	400.
586	3	400.	637	1	400.	688	3	400.	739	5	400.	790	5	400.
587	1	400.	638	4	400.	689	4	400.	740	....	1500.	791	....	1500.
588	2	400.	639	5	400.	690	2	400.	741	5	400.	792	5	400.
589	5	400.	640	4	400.	691	4	400.	742	2	400.	793	5	400.
590	4	400.	641	5	400.	692	2	400.	743	2	400.	794	5	400.
591	3	400.	642	4	400.	693	5	400.	744	1	400.	795	4	400.
592	4	400.	643	5	400.	694	4	400.	745	4	400.	796	4	400.
593	3	400.	644	3	400.	695	4	400.	746	4	400.	797	4	400.
594	3	400.	645	2	400.	696	2	400.	747	4	400.	798	4	400.
595	5	400.	646	4	400.	697	4	400.	748	4	400.	799	5	400.
596	3	400.	647	3	400.	698	....	500.	749	5	400.	800	1	400.
597	4	400.	648	3	400.	699	5	400.	750	4	400.	801	5	400.
598	5	400.	649	5	400.	700	2	400.	751	5	400.	802	5	400.
599	4	400.	650	5	400.	701	4	400.	752	5	400.	803	4	400.
600	5	400.	651	5	400.	702	5	400.	753	5	400.	804	1	400.
601	3	400.	652	5	400.	703	3	400.	754	5	400.	805	3	400.
602	....	500.	653	5	400.	704	5	400.	755	2	400.	806	5	400.
603	3	400.	654	5	400.	705	5	400.	756	3	400.	807	1	400.
604	5	400.	655	3	400.	706	2	400.	757	5	400.	808	1	400.
605	4	400.	656	5	400.	707	5	400.	758	3	400.	809	4	400.
606	5	400.	657	5	400.	708	2	400.	759	4	400.	810	4	400.
607	5	400.	658	4	400.	709	4	400.	760	3	400.	811	4	400.
608	4	400.	659	4	400.	710	3	400.	761	4	400.	812	1	400.
609	1	400.	660	....	600.	711	5	400.	762	5	400.	813	5	400.
610	3	400.	661	3	400.	712	3	400.	763	4	400.	814	4	400.
611	1	400.	662	4	400.	713	3	400.	764	4	400.	815	2	400.
612	4	400	663	5	400.	714	2	400.	765	5	400.	816	4	400.
613	3	400.	664	4	400.	715	5	400.	766	5	400.	817	....	500.
614	4	400.	665	5	400.	716	4	400.	767	3	400.	818	4	400.
615	3	400.	666	5	400.	717	5	400.	768	1	400.	819	5	400.

Numéros	Époques.	LOTS.	Numéros	Époques.	LOTS.	Numéros	Époques.	LOTS.	Numéros	Époques.	LOTS.	Numéros	Époques.	LOTS.
		liv.			liv.			liv.			liv.			liv.
10820	2	400.	10871	3	400.	10922	4	400.	10973	3	400.	11023	5	400.
821	2	400.	872	2	400.	923	5	400.	974	1	400.	024	2	400.
822	4	400.	873	2	400.	924	3	400.	975	5	400.	025	5	400.
823	4	400.	874	3	400.	925	3	400.	976	3	400.	026	5	400.
824	2	400.	875	5	400.	926	5	400.	977	....	600.	027	4	400.
825	2	400.	876	5	400.	927	2	400.	978	5	400.	028	2	400.
826	3	400.	877	4	400.	928	4	400.	979	5	400.	029	4	400.
827	2	400.	878	4	400.	929	4	400.	980	5	400.	030	5	400.
828	4	400.	879	5	400.	930	5	400.	981	2	400.	031	4	400.
829	2	400.	880	5	400.	931	5	400.	982	4	400.	032	2	400.
830	3	400.	881	5	400.	932	3	400.	983	4	400.	033	4	400.
831	3	400.	882	5	400.	933	5	400.	984	2	400.	034	2	400.
832	5	400.	883	5	400.	934	5	400.	985	5	400.	035	4	400.
833	2	400.	884	4	400.	935	1	400.	986	4	400.	036	2	400.
834	3	400.	885	5	400.	936	2	400.	987	5	400.	037	....	600.
835	5	400.	886	3	400.	937	4	400.	988	1	400.	038	3	400.
836	4	400.	887	5	400.	938	5	400.	989	3	400.	039	3	400.
837	5	400.	888	5	400.	939	4	400.	990	4	400.	040	5	400.
838	....	600.	889	4	400.	940	4	400.	991	4	400.	041	4	400.
839	5	400.	890	5	400.	941	1	400.	992	....	600.	042	3	400.
840	3	400.	891	....	600.	942	4	400.	993	4	400.	043	4	400.
841	5	400.	892	2	400.	943	5	400.	994	5	400.	044	5	400.
842	5	400.	893	5	400.	944	3	400.	995	4	400.	045	5	400.
843	5	400.	894	2	400.	945	4	400.	996	4	400.	046	4	400.
844	4	400.	895	5	400.	946	4	400.	997	....	500.	047	4	400.
845	4	400.	896	5	400.	947	5	400.	998	4	400.	048	5	400.
846	5	400.	897	4	400.	948	....	600.	999	5	400.	049	5	400.
847	5	400.	898	5	400.	949	4	400.	11000	5	400.	050	5	400.
848	3	400.	899	4	400.	950	3	400.				051	3	400.
849	3	400.	900	4	400.	951	3	400.	11001	2	400.	052	4	400.
850	....	500.	901	5	400.	952	5	400.	002	2	400.	053	4	400.
851	5	400.	902	3	400.	953	3	400.	003	2	400.	054	5	400.
852	5	400.	903	2	400.	954	1	400.	004	4	400.	055	4	400.
853	2	400.	904	4	400.	955	1	400.	005	5	400.	056	5	400.
854	4	400.	905	4	400.	956	3	400.	006	4	400.	057	3	400.
855	3	400.	906	3	400.	957	5	400.	007	5	400.	058	1	400.
856	2	400.	907	4	400.	958	5	400.	008	4	400.	059	5	400.
857	2	400.	908	1	400.	959	2	400.	009	5	400.	060	5	400.
858	4	400.	909	5	400.	960	5	400.	010	1	400.	061	3	400.
859	5	400.	910	4	400.	961	5	400.	011	5	400.	062	2	400.
860	2	400.	911	2	400.	962	3	400.	012	4	400.	063	2	400.
861	4	400.	912	5	400.	963	2	400.	013	5	400.	064	....	600.
862	2	400.	913	5	400.	964	5	400.	014	1	400.	065	5	400.
863	3	400.	914	3	400.	965	1	400.	015	3	400.	066	....	500.
864	4	400.	915	2	400.	966	5	400.	016	4	400.	067	....	500.
865	5	400.	916	5	400.	967	4	400.	017	3	400.	068	5	400.
866	5	400.	917	5	400.	968	3	400.	018	....	500.	069	3	400.
867	5	400.	918	3	400.	969	1	400.	019	4	400.	070	4	400.
868	5	400.	919	2	400.	970	....	500.	020	3	400.	071	2	400.
869	5	400.	920	5	400.	971	2	400.	021	5	400.	072	1	400.
870	4	400.	921	2	400.	972	3	400.	022	5	400.	073	3	400.

Numéros	Époques.	LOTS.	Numéros	Époques.	LOTS.	Numéros	Époques.	LOTS.	Numéros	Époques.	LOTS.	Numéros	Époques.	LOTS.
		liv.			liv.			liv.			liv.			liv
11074	4	400.	11125	5	400.	11176	....	500.	11227	5	400.	11178	4	400.
075	4	400.	126	4	400.	177	4	400.	228	1	400.	279	5	400.
076	4	400.	127	5	400.	178	1	400.	229	5	400.	280	4	400.
077	4	400.	128	2	400.	179	4	400.	230	4	400.	281	....	1500.
078	3	400.	129	3	400.	180	5	400.	231	....	500.	282	5	400.
079	4	400.	130	4	400.	181	5	400.	232	5	400.	283	5	400.
080	4	400.	131	5	400.	182	5	400.	233	5	400.	284	2	400.
081	5	400.	132	5	400.	183	5	400.	234	4	400.	285	3	400.
082	2	400.	133	1	400.	184	3	400.	235	4	400.	286	3	400.
083	5	400.	134	4	400.	185	3	400.	236	5	400.	287	5	400.
084	1	400.	135	5	400.	186	1	400.	237	5	400.	288	3	400.
085	1	400.	136	2	400.	187	3	400.	238	4	400.	289	5	400.
086	1	400.	137	....	500.	188	3	400.	239	3	400.	290	5	400.
087	5	400.	138	5	400.	189	3	400.	240	5	400.	291	4	400.
088	5	400.	139	4	400.	190	4	400.	241	2	400.	292	3	400.
089	1	400.	140	3	400.	191	4	400.	242	3	400.	293	3	400.
090	4	400.	141	5	400.	192	2	400.	243	4	400.	294	5	400.
091	3	400.	142	5	400.	193	3	400.	244	5	400.	295	4	400.
092	4	400.	143	4	400.	194	2	400.	245	3	400.	296	4	400.
093	5	400.	144	4	400.	195	5	400.	246	3	400.	297	5	400.
094	1	400.	145	4	400.	196	2	400.	247	5	400.	298	5	400.
095	4	400.	146	5	400.	197	5	400.	248	5	400.	299	3	400.
096	2	400.	147	4	400.	198	5	400.	249	4	400.	300	1	400.
097	4	400.	148	5	400.	199	5	400.	250	2	400.	301	3	400.
098	5	400.	149	5	400.	200	2	400.	251	2	400.	302	4	400.
099	4	400.	150	5	400.	201	2	400.	252	3	400.	303	4	400.
100	5	400.	151	1	400.	202	5	400.	253	3	400.	304	4	400.
101	5	400.	152	4	400.	203	....	600.	254	5	400.	305	4	400.
102	5	400.	153	4	400.	204	3	400.	255	1	400.	306	2	400.
103	2	400.	154	2	400.	205	3	400.	256	2	400.	307	3	400.
104	4	400.	155	2	400.	206	3	400.	257	5	400.	308	2	400.
105	5	400.	156	2	400.	207	5	400.	258	2	400.	309	2	400.
106	3	400.	157	2	400.	208	5	400.	259	3	400.	310	5	400.
107	5	400.	158	2	400.	209	4	400.	260	3	400.	311	5	400.
108	5	400.	159	4	400.	210	4	400.	261	4	400.	312	3	400.
109	1	400.	160	4	400.	211	4	400.	262	....	500.	313	....	20000.
110	1	400.	161	4	400.	212	2	400.	263	5	400.	314	1	400.
111	3	400.	162	5	400.	213	4	400.	264	5	400.	315	3	400.
112	1	400.	163	1	400.	214	2	400.	265	3	400.	316	4	400.
113	5	400.	164	5	400.	215	4	400.	266	3	400.	317	5	400.
114	3	400.	165	3	400.	216	2	400.	267	2	400.	318	4	400.
115	3	400.	166	1	400.	217	3	400.	268	5	400.	319	4	400.
116	3	400.	167	3	400.	218	4	400.	269	4	400.	320	5	400.
117	5	400.	168	3	400.	219	4	400.	270	3	400.	321	3	400.
118	2	400.	169	2	400.	220	4	400.	271	2	400.	322	...	600.
119	5	400.	170	4	400.	221	3	400.	272	5	400.	323	4	400.
120	4	400.	171	5	400.	222	5	400.	273	5	400.	324	5	400.
121	2	400.	172	5	400.	223	4	400.	274	4	400.	325	2	400.
122	5	400.	173	4	400.	224	1	400.	275	1	400.	326	....	500.
123	....	600.	174	1	400.	225	1	400.	276	4	400.	327	5	400.
124	3	400.	175	3	400.	226	4	400.	277	4	400.	328	4	400.

Numéros	Époques.	LOTS.	Numéros	Époques.	LOTS.	Numéros	Époques.	LOTS.	Numéros	Époques.	LOTS.	Numéros	Époques.	LOTS.
		liv.			liv.			liv.			liv.			liv.
11329	4	400.	11380	2	400.	11431	1	400.	11482	5	400.	11533	4	400.
330	1	400.	381	4	400.	432	2	400.	483	1	400.	534	5	400.
331	5	400.	382	5	400.	433	1	400.	484	3	400.	535	5	400.
332	5	400.	383	5	400.	434	5	400.	485	....	600.	536	4	400.
333	5	400.	384	5	400.	435	2	400.	486	5	400.	537	1	400.
334	5	400.	385	5	400.	436	3	400.	487	....	500.	538	....	500.
335	4	400.	386	4	400.	437	5	400.	488	....	600.	539	5	400.
336	5	400.	387	3	400.	438	5	400.	489	4	400.	540	5	400.
337	2	400.	388	2	400.	439	3	400.	490	5	400.	541	5	400.
338	5	400.	389	5	400.	440	1	400.	491	5	400.	542	5	400.
339	4	400.	390	5	400.	441	4	400.	492	4	400.	543	5	400.
340	5	400.	391	4	400.	442	3	400.	493	2	400.	544	2	400.
341	....	500.	392	1	400.	443	....	600.	494	2	400.	545	4	400.
342	3	400.	393	4	400.	444	5	400.	495	3	400.	546	3	400.
343	3	400.	394	4	400.	445	5	400.	496	1	400.	547	3	400.
344	5	400.	395	3	400.	446	5	400.	497	4	400.	548	5	400.
345	3	400.	396	2	400.	447	3	400.	498	1	400.	549	3	400.
346	4	400.	397	4	400.	448	5	400.	499	4	400.	550	3	400.
347	5	400.	398	4	400.	449	5	400.	500	4	400.	551	1	400.
348	4	400.	399	3	400.	450	2	400.	501	2	400.	552	4	400.
349	4	400.	400	2	400.	451	3	400.	502	4	400.	553	5	400.
350	5	400.	401	4	400.	452	5	400.	503	5	400.	554	4	400.
351	5	400.	402	5	400.	453	5	400.	504	4	400.	555	1	400.
352	5	400.	403	5	400.	454	4	400.	505	4	400.	556	2	400.
353	3	400.	404	4	400.	455	5	400.	506	1	400.	557	5	400.
354	5	400.	405	3	400.	456	5	400.	507	5	400.	558	5	400.
355	4	400.	406	5	400.	457	5	400.	508	4	400.	559	3	400.
356	5	400.	407	4	400.	458	5	400.	509	2	400.	560	5	400.
357	4	400.	408	4	400.	459	3	400.	510	2	400.	561	2	400.
358	4	400.	409	5	400.	460	3	400.	511	1	400.	562	4	400.
359	3	400.	410	5	400.	461	5	400.	512	1	400.	563	5	400.
360	5	400.	411	3	400.	462	5	400.	513	5	400.	564	2	400.
361	4	400.	412	5	400.	463	3	400.	514	2	400.	565	4	400.
362	4	400.	413	4	400.	464	1	400.	515	4	400.	566	3	400.
363	5	400.	414	4	400.	465	4	400.	516	4	400.	567	2	400.
364	5	400.	415	2	400.	466	2	400.	517	4	400.	568	4	400.
365	3	400.	416	5	400.	467	3	400.	518	5	400.	569	5	400.
366	5	400.	417	5	400.	468	2	400.	519	3	400.	570	3	400.
367	4	400.	418	3	400.	469	4	400.	520	5	400.	571	5	400.
368	5	400.	419	3	400.	470	2	400.	521	5	400.	572	5	400.
369	2	400.	420	5	400.	471	4	400.	522	4	400.	573	2	400.
370	4	400.	421	5	400.	472	1	400.	523	2	400.	574	5	400.
371	4	400.	422	4	400.	473	5	400.	524	5	400.	575	4	400.
372	5	400.	423	5	400.	474	4	400.	525	5	400.	576	4	400.
373	2	400.	424	5	400.	475	4	400.	526	2	400.	577	2	400.
374	3	400.	425	3	400.	476	4	400.	527	5	400.	578	5	400.
375	5	400.	426	4	400.	477	2	400.	528	4	400.	579	5	400.
376	5	400.	427	5	400.	478	5	400.	529	5	400.	580	4	400.
377	4	400.	428	5	400.	479	5	400.	530	4	400.	581	2	400.
378	2	400.	429	5	400.	480	3	400.	531	4	400.	582	4	400.
379	5	400.	430	5	400.	481	5	400.	532	3	400.	583	5	400.

Numéros	Epoques.	LOTS.	Numéros	Epoques.	LOTS.	Numéros	Epoques.	LOTS.	Numéros	Epoques.	LOTS.	Numéros	Epoques.	LOTS.
		liv.			liv.			liv.			liv.			liv.
11584	4	400.	11634	5	400.	11685	5	400.	11736	3	400.	11787	5	400.
585	2	400.	635	5	400.	686	4	400.	737	5	400.	788	4	400.
586	4	400.	636	2	400.	687	5	400.	738	4	400.	789	3	400.
587	5	400.	637	....	500.	688	4	400.	739	5	400.	790	4	400.
588	3	400.	638	2	400.	689	....	600.	740	3	400.	791	3	400.
589	3	400.	639	3	400.	690	4	400.	741	3	400.	792	5	400.
590	4	400.	640	4	400.	691	2	400.	742	....	600.	793	2	400.
591	1	400.	641	5	400.	692	2	400.	743	3	400.	794	3	400.
592	5	400.	642	5	400.	693	5	400.	744	5	400.	795	3	400.
593	5	400.	643	3	400.	694	3	400.	745	3	400.	796	2	400.
594	4	400.	644	1	400.	695	2	400.	746	4	400.	797	4	400.
595	3	400.	645	1	400.	696	1	400.	747	5	400.	798	5	400.
596	3	400.	646	3	400.	697	4	400.	748	5	400.	799	1	400.
597	....	1000.	647	4	400.	698	4	400.	749	3	400.	800	5	400.
598	4	400.	648	5	400.	699	3	400.	750	1	400.	801	5	400.
599	4	400.	649	5	400.	700	4	400.	751	5	400.	802	2	400.
600	4	400.	650	3	400.	701	4	400.	752	4	400.	803	4	400.
601	3	400.	651	4	400.	702	5	400.	753	4	400.	804	4	400.
602	5	400.	652	5	400.	703	2	400.	754	5	400.	805	3	400.
603	5	400.	653	3	400.	704	2	400.	755	1	400.	806	3	400.
604	5	400.	654	5	400.	705	1	400.	756	5	400.	807	4	400.
605	3	400.	655	4	400.	706	3	400.	757	4	400.	808	2	400.
606	2	400.	656	5	400.	707	5	400.	758	2	400.	809	5	400.
607	4	400.	657	4	400.	708	5	400.	759	5	400.	810	3	400.
608	2	400.	658	3	400.	709	4	400.	760	4	400.	811	2	400.
609	4	400.	659	4	400.	710	2	400.	761	4	400.	812	4	400.
610	5	400.	660	1	400.	711	4	400.	762	3	400.	813	3	400.
611	5	400.	661	5	400.	712	5	400.	763	5	400.	814	4	400.
612	....	500.	662	3	400.	713	3	400.	764	5	400.	815	4	400.
613	4	400.	663	5	400.	714	4	400.	765	4	400.	816	3	400.
614	4	400.	664	4	400.	715	5	400.	766	2	400.	817	4	400.
615	5	400.	665	4	400.	716	4	400.	767	3	400.	818	....	1500.
616	2	400.	666	5	400.	717	4	400.	768	5	400.	819	4	400.
617	3	400.	667	2	400.	718	3	400.	769	2	400.	820	4	400.
618	4	400.	668	4	400.	719	4	400.	770	3	400.	821	5	400.
619	5	400.	669	4	400.	720	3	400.	771	4	400.	822	2	400.
620	5	400.	670	2	400.	721	3	400.	772	5	400.	823	5	400.
621	4	400.	671	4	400.	722	5	400.	773	3	400.	824	3	400.
622	4	400.	672	3	400.	723	5	400.	774	1	400.	825	5	400.
623	2	400.	673	5	400.	724	5	400.	775	3	400.	826	3	400.
624	4	400.	674	3	400.	725	4	400.	776	2	400.	827	4	400.
premier sorti	....	3000.	675	2	400.	726	3	400.	777	3	400.	828	2	400.
625	5	400.	676	1	400.	727	4	400.	778	4	400.	829	5	400.
626	4	400.	677	5	400.	728	5	400.	779	1	400.	830	2	400.
627	4	400.	678	2	400.	729	3	400.	780	3	400.	831	5	400.
628	3	400.	679	5	400.	730	3	400.	781	4	400.	832	3	400.
629	4	400.	680	3	400.	731	5	400.	782	4	400.	833	1	400.
630	1	400.	681	5	400.	732	1	400.	783	5	400.	834	5	400.
631	4	400.	682	5	400.	733	1	400.	784	4	400.	835	5	400.
632	4	400.	683	4	400.	734	3	400.	785	4	400.	836	4	400.
633	5	400.	684	4	400.	735	5	400.	786	4	400.	837	5	400.

Numéros	Époques.	LOTS.	Numéros	Époques.	LOTS.	Numéros	Époques.	LOTS.	Numéros	Époques.	LOTS.	Numéros	Époques.	LOTS.
		liv.			liv.			liv.			liv.			liv.
11838	4	400.	11889	3	400.	11940	4	400.	11991	4	400.	12041	4	400.
839	4	400.	890	5	400.	941	3	400.	992	1	400.	042	5	400.
840	3	400.	891	4	400.	942	5	400.	993	1	400.	043	3	400.
841	2	400.	892	5	400.	943	5	400.	994	2	400.	044	5	400.
842	5	400.	893	5	400.	944	5	400.	995	3	400.	045	4	400.
843	3	400.	894	2	400.	945	4	400.	996	5	400.	046	5	400.
844	5	400.	895	4	400.	946	5	400.	997	3	400.	047	5	400.
845	2	400.	896	3	400.	947	2	400.	998	5	400.	048	5	400.
846	5	400.	897	2	400.	948	2	400.	999	4	400.	049	4	400.
847	3	400.	898	5	400.	949	3	400.	12000	5	400.	050	1	400.
848	5	400.	899	5	400.	950	5	400.				051	2	400.
849	4	400.	900	4	400.	951	3	400.	12001	5	400.	052	4	400.
850	5	400.	901	2	400.	952	3	400.	002	3	400.	053	5	400.
851	4	400.	902	4	400.	953	5	400.	003	3	400.	054	5	400.
852	5	400.	903	4	400.	954	5	400.	004	4	400.	055	2	400.
853	4	400.	904	3	400.	955	....	600.	005	3	400.	056	1	400.
854	....	500.	905	4	400.	956	4	400.	006	3	400.	057	2	400.
855	4	400.	906	4	400.	957	3	400.	007	5	400.	058	1	400.
856	2	400.	907	5	400.	958	5	400.	008	4	400.	059	1	400.
857	5	400.	908	2	400.	959	2	400.	009	5	400.	060	1	400.
858	3	400.	909	5	400.	960	4	400.	010	1	400.	061	5	400.
859	5	400.	910	2	400.	961	4	400.	011	5	400.	062	2	400.
860	4	400.	911	5	400.	962	4	400.	012	4	400.	063	2	400.
861	5	400.	912	5	400.	963	5	400.	013	5	400.	064	3	400.
862	2	400.	913	3	400.	964	5	400.	014	5	400.	065	5	400.
863	5	400.	914	4	400.	965	4	400.	015	5	400.	066	4	400.
864	5	400.	915	3	400.	966	3	400.	016	3	400.	067	4	400.
865	5	400.	916	2	400.	967	4	400.	017	2	400.	068	4	400.
866	....	500.	917	5	400.	968	4	400.	018	3	400.	069	3	400.
867	4	400.	918	4	400.	969	2	400.	019	5	400.	070	2	400.
868	5	400.	919	4	400.	970	5	400.	020	5	400.	071	4	400.
869	3	400.	920	5	400.	971	4	400.	021	5	400.	072	1	400.
870	4	400.	921	1	400.	972	5	400.	022	5	400.	073	2	400.
871	3	400.	922	1	400.	973	4	400.	023	4	400.	074	5	400.
872	4	400.	923	4	400.	974	2	400.	024	3	400.	075	1	400.
873	....	600.	924	2	400.	975	2	400.	025	5	400.	076	5	400.
874	5	400.	925	4	400.	976	5	400.	026	3	400.	077	4	400.
875	5	400.	926	4	400.	977	1	400.	027	3	400.	078	4	400.
876	4	400.	927	3	400.	978	2	400.	028	4	400.	079	5	400.
877	3	400.	928	3	400.	979	5	400.	029	5	400.	080	5	400.
878	....	1500.	929	5	400.	980	5	400.	030	5	400.	081	4	400.
879	3	400.	930	5	400.	981	4	400.	031	4	400.	082	5	400.
880	4	400.	931	3	400.	982	2	400.	032	....	1000.	083	3	400.
881	2	400.	932	3	400.	983	3	400.	033	3	400.	084	5	400.
882	5	400.	933	4	400.	984	4	400.	034	4	400.	085	4	400.
883	4	400.	934	3	400.	985	5	400.	035	2	400.	086	4	400.
884	1	400.	935	....	500.	986	2	400.	036	4	400.	087	1	400.
885	4	400.	936	3	400.	987	1	400.	037	2	400.	088	4	400.
886	5	400.	937	4	400.	988	1	400.	038	2	400.	089	1	400.
887	4	400.	938	4	400.	989	3	400.	039	5	400.	090	3	400.
888	4	400.	939	4	400.	990	2	400.	040	4	400.	091	4	400.

Numéros	Époques.	LOTS.	Numéros	Époques.	LOTS.	Numéros	Époques.	LOTS.	Numéros	Époques.	LOTS.	Numéros	Époques.	LOTS.
		liv.			liv.			liv.			liv.			liv
12092	5	400.	12143	4	400.	12194	1	400.	12245	2	400.	12296	5	400.
093	3	400.	144	4	460.	195	4	400.	246	2	400.	297	5	400.
094	5	400.	145	5	400.	196	5	400.	247	5	400.	298	1	400.
095	5	400.	146	2	400.	197	4	400.	248	4	400.	299	3	400.
096	3	400.	147	5	400.	198	5	400.	249	1	400.	300	4	400.
097	2	400.	148	3	400.	199	4	400.	250	2	400.	301	3	400.
098	5	400.	149	5	400.	200	2	400.	251	1	400.	302	....	600.
099	5	400.	150	....	600.	201	4	400.	252	5	400.	303	5	400.
100	4	400.	151	4	400.	202	3	400.	253	4	400.	304	5	400.
101	5	400.	152	4	400.	203	....	1000.	254	5	400.	305	4	400.
102	2	400.	153	4	400.	204	5	400.	255	5	400.	306	5	400.
103	3	400.	154	5	400.	205	5	400.	256	5	400.	307	5	400.
104	5	400.	155	4	400.	206	5	400.	257	4	400.	308	5	400.
105	2	400.	156	5	400.	207	2	400.	258	2	400.	309	3	400.
106	1	400.	157	5	400.	208	4	400.	259	2	400.	310	4	400.
107	5	400.	158	3	400.	209	1	400.	260	4	400.	311	4	400.
108	3	400.	159	1	400.	210	5	400.	261	3	400.	312	4	400.
109	5	400.	160	4	400.	211	5	400.	262	3	400.	313	5	400.
110	3	400.	161	3	400.	212	5	400.	263	3	400.	314	5	400.
111	....	1000.	162	4	400.	213	5	400.	264	5	400.	315	5	400.
112	5	400.	163	5	400.	214	3	400.	265	4	400.	316	2	400.
113	5	400.	164	4	400.	215	4	400.	266	1	400.	317	2	400.
114	5	400.	165	5	400.	216	5	400.	267	5	400.	318	3	400.
115	3	400.	166	5	400.	217	4	400.	268	4	400.	319	5	400.
116	5	400.	167	3	400.	218	3	400.	269	3	400.	320	1	400.
117	5	400.	168	2	400.	219	4	400.	270	5	400.	321	5	400.
118	4	400.	169	5	400.	220	5	400.	271	5	400.	322	2	400.
119	4	400.	170	4	400.	221	4	400.	272	5	400.	323	5	400.
120	2	400.	171	5	400.	222	3	400.	273	3	400.	324	1	400.
121	5	400.	172	3	400.	223	4	400.	274	4	400.	325	3	400.
122	2	400.	173	4	400.	224	5	400.	275	5	400.	326	3	400.
123	2	400.	174	1	400.	225	3	400.	276	5	400.	327	4	400.
124	4	400.	175	1	400.	226	1	400.	277	5	400.	328	3	400.
125	5	400.	176	3	400.	227	4	400.	278	5	400.	329	5	400.
126	5	400.	177	5	400.	228	....	600.	279	3	400.	330	5	400.
127	5	400.	178	2	400.	229	1	400.	280	4	400.	331	2	400.
128	5	400.	179	5	400.	230	4	400.	281	2	400.	332	2	400.
129	5	400.	180	5	400.	231	5	400.	282	4	400.	333	4	400.
130	3	400.	181	4	400.	232	5	400.	283	2	400.	334	4	400.
131	4	400.	182	5	400.	233	5	400.	284	4	400.	335	5	400.
132	1	400.	183	4	400.	234	5	400.	285	5	400.	336	4	400.
133	2	400.	184	5	400.	235	....	500.	286	4	400.	337	5	400.
134	3	400.	185	4	400.	236	5	400.	287	3	400.	338	5	400.
135	4	400.	186	5	400.	237	5	400.	288	5	400.	339	5	400.
136	3	400.	187	1	400.	238	4	400.	289	3	400.	340	4	400.
137	2	400.	188	5	400.	239	5	400.	290	4	400.	341	2	400.
138	4	400.	189	4	400.	240	3	400.	291	5	400.	342	5	400.
139	5	400.	190	3	400.	241	2	400.	292	4	400.	343	5	400.
140	3	400.	191	1	400.	242	5	400.	293	4	400.	344	2	400.
141	2	400.	192	4	400.	243	4	400.	294	2	400.	345	5	400.
142	3	400.	193	4	400.	244	5	400.	295	4	400.	346	2	400.

Numéros	Époques.	LOTS.	Numéros	Époques.	LOTS.	Numéros	Époques.	LOTS.	Numéros	Époques.	LOTS.	Numéros	Époques.	LOTS.
		liv.			liv.			liv.			liv.			liv.
12347	5	400.	12398	5	400.	12449	5	400.	12500	4	400.	12551	4	400.
348	5	400.	399	4	400.	450	3	400.	501	5	400.	552	4	400.
349	5	400.	400	5	400.	451	5	400.	502	4	400.	553	3	400.
350	2	400.	401	5	400.	452	2	400.	503	2	400.	554	4	400.
351	1	400.	402	....	500.	453	1	400.	504	5	400.	555	5	400.
352	4	400.	403	5	400.	454	5	400.	505	5	400.	556	5	400.
353	4	400.	404	5	400.	455	2	400.	506	2	400.	557	3	400.
354	3	400.	405	3	400.	456	5	400.	507	1	400.	558	5	400.
355	4	400.	406	5	400.	457	4	400.	508	3	400.	559	5	400.
356	5	400.	407	5	400.	458	5	400.	509	4	400.	560	3	400.
357	5	400.	408	2	400.	459	5	400.	510	2	400.	561	3	400.
358	5	400.	409	1	400.	460	5	400.	511	3	400.	562	2	400.
359	4	400.	410	3	400.	461	2	400.	512	5	400.	563	5	400.
360	5	400.	411	1	400.	462	5	400.	513	2	400.	564	4	400.
361	....	500.	412	1	400.	463	4	400.	514	4	400.	565	3	400.
362	5	400.	413	4	400.	464	5	400.	515	4	400.	566	5	400.
363	....	600.	414	5	400.	465	3	400.	516	4	400.	567	5	400.
364	5	400.	415	5	400.	466	4	400.	517	4	400.	568	3	400.
365	4	400.	416	4	400.	467	4	400.	518	5	400.	569	2	400.
366	5	400.	417	5	400.	468	5	400.	519	4	400.	570	4	400.
367	3	400.	418	3	400.	469	2	400.	520	4	400.	571	3	400.
368	5	400.	419	1	400.	470	5	400.	521	5	400.	572	5	400.
369	5	400.	420	3	400.	471	4	400.	522	5	400.	573	1	400.
370	4	400.	421	4	400.	472	2	400.	523	4	400.	574	4	400.
371	5	400.	422	5	400.	473	4	400.	524	4	400.	575	2	400.
372	2	400.	423	3	400.	474	5	400.	525	2	400.	576	5	400.
373	2	400.	424	2	400.	475	5	400.	526	5	400.	577	5	400.
374	5	400.	425	2	400.	476	5	400.	527	4	400.	578	4	400.
375	3	400.	426	4	400.	477	5	400.	528	5	400.	579	5	400.
376	4	400.	427	2	400.	478	4	400.	529	1	400.	580	2	400.
377	4	400.	428	3	400.	479	4	400.	530	1	400.	581	5	400.
378	....	500.	429	5	400.	480	5	400.	531	2	400.	582	5	400.
379	4	400.	430	3	400.	481	4	400.	532	3	400.	583	4	400.
380	5	400.	431	5	400.	482	4	400.	533	3	400.	584	4	400.
381	4	400.	432	4	400.	483	4	400.	534	3	400.	585	3	400.
382	3	400.	433	2	400.	484	4	400.	535	2	400.	586	5	400.
383	5	400.	434	3	400.	485	4	400.	536	3	400.	587	4	400.
384	5	400.	435	4	400.	486	3	400.	537	4	400.	588	5	400.
385	3	400.	436	3	400.	487	1	400.	538	5	400.	589	4	400.
386	3	400.	437	5	400.	488	4	400.	539	2	400.	590	5	400.
387	3	400.	438	4	400.	489	4	400.	540	5	400.	591	3	400.
388	4	400.	439	5	400.	490	2	400.	541	4	400.	592	4	400.
389	4	400.	440	5	400.	491	5	400.	542	4	400.	593	4	400.
390	5	400.	441	5	400.	492	5	400.	543	4	400.	594	3	400.
391	4	400.	442	4	400.	493	5	400.	544	5	400.	595	5	400.
392	4	400.	443	4	400.	494	1	400.	545	4	400.	596	4	400.
393	4	400.	444	3	400.	495	2	400.	546	2	400.	597	5	400.
394	5	400.	445	4	400.	496	....	500.	547	4	400.	598	4	400.
395	4	400.	446	5	400.	497	1	400.	548	5	400.	599	4	400.
396	5	400.	447	4	400.	498	4	400.	549	4	400.	600	5	400.
397	4	400.	448	4	400.	499	4	400.	550	5	400.	601	1	400.

Numéros	Epoques.	LOTS.	Numéros	Epoques.	LOTS.	Numéros	Epoques.	LOTS.	Numéros	Epoques.	LOTS.	Numéros	Epoques.	LOTS.
		liv.			liv.			liv.			liv.			liv.
12602	3	400.	12653	3	400.	12704	4	400.	12755	3	400.	12806	....	600.
603	1	400.	654	4	400.	705	3	400.	756	4	400.	807	4	400.
604	2	400.	655	4	400.	706	1	400.	757	4	400.	808	4	400.
605	1	400.	656	4	400.	707	5	400.	758	5	400.	809	4	400.
606	2	400.	657	3	400.	708	1	400.	759	2	400.	810	3	400.
607	2	400.	658	3	400.	709	2	400.	760	4	400.	811	3	400.
608	3	400.	659	1	400.	710	3	400.	761	5	400.	812	5	400.
609	2	400.	660	4	400.	711	5	400.	762	3	400.	813	1	400.
610	1	400.	661	4	400.	712	4	400.	763	4	400.	814	4	400.
611	5	400.	662	5	400.	713	5	400.	764	3	400.	815	1	400.
612	2	400.	663	2	400.	714	4	400.	765	2	400.	816	5	400.
613	4	400.	664	4	400.	715	3	400.	766	5	400.	817	5	400.
614	2	400.	665	3	400.	716	4	400.	767	....	500.	818	4	400.
615	4	400.	666	4	400.	717	4	400.	768	2	400.	819	5	400.
616	4	400.	667	5	400.	718	3	400.	769	4	400.	820	5	400.
617	5	400.	668	2	400.	719	5	400.	770	4	400.	821	1	400.
618	3	400.	669	4	400.	720	4	400.	771	1	400.	822	5	400.
619	5	400.	670	5	400.	721	5	400.	772	4	400.	823	1	400.
620	5	400.	671	2	400.	722	3	400.	773	5	400.	824	5	400.
621	5	400.	672	5	400.	723	2	400.	774	5	400.	825	5	400.
622	2	400.	673	4	400.	724	....	1000.	775	4	400.	826	3	400.
623	5	400.	674	2	400.	725	1	400.	776	3	400.	827	5	400.
624	4	400.	675	4	400.	726	5	400.	777	....	500.	828	2	400.
625	4	400.	676	5	400.	727	4	400.	778	5	400.	829	5	400.
626	3	400.	677	4	400.	728	1	400.	779	5	400.	830	5	400.
627	5	400.	678	2	400.	729	3	400.	780	....	3000.	831	5	400.
628	3	400.	679	4	400.	730	4	400.	781	4	400.	832	4	400.
629	4	400.	680	1	400.	731	5	400.	782	2	400.	833	3	400.
630	3	400.	681	5	400.	732	4	400.	783	5	400.	834	5	400.
631	4	400.	682	5	400.	733	4	400.	784	5	400.	835	2	400.
632	5	400.	683	5	400.	734	5	400.	785	....	600.	836	5	400.
633	5	400.	684	5	400.	735	5	400.	786	1	400.	837	4	400.
634	5	400.	685	4	400.	736	5	400.	787	1	400.	838	5	400.
635	3	400.	686	5	400.	737	....	500.	788	5	400.	839	5	400.
636	2	400.	687	5	400.	738	5	400.	789	5	400.	840	4	400.
637	4	400.	688	5	400.	739	4	400.	790	2	400.	841	1	400.
638	5	400.	689	2	400.	740	4	400.	791	4	400.	842	....	600.
639	2	400.	690	4	400.	741	2	400.	792	5	400.	843	5	400.
640	5	400.	691	2	400.	742	4	400.	793	3	400.	844	3	400.
641	3	400.	692	2	400.	743	5	400.	794	2	400.	845	2	400.
642	5	400.	693	5	400.	744	3	400.	795	5	400.	846	1	400.
643	5	400.	694	4	400.	745	5	400.	796	5	400.	847	4	400.
644	5	400.	695	4	400.	746	4	400.	797	5	400.	848	4	400.
645	3	400.	696	5	400.	747	3	400.	798	5	400.	849	3	400.
646	....	600.	697	4	400.	748	5	400.	799	5	400.	850	4	400.
647	4	400.	698	5	400.	749	3	400.	800	4	400.	851	5	400.
648	4	400.	699	4	400.	750	5	400.	801	1	400.	852	5	400.
649	5	400.	700	4	400.	751	5	400.	802	5	400.	853	4	400.
650	5	400.	701	5	400.	752	4	400.	803	4	400.	854	2	400.
651	2	400.	702	4	400.	753	5	400.	804	2	400.	855	2	400.
652	2	400.	703	4	400.	754	4	400.	805	5	400.	856	5	400.

Numéros	Époques.	LOTS.	Numéros	Époques.	LOTS.	Numéros	Époques.	LOTS.	Numéros	Époques.	LOTS.	Numéros	Époques.	LOTS.
		liv.			liv.			liv.			liv.			liv.
12857	5	400.	12908	2	400.	12959	1	400.	13009	3	400.	13060	2	400.
858	3	400.	909	4	400.	960	2	400.	010	4	400.	061	5	400.
859	4	400.	910	3	400.	961	3	400.	011	5	400.	062	5	400.
860	2	400.	911	4	400.	962	4	400.	012	4	400.	063	3	400.
861	5	400.	912	5	400.	963	5	400.	013	2	400.	064	4	400.
862	2	400.	913	....	500.	964	3	400.	014	5	400.	065	5	400
863	3	400.	914	5	400.	965	2	400.	015	4	400.	066	4	400.
864	3	400.	915	4	400.	966	4	400.	016	5	400.	067	2	400.
865	4	400.	916	4	400.	967	2	400.	017	5	400.	068	4	400.
866	2	400.	917	4	400.	968	5	400.	018	5	400.	069	2	400.
867	4	400.	918	2	400	969	2	400.	019	3	400.	070	5	400.
868	2	400.	919	1	400.	970	5	400.	020	4	400.	071	3	400.
869	5	400.	920	1	400.	971	2	400.	021	3	400.	072	4	400.
870	5	400.	921	2	400.	972	1	400.	022	3	400.	073	5	400.
871	4	400.	922	1	400.	973	4	400.	023	4	400.	074	3	400.
872	5	400.	923	3	400.	974	5	400.	024	5	400.	075	4	400.
873	3	400.	924	5	400.	975	2	400.	025	5	400.	076	3	400.
874	5	400.	925	1	400.	976	3	400.	026	5	400.	077	2	400.
875	1	400.	926	5	400.	977	1	400.	027	5	400.	078	5	400.
876	1	400.	927	3	400.	978	5	400.	028	4	400.	079	3	400.
877	5	400.	928	1	400.	979	5	400.	029	4	400.	080	3	400.
878	3	400.	929	2	400.	980	4	400.	030	3	400.	081	3	400.
879	2	400.	930	....	500.	981	5	400.	031	5	400.	082	2	400.
880	4	400.	931	5	400.	982	3	400.	032	4	400.	083	1	400.
881	2	400.	932	5	400.	983	1	400.	033	3	400.	084	4	400.
882	4	400.	933	1	400.	984	5	400.	034	1	400.	085	5	400.
883	3	400.	934	5	400.	985	3	400.	035	4	400.	086	3	400.
884	2	400.	935	2	400.	986	5	400.	036	5	500.	087	5	400.
885	4	400.	936	4	400.	987	4	400.	037	3	400.	088	5	400.
886	4	400.	937	5	400.	988	2	400.	038	5	400.	089	5	400.
887	....	600.	938	3	400.	989	4	400.	039	4	400.	090	4	400.
888	4	400.	939	5	400.	990	5	400.	040	5	400.	091	5	400.
889	4	400.	940	4	400.	991	5	400.	041	5	400.	092	3	400.
890	5	400.	941	3	400.	992	2	400.	042	3	400.	093	4	400.
891	5	400.	942	1	400.	993	3	400.	043	4	400.	094	4	400.
892	5	400.	943	5	400.	994	4	400.	044	....	1500.	095	5	400.
893	4	400.	944	5	400.	995	2	400.	045	4	400.	096	3	400.
894	5	400.	945	5	400.	996	5	400.	046	5	400.	097	3	400.
895	5	400.	946	4	400.	997	5	400.	047	5	400.	098	3	400.
896	5	400.	947	....	500.	998	5	400.	048	4	400.	099	5	400.
897	5	400.	948	4	400.	999	4	400.	049	4	400.	100	3	400.
898	5	400.	949	4	400	13000	5	400.	050	4	400.	101	5	400.
899	5	400.	950	2	400.				051	5	400.	102	4	400.
900	4	400.	951	5	400.	13001	2	400.	052	4	400.	103	3	400.
901	3	400.	952	5	400.	002	4	400.	053	3	400.	104	2	400.
902	4	400.	953	3	400.	003	5	400.	054	4	400.	105	5	400.
903	2	400.	954	1	400.	004	5	400.	055	4	400.	106	2	400.
904	4	400.	955	5	400.	005	3	400.	056	5	400.	107	1	400.
905	5	400.	956	5	400.	006	2	400.	057	2	400.	108	5	400.
906	5	400.	957	3	400.	007	4	400.	058	5	400.	109	2	400.
907	5	400.	958	3	400.	008	5	400.	059	4	400.	110	5	400.

Numéros	Époques.	LOTS.	Numéros	Époques.	LOTS.	Numéros	Époques.	LOTS.	Numéros	Époques.	LOTS.	Numéros	Époques.	LOTS.
		liv.			liv.			liv.			liv.			liv.
13111	1	400.	13162	5	400.	13213	5	400.	13264	3	400.	13315	5	400.
112	2	400.	163	5	400.	214	....	500.	265	1	400.	316	3	400.
113	4	400.	164	5	400.	215	4	400.	266	4	400.	317	5	400.
114	2	400.	165	5	400.	216	5	400.	267	4	400.	318	5	400.
115	2	400.	166	5	400.	217	....	600.	268	5	400.	319	5	400.
116	5	400.	167	4	400.	218	4	400.	269	4	400.	320	3	400.
117	4	400.	168	5	400.	219	1	400.	270	5	400.	321	2	400.
118	3	400.	169	....	500.	220	5	400.	271	3	400.	322	1	400.
119	1	400.	170	5	400.	221	3	400.	272	....	1500.	323	2	400.
120	5	400.	171	3	400.	222	4	400.	273	2	400.	324	....	600.
121	3	400.	172	5	400.	223	3	400.	274	4	400.	325	2	400.
122	2	400.	173	3	400.	224	4	400.	275	5	400.	326	5	400.
123	....	500.	174	2	400.	225	4	400.	276	3	400.	327	3	400.
124	2	400.	175	5	400.	226	4	400.	277	4	400.	328	2	400.
125	5	400.	176	....	500.	227	4	400.	278	5	400.	329	2	400.
126	3	400.	177	3	400.	228	2	400.	279	5	400.	330	3	400.
127	4	400.	178	3	400.	229	5	400.	280	4	400.	331	....	500.
128	2	400.	179	5	400.	230	5	400.	281	4	400.	332	5	400.
129	1	400.	180	5	400.	231	5	400.	282	3	400.	333	5	400.
130	2	400.	181	....	500.	232	5	400.	283	2	400.	334	5	400.
131	3	400.	182	5	400.	233	1	400.	284	5	400.	335	1	400.
132	5	400.	183	5	400.	234	....	600.	285	4	400.	336	1	400.
133	4	400.	184	5	400.	235	4	400.	286	4	400.	337	....	500.
134	3	400.	185	4	400.	236	5	400.	287	....	20000.	338	....	600.
135	4	400.	186	4	400.	237	5	400.	288	4	400.	339	3	400.
136	5	400.	187	2	400.	238	5	400.	289	2	400.	340	1	400.
137	5	400.	188	5	400.	239	4	400.	290	4	400.	341	5	400.
138	4	400.	189	2	400.	240	3	400.	291	1	400.	342	4	400.
139	4	400.	190	4	400.	241	4	400.	292	3	400.	343	5	400.
140	2	400.	191	4	400.	242	4	400.	293	3	400.	344	4	400.
141	3	400.	192	5	400.	243	4	500.	294	5	400.	345	4	400.
142	3	400.	193	4	400.	244	5	400.	295	5	400.	346	5	400.
143	....	500.	194	5	400.	245	4	400.	296	4	400.	347	4	400.
144	5	400.	195	1	400.	246	4	400.	297	3	400.	348	4	400.
145	5	400.	196	3	400.	247	4	400.	298	3	400.	349	5	400.
146	3	400.	197	3	400.	248	3	400.	299	5	400.	350	4	400.
147	5	400.	198	5	400.	249	5	400.	300	4	400.	351	3	400.
148	4	400.	199	5	400.	250	2	400.	301	3	400.	352	4	400.
149	2	400.	200	4	400.	251	5	400.	302	4	400.	353	4	400.
150	2	400.	201	3	400.	252	5	400.	303	2	400.	354	5	400.
151	5	400.	202	1	400.	253	4	400.	304	....	1500.	355	4	400.
152	5	400.	203	1	400.	254	....	1000.	305	4	400.	356	5	400.
153	2	400.	204	5	500.	255	4	400.	306	2	400.	357	5	400.
154	4	400.	205	3	400.	256	4	400.	307	5	400.	358	5	400.
155	4	400.	206	2	400.	257	4	400.	308	1	400.	359	3	400.
156	5	400.	207	5	400.	258	5	400.	309	4	400.	360	4	400.
157	4	400.	208	5	400.	259	1	400.	310	5	400.	361	....	600.
158	5	400.	209	5	400.	260	4	400.	311	5	400.	362	3	400.
159	5	400.	210	4	400.	261	4	400.	312	3	400.	363	5	400.
160	2	400.	211	4	400.	262	2	400.	313	3	400.	364	5	400.
161	5	400.	212	4	400.	263	5	400.	314	5	400.	365	3	400.

Numéros	Époques.	LOTS.	Numéros	Époques.	LOTS.	Numéros	Époques.	LOTS.	Numéros	Époques.	LOTS.	Numéros	Époques.	LOTS.
		liv.			liv.			liv.			liv			liv.
13366	5	400.	13417	5	400.	13468	4	400.	13519	1	400.	13570	4	400.
367	4	400.	418	2	400.	469	5	400.	520	2	400.	571	2	400.
368	5	400.	419	4	400.	470	2	400.	521	....	500.	572	4	400.
369	5	400.	420	2	400.	471	4	400.	522	2	400.	573	5	400.
370	4	400.	421	4	400.	472	1	400.	523	2	400.	574	2	400.
371	2	400.	422	4	400.	473	1	400.	524	2	400.	575	4	400.
372	4	400.	423	2	400.	474	4	400.	525	3	400.	576	4	400.
373	5	400.	424	4	400.	475	5	400.	526	2	400.	577	4	400.
374	5	400.	425	4	400.	476	3	400.	527	5	400.	578	5	400.
375	3	400.	426	4	400.	477	4	400.	528	4	400.	579	5	400.
376	5	400.	427	5	400.	478	4	400.	529	2	400.	580	4	400.
377	1	400.	428	3	400.	479	5	400.	530	3	400.	581	5	400.
378	5	400.	429	5	400.	480	5	400.	531	3	400.	582	1	400.
379	5	400.	430	4	400.	481	4	400.	532	5	400.	583	3	400.
380	5	400.	431	3	400.	482	2	400.	533	5	400.	584	4	400.
381	5	400.	432	5	400.	483	5	400.	534	....	5000.	585	3	400.
382	5	400.	433	3	400.	484	2	400.	535	2	400.	586	1	400.
383	3	400.	434	2	400.	485	5	400.	536	4	400.	587	...	500.
384	5	400.	435	3	400.	486	3	400.	537	....	500.	588	3	400.
385	5	400.	436	4	400.	487	5	400.	538	4	400.	589	5	400.
386	2	400.	437	4	400.	488	2	400.	539	5	400.	590	3	400.
387	3	400.	438	2	400.	489	5	400.	540	1	400.	591	1	400.
388	4	400.	439	5	400.	490	3	400.	541	4	400.	592	5	400.
389	2	400.	440	3	400.	491	5	400.	542	1	400.	593	5	400.
390	5	400.	441	4	400.	492	1	400.	543	1	400.	594	3	400.
391	4	400.	442	4	400.	493	5	400.	544	3	400.	595	2	400.
392	4	400.	443	5	400.	494	3	400.	545	....	3000.	596	5	400.
393	5	400.	444	2	400.	495	5	400.	546	5	400.	597	....	500.
394	4	400.	445	1	400.	496	5	400.	547	2	400.	598	5	400.
395	....	500.	446	5	400.	497	2	400.	548	4	400.	599	2	400.
396	4	400.	447	5	400.	498	5	400.	549	3	400.	600	....	500.
397	3	400.	448	2	400.	499	4	400.	550	4	400.	601	5	400.
398	5	400.	449	....	500.	500	5	400.	551	2	400.	602	2	400.
399	2	400.	450	5	400.	501	2	400.	552	3	400.	603	4	400.
400	2	400.	451	5	400.	502	4	400.	553	1	400.	604	3	400.
401	4	400.	452	4	400.	503	....	3000.	554	4	400.	605	3	400.
402	1	400.	453	2	400.	504	5	400.	555	1	400.	606	3	400.
403	2	400.	454	5	400.	505	5	400.	556	4	400.	607	5	400.
404	3	400.	455	5	400.	506	3	400.	557	4	400.	608	3	400.
405	1	400.	456	3	400.	507	5	400.	558	4	400	609	4	400.
406	4	400.	457	3	400.	508	3	400.	559	1	400.	610	2	400.
407	5	400.	458	5	400.	509	4	400.	560	4	400.	611	5	400.
408	3	400.	459	5	400.	510	5	400.	561	3	400.	612	3	400.
409	4	400.	460	2	400.	511	2	400.	562	3	400.	613	4	400.
410	5	400.	461	1	400.	512	2	400.	563	5	400.	614	4	400.
411	2	400.	462	3	400.	513	5	400.	564	2	400.	615	4	400.
412	5	400.	463	5	400.	514	2	400.	565	5	400.	616	4	400.
413	5	400.	464	4	400.	515	2	400.	566	3	400.	617	5	400.
414	3	400.	465	5	400.	516	....	500.	567	4	400.	618	4	400.
415	5	400.	466	5	400.	517	1	400.	568	2	400.	619	5	400.
416	4	400.	467	3	400.	518	4	400.	569	2	400	620	3	400.

Numéros	Époques.	LOTS.	Numéros	Époques.	LOTS.	Numéros	Époques.	LOTS.	Numéros	Époques.	LOTS.	Numéros	Époques.	LOTS.
		liv.			liv.			liv.			liv.			liv.
13621	1	400.	13672	5	400.	13723	3	400.	13774	3	400.	13825	4	400.
622	5	400.	673	3	400.	724	2	400.	775	3	400.	826	3	400.
623	4	400.	674	5	400.	725	1	400.	776	3	400.	827	4	400.
624	4	400.	675	4	400.	726	5	400.	777	2	400.	828	5	400.
625	4	400.	676	4	400.	727	5	400.	778	5	400.	829	4	400.
626	2	400.	677	5	400.	728	3	400.	779	4	400.	830	4	400.
627	2	400.	678	....	500.	729	2	400.	780	....	500.	831	3	400.
628	4	400.	679	4	400.	730	5	400.	781	3	400.	832	3	400.
629	2	400.	680	1	400.	731	5	400.	782	....	600.	833	5	400.
630	2	400.	681	5	400.	732	2	400.	783	5	400.	834	3	400.
631	3	400.	682	4	400.	733	4	400.	784	4	400.	835	4	400.
632	4	400.	683	4	400.	734	4	400.	785	....	500.	836	5	400.
633	2	400.	684	3	400.	735	4	400.	786	5	400.	837	2	400.
634	4	400.	685	5	400.	736	5	400.	787	4	400.	838	5	400.
635	4	400.	686	4	400.	737	5	400.	788	2	400.	839	....	600.
636	....	500.	687	2	400.	738	1	400.	789	5	400.	840	4	400.
637	3	400.	688	4	400.	739	5	400.	790	2	400.	841	....	1000.
638	4	400.	689	4	400.	740	5	400.	791	2	400.	842	4	400.
639	5	400.	690	5	400.	741	4	400.	792	5	400.	843	4	400.
640	3	400.	691	5	400.	742	3	400.	793	4	400.	844	3	400.
641	4	400.	692	2	400.	743	5	400.	794	4	400.	845	1	400.
642	5	400.	693	5	400.	744	5	400.	795	5	400.	846	4	400.
643	5	400.	694	5	400.	745	2	400.	796	5	400.	847	5	400.
644	4	400.	695	5	400.	746	2	400.	797	3	400.	848	5	400.
645	2	400.	696	5	400.	747	3	400.	798	3	400.	849	2	400.
646	5	400.	697	3	400.	748	4	400.	799	5	400.	850	3	400.
647	4	400.	698	3	400.	749	2	400.	800	4	400.	851	3	400.
648	5	400.	699	5	400.	750	4	400.	801	4	400.	852	4	400.
649	2	400.	700	2	400.	751	4	400.	802	5	400.	853	1	400.
650	5	400.	701	....	500.	752	4	400.	803	5	400.	854	3	400.
651	1	400.	702	5	400.	753	5	400.	804	5	400.	855	4	400.
652	3	400.	703	4	400.	754	4	400.	805	4	400.	856	....	500.
653	3	400.	704	4	400.	755	2	400.	806	5	400.	857	4	400.
654	2	400.	705	4	400.	756	5	400.	807	4	400.	858	3	400.
655	....	600.	706	3	400.	757	3	400.	808	3	400.	859	5	400.
656	5	400.	707	3	400.	758	2	400.	809	4	400.	860	4	400.
657	2	400.	708	1	400.	759	3	400.	810	4	400.	861	2	400.
658	1	400.	709	4	400.	760	5	400.	811	3	400.	862	3	400.
659	4	400.	710	2	400.	761	4	400.	812	5	400.	863	3	400.
660	3	400.	711	4	400.	762	5	400.	813	2	400.	864	3	400.
661	2	400.	712	5	400.	763	5	400.	814	5	400.	865	4	400.
662	2	400.	713	5	400.	764	4	400.	815	4	400.	866	4	400.
663	4	400.	714	4	400.	765	3	400.	816	5	400.	867	2	400.
664	5	400.	715	5	400.	766	5	400.	817	4	400.	868	4	400.
665	5	400.	716	4	400.	767	3	400.	818	5	400.	869	3	400.
666	1	400.	717	5	400.	768	3	400.	819	4	400.	870	4	400.
667	4	400.	718	2	400.	769	5	400.	820	4	400.	871	3	400.
668	5	400.	719	5	400.	770	4	400.	821	4	400.	872	5	400.
669	1	400.	720	5	400.	771	3	400.	822	....	600.	873	3	400.
670	3	400.	721	4	400.	772	2	400.	823	5	400.	874	3	400.
671	4	400.	722	1	400.	773	5	400.	824	1	400.	875	4	400.

Numéros	Époques.	LOTS.	Numéros	Époques.	LOTS.	Numéros	Époques.	LOTS.	Numéros	Époques.	LOTS.	Numéros	Époques.	LOTS.
		liv.			liv.			liv.			liv.			liv.
13876	5	400.	13927	4	400.	13978	4	400.	14028	2	400.	14079	4	400.
877	5	400.	928	5	400.	979	....	600.	029	2	400.	080	1	400.
878	4	400.	929	4	400.	980	5	400.	030	5	400.	081	5	400.
879	2	400.	930	2	400.	981	5	400.	031	....	600.	082	4	400.
880	2	400.	931	4	400.	982	5	400.	032	1	400.	083	5	400.
881	2	400.	932	4	400.	983	5	400.	033	....	600.	084	5	400.
882	4	400.	933	5	400.	984	4	400.	034	5	400.	085	5	400.
883	5	400.	934	4	400.	985	2	400.	035	2	400.	086	....	600.
884	3	400.	935	5	400.	986	2	400.	036	5	400.	087	3	400.
885	3	400.	936	4	400.	987	1	400.	037	5	400.	088	3	400.
886	5	400.	937	2	400.	988	4	400.	038	5	400.	089	4	400.
887	4	400.	938	4	400.	989	5	400.	039	5	400.	090	4	400.
888	1	400.	939	2	400.	990	5	400.	040	5	400.	091	4	400.
889	....	500.	940	5	400.	991	3	400.	041	3	400.	092	4	400.
890	2	400.	941	4	400.	992	4	400.	042	3	400.	093	5	400.
891	4	400.	942	4	400.	993	4	400.	043	4	400.	094	2	400
892	5	400.	943	2	400.	994	5	400.	044	5	400.	095	4	400.
893	2	400.	944	5	400.	995	5	400.	045	1	400.	096	2	400.
894	2	400.	945	3	400.	996	5	400.	046	3	400.	097	4	400.
895	3	400.	946	5	400.	997	5	400.	047	3	400.	098	....	500.
896	5	400.	947	5	400.	998	5	400.	048	5	400.	099	3	400.
897	5	400.	948	4	400.	999	5	400.	049	4	400.	100	4	400.
898	4	400.	949	5	400.	14000	5	400.	050	4	400.	101	4	400.
899	5	400.	950	2	400.				051	5	400.	102	4	400.
900	1	400.	951	5	400.	14001	5	400.	052	3	400.	103	4	400.
901	5	400.	952	4	400.	002	3	400.	053	2	400.	104	4	400.
902	4	400.	953	5	400.	003	5	400.	054	5	400.	105	....	500.
903	4	400.	954	5	400.	004	2	400.	055	5	400.	106	5	400.
904	5	400.	955	2	400.	005	5	400.	056	4	400.	107	2	400.
905	1	400.	956	4	400.	006	....	600.	057	4	400.	108	5	400.
906	4	400.	957	5	400.	007	4	400.	058	4	400.	109	4	400.
907	5	400.	958	4	400.	008	4	400.	059	4	400.	110	2	400.
908	3	400.	959	5	400.	009	2	400.	060	5	400.	111	3	400.
909	3	400.	960	....	600.	010	5	400.	061	3	400.	112	2	400.
910	2	400.	961	5	400.	011	2	400.	062	5	400.	113	2	400.
911	5	400.	962	5	400.	012	3	400.	063	3	400.	114	1	400.
912	4	400.	963	5	400.	013	4	400.	064	5	400.	115	4	400.
913	4	400.	964	4	400.	014	5	400.	065	5	400.	116	5	400.
914	4	400.	965	4	400.	015	....	500.	066	5	400.	117	4	400.
915	5	400.	966	3	400.	016	4	400.	067	3	400.	118	2	400.
916	5	400.	967	5	400.	017	5	400.	068	2	400.	119	4	400.
917	5	400.	968	5	400.	018	5	400.	069	5	400.	120	5	400.
918	4	400.	969	5	400.	019	5	400.	070	4	400.	121	5	400.
919	5	400.	970	4	400.	020	2	400.	071	5	400.	122	5	400
920	4	400.	971	4	400.	021	2	400.	072	4	400.	123	4	400.
921	4	400.	972	5	400.	022	5	400.	073	2	400.	124	5	400.
922	4	400.	973	5	400.	023	4	400.	074	4	400.	125	5	400.
923	2	400.	974	4	400.	024	3	400.	075	5	400.	126	3	400.
924	2	400.	975	....	600.	025	2	400.	076	....	500.	127	3	400.
925	5	400.	976	2	400.	026	5	400.	077	5	400.	128	1	400.
926	5	400.	977	2	400.	027	3	400.	078	5	400.	129	3	400.

Numéros	Époques.	LOTS.	Numéros	Époques.	LOTS.	Numéros	Époques.	LOTS.	Numéros	Époques.	LOTS.	Numéros	Époques.	LOTS.
		liv.			liv.			liv.			liv.			liv.
14130	5	400.	14181	2	400.	14232	4	400.	14283	1	400.	14334	5	400.
131	4	400.	182	1	400.	233	5	400.	284	4	400.	335	5	400.
132	3	400.	183	3	400.	234	5	400.	285	4	400.	336	5	400.
133	5	400.	184	3	400.	235	5	400.	286	2	400.	337	3	400.
134	5	400.	185	5	400.	236	4	400.	287	3	400.	338	4	400.
135	4	400.	186	4	400.	237	4	400.	288	4	400.	339	5	400.
136	5	400.	187	5	400.	238	5	400.	289	5	400.	340	2	400.
137	2	400.	188	5	400.	239	2	400.	290	5	400.	341	....	500.
138	5	400.	189	5	400.	240	4	400.	291	5	400.	342	4	400.
139	4	400.	190	2	400.	241	4	400.	292	5	400.	343	4	400.
140	1	400.	191	3	400.	242	4	400.	293	2	400.	344	4	400.
141	4	400.	192	4	400.	243	2	400.	294	....	600.	345	4	400.
142	1	400.	193	3	400.	244	5	400.	295	4	400.	346	3	400.
143	3	400.	194	1	400.	245	3	400.	296	4	400.	347	2	400.
144	4	400.	195	5	400.	246	3	400.	297	4	400.	348	1	400.
145	3	400.	196	5	400.	247	2	400.	298	4	400.	349	4	400.
146	3	400.	197	5	400.	248	5	400.	299	5	400.	350	3	400.
147	1	400.	198	3	400.	249	2	400.	300	5	400.	351	5	400.
148	3	400.	199	5	400.	250	....	500.	301	2	400.	352	2	400.
149	5	400.	200	5	400.	251	2	400.	302	2	400.	353	4	400.
150	4	400.	201	4	400.	252	1	400.	303	4	400.	354	1	400.
151	5	400.	202	5	400.	253	5	400.	304	5	400.	355	5	400.
152	2	400.	203	5	400.	254	3	400.	305	5	400.	356	5	400.
153	5	400.	204	1	400.	255	4	400.	306	5	400.	357	5	400.
154	4	400.	205	4	400.	256	1	400.	307	3	400.	358	5	400.
155	3	400.	206	2	400.	257	5	400.	308	5	400.	359	4	400.
156	3	400.	207	4	400.	258	1	400.	309	2	400.	360	5	400.
157	3	400.	208	4	400.	259	2	400.	310	5	400.	361	5	400.
158	5	400.	209	5	400.	260	3	400.	311	....	1000.	362	2	400.
159	3	400.	210	1	400.	261	3	400.	312	2	400.	363	5	400.
160	4	400.	211	5	400.	262	4	400.	313	1	400.	364	5	400.
161	3	400.	212	5	400.	263	4	400.	314	5	400.	365	5	400.
162	3	400.	213	3	400.	264	4	400.	315	4	400.	366	5	400.
163	4	400.	214	3	400.	265	5	400.	316	3	400.	367	4	400.
164	4	400.	215	4	400.	266	5	400.	317	....	600.	368	5	400.
165	4	400.	216	4	400.	267	4	400.	318	4	400.	369	3	400.
166	4	400.	217	5	400.	268	4	400.	319	5	400.	370	3	400.
167	4	400.	218	4	400.	269	1	400.	320	3	400.	371	5	400.
168	4	400.	219	4	400.	270	2	400.	321	5	400.	372	1	400.
169	3	400.	220	4	400.	271	3	400.	322	4	400.	373	4	400.
170	5	400.	221	2	400.	272	5	400.	323	2	400.	374	5	400.
171	3	400.	222	5	400.	273	4	400.	324	2	400.	375	5	400.
172	....	500.	223	4	400.	274	5	400.	325	1	400.	376	3	400.
173	2	400.	224	4	400.	275	5	400.	326	2	400.	377	5	400.
174	2	400.	225	2	400.	276	5	400.	327	5	400.	378	5	400.
175	5	400.	226	1	400.	277	5	400.	328	5	400.	379	2	400.
176	5	400.	227	1	400.	278	....	500.	329	4	400.	380	4	400.
177	1	400.	228	5	400.	279	3	400.	330	2	400.	381	2	400.
178	4	400.	229	3	400.	280	3	400.	331	3	400.	382	4	400.
179	5	400.	230	....	600.	281	5	400.	332	3	400.	383	5	400.
180	5	400.	231	4	400.	282	5	400.	333	5	400.	384	5	400.

Numéros	Époques.	LOTS.	Numéros	Époques.	LOTS.	Numéros	Époques.	LOTS.	Numéros	Époques.	LOTS.	Numéros	Époques.	LOTS.
		liv.			liv.			liv.			liv.			liv.
14385	4	400.	14436	4	400.	14487	4	400.	14538	3	400.	14589	5	400.
386	5	400.	437	4	400.	488	3	400.	539	4	400.	590	4	400.
387	4	400.	438	5	400.	489	2	400.	540	3	400.	591	4	400.
388	3	400.	439	5	400.	490	5	400.	541	4	400.	592	4	400.
389	4	400.	440	4	400.	491	4	400.	542	5	400.	593	5	400.
390	5	400.	441	4	400.	492	2	400.	543	4	400.	594	4	400.
391	5	400.	442	4	400.	493	1	400.	544	5	400.	595	2	400.
392	4	400.	443	4	400.	494	5	400.	545	5	400.	596	4	400.
393	5	400.	444	3	400.	495	5	400.	546	2	400.	597	5	400.
394	4	400.	445	5	400.	496	4	400.	547	2	400.	598	4	400.
395	3	400.	446	2	400.	497	4	400.	548	4	400.	599	3	400.
396	3	400.	447	4	400.	498	2	400.	549	5	400.	600	....	600.
397	2	400.	448	3	400.	499	2	400.	550	3	400.	601	1	400.
398	5	400.	449	2	400.	500	3	400.	551	3	400.	602	1	400.
399	3	400.	450	3	400.	501	5	400.	552	3	400.	603	3	400.
400	3	400.	451	4	400.	502	3	400.	553	4	400.	604	4	400.
401	5	400.	452	2	400.	503	3	400.	554	3	400.	605	3	400.
402	3	400.	453	1	400.	504	4	400.	555	2	400.	606	2	400.
403	4	400.	454	....	500.	505	4	400.	556	5	400.	607	4	400.
404	2	400.	455	5	400.	506	5	400.	557	4	400.	608	3	400.
405	5	400.	456	4	400.	507	4	400.	558	5	400.	609	....	500.
406	5	400.	457	3	400.	508	1	400.	559	3	400.	610	4	400.
407	5	400.	458	5	400.	509	5	400.	560	5	400.	611	1	400.
408	5	400.	459	1	400.	510	5	400.	561	5	400.	612	4	400.
409	3	400.	460	3	400.	511	....	500.	562	2	400.	613	3	400.
410	3	400.	461	2	400.	512	2	400.	563	5	400.	614	5	400.
411	5	400.	462	2	400.	513	5	400.	564	5	400.	615	4	400.
412	5	400.	463	2	400.	514	2	400.	565	5	400.	616	4	400.
413	4	400.	464	4	400.	515	5	400.	566	3	400.	617	5	400.
414	4	400.	465	1	400.	516	5	400.	567	2	400.	618	4	400.
415	2	400.	466	3	400.	517	4	400.	568	5	400.	619	5	400.
416	5	400.	467	4	400.	518	4	400.	569	3	400.	620	3	400.
417	1	400.	468	5	400.	519	5	400.	570	5	400.	621	5	400.
418	4	400.	469	4	400.	520	5	400.	571	4	400.	622	5	400.
419	5	400.	470	5	400.	521	4	400.	572	....	600.	623	1	400.
420	5	400.	471	4	400.	522	4	400.	573	3	400.	624	2	400.
421	5	400.	472	4	400.	523	5	400.	574	3	400.	625	4	400.
422	3	400.	473	2	400.	524	....	500.	575	2	400.	626	3	400.
423	2	400.	474	5	400.	525	4	400.	576	5	400.	627	4	400.
424	4	400.	475	4	400.	526	5	400.	577	5	400.	628	5	400.
425	4	400.	476	3	400.	527	5	400.	578	5	400.	629	2	400.
426	4	400.	477	4	400.	528	1	400.	579	4	400.	630	4	400.
427	3	400.	478	5	400.	529	3	400.	580	5	400.	631	4	400.
428	4	400.	479	2	400.	530	5	400.	581	5	400.	632	4	400.
429	4	400.	480	4	400.	531	5	400.	582	4	400.	633	1	400.
430	5	400.	481	5	400.	532	3	400.	583	5	400.	634	3	400.
431	5	400.	482	5	400.	533	5	400.	584	5	400.	635	3	400.
432	3	400.	483	4	400.	534	1	400.	585	4	400.	636	4	400.
433	5	400.	484	1	400.	535	3	400.	586	3	400.	637	2	400.
434	4	400.	485	4	400.	536	1	400.	587	5	400.	638	5	400.
435	4	400.	486	4	400.	537	5	400.	588	1	400.	639	5	400.

Numéros	Epoques.	LOTS.	Numéros	Epoques.	LOTS.	Numéros	Epoques.	LOTS.	Numéros	Epoques.	LOTS.	Numéros	Epoques.	LOTS.
		liv.			liv.			liv.			liv.			liv.
14640	3	400.	14691	4	400.	14742	5	400.	14793	5	400.	14844	2	400.
641	5	400.	692	5	400.	743	2	400.	794	2	400.	845	2	400.
642	2	400.	693	2	400.	744	1	400.	795	2	400.	846	5	400.
643	4	400.	694	2	400.	745	3	400.	796	5	400.	847	4	400.
644	3	400.	695	5	400.	746	2	400.	797	5	400.	848	3	400.
645	4	400.	696	4	400.	747	5	400.	798	3	400.	849	5	400.
646	5	400.	697	5	400.	748	5	400.	799	5	400.	850	2	400.
647	2	400.	698	....	500.	749	2	400.	800	1	400.	851	5	400.
648	4	400.	699	5	400.	750	5	400.	801	5	400.	852	4	400.
649	5	400.	700	3	400.	751	2	400.	802	5	400.	853	2	400.
650	4	400.	701	2	400.	752	5	400.	803	3	400.	854	3	400.
651	3	400.	702	3	400.	753	2	400.	804	2	400.	855	2	400.
652	5	400.	703	4	400.	754	4	400.	805	3	400.	856	3	400.
653	4	400.	704	4	400.	755	2	400.	806	2	400.	857	5	400.
654	5	400.	705	5	400.	756	2	400	807	5	400.	858	5	400.
655	2	400.	706	5	400.	757	5	400.	808	5	400.	859	4	400.
656	2	400.	707	5	400.	758	5	400.	809	3	400.	860	5	400.
657	5	400.	708	5	400.	759	3	400.	810	1	400.	861	5	400.
658	3	400.	709	5	400.	760	5	400.	811	5	400.	862	4	400.
659	2	400.	710	5	400.	761	....	500.	812	4	400.	863	5	400.
660	1	400.	711	4	400.	762	4	400.	813	4	400.	864	5	400.
661	....	1000.	712	4	400.	763	5	400.	814	5	400.	865	5	400.
662	4	400.	713	5	400.	764	5	400.	815	2	400.	866	1	400.
663	2	400.	714	5	400.	765	4	400.	816	2	400.	867	5	400.
664	3	400.	715	5	400.	766	4	400.	817	3	400.	868	3	400.
665	2	400.	716	2	400.	767	5	400.	818	2	400.	869	2	400.
666	2	400.	717	....	500.	768	4	400.	819	5	400.	870	4	400.
667	2	400.	718	5	400.	769	5	400.	820	5	400.	871	2	400.
668	3	400.	719	3	400.	770	4	400.	821	5	400.	872	5	400.
669	2	400.	720	5	400.	771	5	400.	822	4	400.	873	4	400.
670	1	400.	721	1	400.	772	3	400.	823	4	400.	874	5	400.
671	5	400.	722	3	400.	773	5	400.	824	4	400.	875	5	400.
672	5	400.	723	2	400.	774	....	10000.	825	2	400.	876	4	400.
673	5	400.	724	5	400.	775	4	400.	826	2	400.	877	3	400.
674	4	400.	725	4	400.	776	4	400.	827	4	400.	878	3	400.
675	3	400.	726	....	500.	777	2	400.	828	4	400.	879	4	400.
676	4	400.	727	4	400.	778	2	400.	829	5	400.	880	4	400.
677	3	400.	728	4	400.	779	4	400.	830	2	400.	881	4	400.
678	4	400.	729	1	400.	780	5	400.	831	4	400.	882	3	400.
679	4	400.	730	....	1000.	781	5	400.	832	3	400.	883	5	400.
680	2	400.	731	4	400.	782	2	400.	833	5	400.	884	1	400.
681	5	400.	732	5	400.	783	3	400.	834	3	400.	885	4	400.
682	2	400.	733	5	400.	784	3	400.	835	3	400.	886	5	400.
683	...	3000.	734	5	400.	785	1	400.	836	4	400.	887	2	400.
684	5	400.	735	3	400.	786	4	400.	837	5	400.	888	3	400.
685	5	400.	736	5	400.	787	4	400.	838	5	400.	889	5	400.
686	4	400.	737	2	400.	788	1	400.	839	1	400.	890	4	400.
687	3	400.	738	4	400.	789	4	400.	840	5	400.	891	3	400.
688	4	400.	739	5	400.	790	4	400.	841	4	400.	892	5	400.
689	5	400.	740	2	400.	791	4	400.	842	4	400.	893	3	400.
690	4	400.	741	4	400.	792	5	400.	843	4	400.	894	4	400.

Numéros	Époques.	LOTS.	Numéros	Époques.	LOTS.	Numéros	Époques.	LOTS.	Numéros	Époques.	LOTS.	Numéros	Époques.	LOTS.
		liv.			liv.			liv.			liv.			liv.
14895	5	400.	14946	3	400.	14997	4	400.	15047	2	400.	15098	5	400.
896	4	400.	947	5	400.	998	....	500.	048	5	400.	099	3	400.
897	5	400.	948	3	400.	999	5	400.	049	3	400.	100	5	400.
898	5	400.	949	5	400.	15000	2	400.	050	4	400.	101	5	400.
899	5	400.	950	5	400.				051	1	400.	102	....	600.
900	4	400.	951	4	400.	15001	5	400.	052	4	400.	103	3	400.
901	5	400.	952	5	400.	002	2	400.	053	5	400.	104	2	400.
902	....	500.	953	5	400.	003	5	400.	054	2	400.	105	4	400.
903	3	400.	954	3	400.	004	2	400.	055	5	400.	106	....	600.
904	....	500.	955	....	500.	005	2	400.	056	3	400.	107	5	400.
905	5	400.	956	3	400.	006	4	400.	057	4	400.	108	5	400.
906	5	400.	957	3	400.	007	5	400.	058	3	400.	109	4	400.
907	4	400.	958	3	400.	008	3	400.	059	5	400.	110	5	400.
908	4	400.	959	5	400.	009	3	400.	060	5	400.	111	2	400.
909	3	400.	960	3	400.	010	5	400.	061	2	400.	112	4	400.
910	4	400.	961	4	400.	011	2	400.	062	4	400.	113	2	400.
911	5	400.	962	4	400.	012	4	400.	063	....	500.	114	4	400.
912	5	400.	963	4	400.	013	1	400.	064	4	400.	115	....	500.
913	5	400.	964	....	500.	014	4	400.	065	5	400.	116	5	400.
914	5	400.	965	2	400.	015	5	400.	066	5	400.	117	4	400.
915	4	400.	966	1	400.	016	5	400.	067	4	400.	118	2	400.
916	4	400.	967	4	400.	017	5	400.	068	5	400.	119	4	400.
917	5	400.	968	5	400.	018	5	400.	069	3	400.	120	3	400.
918	3	400.	969	2	400.	019	4	400.	070	5	400.	121	1	400.
919	5	400.	970	2	400.	020	4	400.	071	4	400.	122	4	400.
920	5	400.	971	2	400.	021	5	400.	072	5	400.	123	3	400.
921	....	1000.	972	2	400.	022	....	1500.	073	5	400.	124	2	400.
922	5	400.	973	4	400.	023	3	400.	074	5	400.	125	5	400.
923	4	400.	974	5	400.	024	5	400.	075	5	400.	126	5	400.
924	4	400.	975	4	400.	025	1	400.	076	5	400.	127	....	500.
925	5	400.	976	5	400.	026	4	400.	077	2	400.	128	3	400.
926	4	400.	977	4	400.	027	2	400.	078	4	400.	129	5	400.
927	1	400.	978	4	400.	028	4	400.	079	5	400.	130	3	400.
928	5	400.	979	2	400.	029	3	400.	080	3	400.	131	3	400.
929	5	400.	980	3	400.	030	4	400.	081	4	400.	132	5	400.
930	5	400.	981	1	400.	031	5	400.	082	4	400.	133	4	400.
931	1	400.	982	4	400.	032	4	400.	083	4	400.	134	2	400.
932	4	400.	983	5	400.	033	4	400.	084	3	400.	135	4	400.
933	5	400.	984	3	400.	034	4	400.	085	5	400.	136	5	400.
934	3	400.	985	5	400.	035	2	400.	086	4	400.	137	5	400.
935	3	400.	986	5	400.	036	4	400.	087	4	400.	138	5	400.
936	5	400.	987	2	400.	037	5	400.	088	5	400.	139	3	400.
937	4	400.	988	1	400.	038	4	400.	089	3	400.	140	4	400.
938	3	400.	989	3	400.	039	5	400.	090	5	400.	141	2	400.
939	3	400.	990	4	400.	040	2	400.	091	2	400.	142	2	400.
940	5	400.	991	4	400.	041	4	400.	092	5	400.	143	3	400.
941	3	400.	992	3	400.	042	1	400.	093	3	400.	144	1	400.
942	5	400.	993	3	400.	043	3	400.	094	2	400.	145	5	400.
943	....	500.	994	2	400.	044	4	400.	095	5	400.	146	5	400.
944	2	400.	995	3	400.	045	4	400.	096	2	400.	147	5	400.
945	4	400.	996	3	400.	046	5	400.	097	2	400.	148	3	400.

Numéros	Époques.	LOTS.	Numéros	Époques.	LOTS.	Numéros	Époques.	LOTS.	Numéros	Époques.	LOTS.	Numéros	Époques.	LOTS.
		liv.			liv.			liv.			liv.			liv.
15149	5	400.	15200	5	400.	15251	5	400.	15302	1	400.	15353	5	400.
150	5	400.	201	4	400.	252	3	400.	303	5	400.	354	4	400.
151	4	400.	202	5	400.	253	5	400.	304	4	400.	355	5	400.
152	3	400.	203	5	400.	254	2	400.	305	5	400.	356	5	400.
153	4	400.	204	5	400.	255	2	400.	306	5	400.	357	5	400.
154	5	400.	205	5	400.	256	4	400.	307	2	400.	358	4	400.
155	4	400.	206	5	400.	257	1	400.	308	4	400.	359	3	400.
156	3	400.	207	5	400.	258	....	500.	309	2	400.	360	2	400.
157	3	400.	208	5	400.	259	2	400.	310	5	400.	361	3	400.
158	5	400.	209	3	400.	260	....	1000.	311	3	400.	362	4	400.
159	5	400.	210	3	400.	261	3	400.	312	5	400.	363	5	400.
160	5	400.	211	5	400.	262	3	400.	313	....	500.	364	4	400.
161	3	400.	212	2	400.	263	5	400.	314	3	400.	365	4	400.
162	4	400.	213	5	400.	264	2	400.	315	....	600.	366	4	400.
163	2	400.	214	4	400.	265	4	400.	316	3	400.	367	4	400.
164	4	400.	215	2	400.	266	4	400.	317	5	400.	368	4	400.
165	5	400.	216	4	400.	267	4	400.	318	5	400.	369	3	400.
166	4	400.	217	3	400.	268	2	400.	319	3	400.	370	2	400.
167	3	400.	218	5	400.	269	3	400.	320	5	400.	371	5	400.
168	1	400.	219	2	400.	270	3	400.	321	5	400.	372	5	400.
169	2	400.	220	2	400.	271	3	400.	322	4	400.	373	4	400.
170	5	400.	221	5	400.	272	4	400.	323	2	400.	374	4	400.
171	5	400.	222	2	400.	273	4	400.	324	4	400.	375	....	600.
172	....	600.	223	4	400.	274	3	400.	325	4	400.	376	4	400.
173	5	400.	224	2	400.	275	2	400.	326	2	400.	377	5	400.
174	5	400.	225	3	400.	276	4	400.	327	4	400.	378	3	400.
175	2	400.	226	4	400.	277	5	400.	328	1	400.	379	5	400.
176	4	400.	227	4	400.	278	3	400.	329	3	400.	380	5	400.
177	4	400.	228	5	400.	279	4	400.	330	4	400.	381	....	500.
178	3	400.	229	5	400.	280	5	400.	331	5	400.	382	3	400.
179	5	400.	230	3	400.	281	5	400.	332	5	400.	383	5	400.
180	4	400.	231	2	400.	282	....	500.	333	1	400.	384	4	400.
181	4	400.	232	2	400.	283	2	400.	334	4	400.	385	5	400.
182	5	400.	233	2	400.	284	1	400.	335	5	400.	386	4	400.
183	5	400.	234	5	400.	285	4	400.	336	3	400.	387	3	400.
184	4	400.	235	4	400.	286	3	400.	337	5	400.	388	3	400.
185	3	400.	236	5	400.	287	2	400.	338	5	400.	389	2	400.
186	5	400.	237	3	400.	288	5	400.	339	5	400.	390	3	400.
187	3	400.	238	3	400.	289	4	400.	340	5	400.	391	1	400.
188	....	600.	239	5	400.	290	5	400.	341	4	400.	392	5	400.
189	4	400.	240	1	400.	291	5	400.	342	4	400.	393	5	400.
190	3	400.	241	5	400.	292	5	400.	343	3	400.	394	5	400.
191	....	600.	242	4	400.	293	4	400.	344	2	400.	395	3	400.
192	2	400.	243	4	400.	294	4	400.	345	1	400.	396	5	400.
193	4	400.	244	5	400.	295	3	400.	346	5	400.	397	2	400.
194	4	400.	245	2	400.	296	5	400.	347	1	400.	398	5	400.
195	5	400.	246	3	400.	297	5	400.	348	4	400.	399	4	400.
196	4	400.	247	5	400.	298	3	400.	349	1	400.	400	5	400.
197	3	400.	248	4	400.	299	5	400.	350	3	400.	401	5	400.
198	3	400.	249	4	400.	300	1	400.	351	4	400.	402	5	400.
199	5	400.	250	5	400.	301	1	400.	352	3	400.	403	3	400.

Numéros	Époques.	LOTS.	Numéros	Époques.	LOTS.	Numéros	Époques.	LOTS.	Numéros	Époques.	LOTS.	Numéros	Époques.	LOTS.
		liv.			liv.			liv.			liv.			liv.
15404	2	400.	15455	5	400.	15506	3	400.	15557	5	400.	15608	4	400.
405	1	400.	456	....	1500.	507	4	400.	558	1	400.	609	5	400.
406	3	400.	457	4	400.	508	....	500.	559	4	400.	610	3	400.
407	4	400.	458	5	400.	509	5	400.	560	3	400.	611	....	3000.
408	2	400.	459	5	400.	510	5	400.	561	5	400.	612	5	400.
409	5	400.	460	4	400.	511	....	5000.	562	4	400.	613	3	400.
410	3	400.	461	2	400.	512	3	400.	563	5	400.	614	5	400.
411	4	400.	462	4	400.	513	5	400.	564	5	400.	615	3	400.
412	3	400.	463	1	400.	514	5	400.	565	5	400.	616	3	400.
413	4	400.	464	2	400.	515	1	400.	566	4	400.	617	4	400.
414	4	400.	465	4	400.	516	5	400.	567	3	400.	618	2	400.
415	3	400.	466	5	400.	517	3	400.	568	5	400.	619	4	400.
416	3	400.	467	3	400.	518	3	400.	569	5	400.	620	5	400.
417	4	400.	468	5	400.	519	4	400.	570	....	500.	621	5	400.
418	2	400.	469	5	400.	520	4	400.	571	5	400.	622	3	400.
419	2	400.	470	4	400.	521	1	400.	572	3	400.	623	3	400.
420	1	400.	471	....	500.	522	3	400.	573	3	400.	624	3	400.
421	5	400.	472	4	400.	523	4	400.	574	5	400.	625	5	400.
422	5	400.	473	1	400.	524	5	400.	575	4	400.	626	4	400.
423	2	400.	474	4	400.	525	4	400.	576	5	400.	627	4	400.
424	3	400.	475	2	400.	526	4	400.	577	4	400.	628	3	400.
425	1	400.	476	5	400.	527	1	400.	578	5	400.	629	2	400.
426	2	400.	477	2	400.	528	3	400.	579	4	400.	630	5	400.
427	5	400.	478	1	400.	529	5	400.	580	5	400.	631	2	400.
428	3	400.	479	4	400.	530	5	400.	581	3	400.	632	3	400.
429	4	400.	480	4	400.	531	3	400.	582	5	400.	633	3	400.
430	4	400.	481	5	400.	532	4	400.	583	5	400.	634	1	400.
431	3	400.	482	5	400.	533	5	400.	584	4	400.	635	5	400.
432	3	400.	483	5	400.	534	2	400.	585	2	400.	636	5	400.
433	....	600.	484	4	400.	535	5	400.	586	2	400.	637	4	400.
434	3	400.	485	2	400.	536	3	400.	587	5	400.	638	....	500.
435	1	400.	486	4	400.	537	5	400.	588	1	400.	639	4	400.
436	3	400.	487	4	400.	538	5	400.	589	3	400.	640	4	400.
437	5	400.	488	3	400.	539	....	600.	590	4	400.	641	4	400.
438	5	400.	489	4	400.	540	....	12000.	591	3	400.	642	5	400.
439	4	400.	490	3	400.	541	2	400.	592	5	400.	643	5	400.
440	5	400.	491	2	400.	542	4	400.	593	3	400.	644	5	400.
441	3	400.	492	2	400.	543	....	1500.	594	4	400.	645	2	400.
442	4	400.	493	1	400.	544	4	400.	595	5	400.	646	5	400.
443	3	400.	494	5	400.	545	4	400.	596	5	400.	647	5	400.
444	3	400.	495	5	400.	546	5	400.	597	2	400.	648	....	600.
445	3	400.	496	5	400.	547	4	400.	598	5	400.	649	4	400.
446	4	400.	497	2	400.	548	5	400.	599	5	400.	650	3	400.
447	5	400.	498	5	400.	549	3	400.	600	....	40000.	651	4	400.
448	4	400.	499	5	400.	550	5	400.	601	5	400.	652	1	400.
449	2	400.	500	2	400.	551	5	400.	602	5	400.	653	5	400.
450	5	400.	501	2	400.	552	....	500.	603	5	400.	654	4	400.
451	2	400.	502	....	500.	553	2	400.	604	1	400.	655	5	400.
452	2	400.	503	5	400.	554	4	400.	605	4	400.	656	4	400.
453	3	400.	504	4	400.	555	2	400.	606	5	400.	657	2	400.
454	4	400.	505	3	400.	556	4	400.	607	....	600.	658	4	400.

Numéros	Époques.	LOTS.	Numéros	Époques.	LOTS.	Numéros	Époques.	LOTS.	Numéros	Époques.	LOTS.	Numéros	Époques.	LOTS.
		liv.			liv.			liv.			liv.			liv.
15659	4	400.	15710	5	400.	15761	2	400.	15812	3	400.	15863	5	400.
660	3	400.	711	4	400.	762	5	400.	813	5	400.	864	3	400.
661	3	400.	712	4	400.	763	5	400.	814	3	400.	865	5	400.
662	4	400.	713	3	400.	764	1	400.	815	4	400.	866	4	400.
663	5	400.	714	2	400.	765	2	400.	816	3	400.	867	2	400.
664	....	600.	715	5	400.	766	5	400.	817	5	400.	868	4	400.
665	2	400.	716	5	400.	767	4	400.	818	1	400.	869	1	400.
666	5	400.	717	5	400.	768	1	400.	819	5	400.	870	3	400.
667	5	400.	718	3	400.	769	1	400.	820	5	400.	871	5	400.
668	4	400.	719	4	400.	770	2	400.	821	3	400.	872	....	600.
669	5	400.	720	5	400.	771	2	400.	822	4	400.	873	3	400.
670	2	400.	721	3	400.	772	3	400.	823	4	400.	874	5	400.
671	4	400.	722	3	400.	773	2	400.	824	2	400.	875	4	400.
672	4	400.	723	4	400.	774	2	400.	825	1	400.	876	5	400.
673	5	400.	724	4	400.	775	4	400.	826	2	400.	877	....	1000.
674	2	400.	725	1	400.	776	5	400.	827	5	400.	878	5	400
675	5	400.	726	3	400.	777	5	400.	828	4	400.	879	3	400.
676	3	400.	727	2	400.	778	5	400.	829	5	400.	880	4	400.
677	2	400.	728	4	400.	779	3	400.	830	4	400.	881	2	400.
678	3	400.	729	5	400.	780	4	400.	831	5	400.	882	5	400.
679	5	400.	730	4	400.	781	4	400.	832	4	400.	883	4	400.
680	5	400.	731	2	400.	782	1	400.	833	3	400.	884	4	400.
681	3	400.	732	3	400.	783	4	400.	834	1	400.	885	4	400.
682	....	500.	733	4	400.	784	5	400.	835	4	400.	886	4	400.
683	4	400.	734	3	400.	785	3	400.	836	4	400.	887	4	400.
684	1	400.	735	2	400.	786	5	400.	837	1	400.	888	4	400.
685	2	400.	736	5	400.	787	3	400.	838	5	400.	889	5	400.
686	5	400.	737	4	400.	788	4	400.	839	3	400.	890	2	400.
687	2	400.	738	3	400.	789	4	400.	840	5	400.	891	4	400.
688	2	400.	739	3	400.	790	4	400.	841	5	400.	892	4	400.
689	5	400.	740	4	400.	791	5	400.	842	4	400.	893	....	1500.
690	3	400.	741	4	400.	792	5	400.	843	2	400.	894	2	400.
691	5	400.	742	4	400.	793	4	400.	844	3	400.	895	5	400.
692	5	400.	743	4	400.	794	2	400.	845	2	400.	896	4	400.
693	2	400.	744	4	400.	795	5	400.	846	....	3000.	897	4	400.
694	4	400.	745	5	400.	796	5	400.	847	5	400.	898	3	400.
695	2	400.	746	5	400.	797	5	400.	848	1	400.	899	3	400.
696	5	400.	747	2	400.	798	5	400.	849	3	400.	900	4	400.
697	3	400.	748	1	400.	799	4	400.	850	5	400.	901	4	400.
698	4	400.	749	5	400.	800	1	400.	851	2	400.	902	2	400.
699	5	400.	750	5	400.	801	5	400.	852	4	400.	903	2	400.
700	2	400.	751	3	400.	802	5	400.	853	5	400.	904	4	400.
701	3	400.	752	4	400.	803	5	400.	854	1	400.	905	2	400.
702	5	400.	753	1	400.	804	5	400.	855	5	400.	906	5	400.
703	4	400.	754	5	400.	805	4	400.	856	5	400	907	3	400.
704	4	400.	755	2	400.	806	4	400.	857	5	400.	908	5	400.
705	4	400.	756	2	400.	807	5	400.	858	4	400.	909	4	400.
706	4	400.	757	3	400.	808	2	400.	859	4	400.	910	1	400.
707	4	400.	758	3	400.	809	4	400.	860	1	400.	911	5	400.
708	2	400.	759	5	400.	810	3	400.	861	4	400.	912	2	400.
709	4	400.	760	5	400.	811	3	400.	862	4	400.	913	5	400.

Numéros	Époques.	LOTS.	Numéros	Époques.	LOTS.	Numéros	Époques.	LOTS.	Numéros	Époques.	LOTS.	Numéros	Époques.	LOTS.
		liv.			liv.			liv.			liv.			liv.
15914	1	400.	15965	4	400.	16015	4	400.	16066	2	400.	16117	5	400.
915	4	400.	966	4	400.	016	4	400.	067	4	400.	118	....	600.
916	....	500.	967	3	400.	017	5	400.	068	4	400.	119	5	400.
917	4	400.	968	1	400.	018	5	400.	069	3	400.	120	2	400.
918	5	400.	969	4	400.	019	5	400.	070	4	400.	121	5	400.
919	3	400.	970	2	400.	020	5	400.	071	4	400.	122	5	400.
920	3	400.	971	3	400.	021	3	400.	072	5	400.	123	3	400.
921	1	400.	972	1	400.	022	3	400.	073	....	600.	124	4	400.
922	5	400.	973	5	400.	023	5	400.	074	5	400.	125	3	400.
923	5	400.	974	4	400.	024	5	400.	075	4	400.	126	4	400.
924	5	400.	975	1	400.	025	4	400.	076	5	400.	127	5	400.
925	3	400.	976	4	400.	026	4	400.	077	5	400.	128	5	400.
926	3	400.	977	5	400.	027	2	400.	078	3	400.	129	4	400.
927	5	400.	978	5	400.	028	5	400.	079	5	400.	130	4	400.
928	2	400.	979	5	400.	029	4	400.	080	5	400.	131	4	400.
929	5	400.	980	2	400.	030	2	400.	081	5	400.	132	5	400.
930	1	400.	981	5	400.	031	5	400.	082	5	400.	133	5	400.
931	1	400.	982	3	400.	032	4	400.	083	5	400.	134	5	400.
932	4	400.	983	4	400.	033	4	400.	084	2	400.	135	5	400.
933	3	400.	984	2	400.	034	4	400.	085	2	400.	136	5	400.
934	3	400.	985	2	400.	035	5	400.	086	1	400.	137	5	400.
935	5	400.	986	5	400.	036	1	400.	087	4	400.	138	5	400.
936	4	400.	987	3	400.	037	5	400.	088	3	400.	139	3	400.
937	5	400.	988	4	400.	038	5	400.	089	5	400.	140	4	400.
938	2	400.	989	4	400.	039	4	400.	090	3	400.	141	1	400.
939	5	400.	990	4	400.	040	4	400.	091	4	400.	142	3	400.
940	5	400.	991	3	400.	041	4	400.	092	5	400.	143	3	400.
941	2	400.	992	4	400.	042	5	400.	093	5	400.	144	3	400.
942	5	400.	993	5	400.	043	3	400.	094	2	400.	145	4	400.
943	5	400.	994	3	400.	044	4	400.	095	4	400.	146	4	400.
944	4	400.	995	5	400.	045	3	400.	096	3	400.	147	5	400.
945	5	400.	996	4	400.	046	5	400.	097	3	400.	148	3	400.
946	5	400.	997	4	400.	047	5	400.	098	5	400.	149	2	400.
947	5	400.	998	3	400.	048	3	400.	099	4	400.	150	2	400.
948	4	400.	999	4	400.	049	4	400.	100	2	400.	151	4	400.
949	3	400.	16000	....	1000.	050	3	400.	101	2	400.	152	....	500.
950	4	400.				051	5	400.	102	4	400.	153	1	400.
951	2	400.	16001	....	500.	052	4	400.	103	2	400.	154	5	400.
952	2	400.	002	3	400.	053	4	400.	104	5	400.	155	5	400.
953	4	400.	003	5	400.	054	5	400.	105	4	400.	156	4	400.
954	5	400.	004	5	400.	055	3	400.	106	5	400.	157	5	400.
955	5	400.	005	2	400.	056	5	400.	107	4	400.	158	3	400.
956	....	500.	006	4	400.	057	2	400.	108	5	400.	159	4	400.
957	5	400.	007	5	400.	058	5	400.	109	3	400.	160	5	400.
958	3	400.	008	5	400.	059	2	400.	110	2	400.	161	4	400.
959	3	400.	009	....	500.	060	4	400.	111	4	400.	162	5	400.
960	5	400.	010	5	400.	061	2	400.	112	....	500.	163	5	400.
961	5	400.	011	3	400.	062	3	400.	113	5	400.	164	4	400.
962	4	400.	012	4	400.	063	2	400.	114	4	400.	165	3	400.
963	2	400.	013	5	400.	064	1	400.	115	2	400.	166	5	400.
964	4	400.	014	5	400.	065	3	400.	116	3	400.	167	4	400.

Numéros	Époques.	LOTS.	Numéros	Époques.	LOTS.	Numéros	Époques.	LOTS.	Numéros	Époques.	LOTS.	Numéros	Époques.	LOTS.
		liv.			liv.			liv.			liv.			liv.
16168	4	400.	16219	2	400.	16270	....	500.	16321	4	400.	16372	5	400.
169	5	400.	220	2	400.	271	4	400.	322	1	400.	373	5	400.
170	5	400.	221	4	400.	272	3	400.	323	5	400.	374	1	400.
171	5	400.	222	2	400.	273	5	400.	324	5	400.	375	1	400.
172	5	400.	223	4	400.	274	4	400.	325	4	400.	376	2	400.
173	4	400.	224	4	400.	275	4	400.	326	....	600.	377	5	400.
174	4	400.	225	5	400.	276	5	400.	327	4	400.	378	4	400.
175	1	400.	226	2	400.	277	3	400.	328	3	400.	379	5	400.
176	4	400.	227	5	400.	278	2	400.	329	5	400.	380	3	400.
177	5	400.	228	4	400.	279	2	400.	330	5	400.	381	1	400.
178	4	400.	229	4	400.	280	5	400.	331	4	400.	382	1	400.
179	4	400.	230	4	400.	281	2	400.	332	3	400.	383	5	400.
180	1	400.	231	....	500.	282	3	400.	333	3	400.	384	2	400.
181	4	400.	232	5	400.	283	4	400.	334	3	400.	385	5	400.
182	1	400.	233	5	400.	284	4	400.	335	1	400.	386	4	400.
183	4	400.	234	5	400.	285	4	400.	336	4	400.	387	4	400.
184	5	400.	235	5	400.	286	4	400.	337	5	400.	388	2	400.
185	2	400.	236	5	400.	287	2	400.	338	4	400.	389	3	400
186	4	400.	237	5	400.	288	1	400.	339	5	400.	390	5	400.
187	2	400.	238	5	400.	289	5	400.	340	3	400.	391	1	400.
188	2	400.	239	5	400.	290	3	400.	341	4	400.	392	5	400.
189	5	400.	240	2	400.	291	5	400.	342	5	400.	393	5	400.
190	5	400.	241	1	400.	292	4	400.	343	4	400.	394	4	400.
191	4	400.	242	5	400.	293	4	400.	344	5	400.	395	5	400.
192	4	400.	243	2	400.	294	3	400.	345	5	400.	396	4	400.
193	4	400.	244	5	400.	295	4	400.	346	4	400.	397	5	400.
194	3	400.	245	4	400.	296	5	400.	347	3	400.	398	5	400.
195	3	400.	246	4	400.	297	2	400.	348	4	400.	399	3	400.
196	1	400.	247	4	400.	298	4	400.	349	2	400.	400	2	400.
197	4	400.	248	5	400.	299	5	400.	350	4	400.	401	....	600.
198	4	400.	249	4	400.	300	5	400.	351	5	400.	402	5	400.
199	1	400.	250	3	400.	301	3	400.	352	4	400.	403	5	400.
200	1	400.	251	1	400.	302	3	400.	353	....	500.	404	5	400.
201	5	400.	252	4	400.	303	5	400.	354	4	400.	405	4	400.
202	2	400.	253	5	400.	304	5	400.	355	2	400.	406	3	400.
203	4	400.	254	1	400.	305	3	400.	356	4	400.	407	4	400.
204	5	400.	255	3	400.	306	....	500.	357	4	400.	408	5	400.
205	1	400.	256	2	400.	307	5	400.	358	4	400.	409	1	400.
206	4	400.	257	4	400.	308	2	400.	359	3	400.	410	5	400.
207	5	400.	258	5	400.	309	....	1000.	360	3	400.	411	5	400.
208	5	400.	259	5	400.	310	4	400.	361	4	400.	412	5	400.
209	....	600.	260	5	400.	311	2	400.	362	5	400.	413	5	400.
210	4	400.	261	5	400.	312	4	400.	363	4	400.	414	4	400.
211	5	400.	262	3	400.	313	2	400.	364	....	500.	415	2	400.
212	2	400.	263	5	400.	314	1	400.	365	4	400.	416	3	400.
213	4	400.	264	5	400.	315	4	400.	366	5	400.	417	4	400.
214	5	400.	265	5	400.	316	5	400.	367	1	400.	418	2	400.
215	4	400.	266	3	400.	317	4	400.	368	1	400.	419	....	600.
216	5	400.	267	5	400.	318	5	400.	369	5	400.	420	1	400.
217	5	400.	268	5	400.	319	5	400.	370	4	400.	421	2	400.
218	5	400.	269	4	400.	320	1	400.	371	5	400.	422	5	400.

Numéros	Époques.	LOTS.	Numéros	Époques.	LOTS.	Numéros	Époques.	LOTS.	Numéros	Époques.	LOTS.	Numéros	Époques.	LOTS.
		liv.			liv.			liv.			liv.			liv.
16423	2	400.	16474	3	400.	16525	4	400.	16576	2	400.	16627	5	400.
424	5	400.	475	5	400.	526	5	400.	577	4	400.	628	4	400.
425	5	400.	476	4	400.	527	4	400.	578	4	400.	629	3	400.
426	4	400.	477	4	400.	528	5	400.	579	....	1000.	630	5	400.
427	4	400.	478	5	400.	529	2	400.	580	4	400.	631	5	400.
428	3	400.	479	3	400.	530	1	400.	581	....	500.	632	5	400.
429	4	400.	480	5	400.	531	5	400.	582	2	400.	633	4	400.
430	5	400.	481	4	400.	532	4	400.	583	2	400.	634	4	400.
431	4	400.	482	4	400.	533	5	400.	584	4	400.	635	5	400.
432	5	400.	483	2	400.	534	5	400.	585	4	400.	636	3	400.
433	2	400.	484	1	400.	535	5	400.	586	3	400.	637	5	400.
434	5	400.	485	3	400.	536	2	400.	587	4	400.	638	5	400.
435	2	400.	486	4	400.	537	4	400.	588	5	400.	639	....	600.
436	3	400.	487	5	400.	538	4	400.	589	4	400.	640	4	400.
437	3	400.	488	5	400.	539	2	400.	590	2	400.	641	5	400.
438	5	400.	489	4	400.	540	3	400.	591	5	400.	642	4	400.
439	3	400.	490	3	400.	541	3	400.	592	3	400.	643	1	400.
440	5	400.	491	5	400.	542	5	400.	593	1	400.	644	2	400.
441	5	400.	492	5	400.	543	3	400.	594	5	400.	645	5	400.
442	3	400.	493	....	500.	544	4	400.	595	5	400.	646	4	400.
443	5	400.	494	4	400.	545	4	400.	596	5	400.	647	1	400.
444	5	400.	495	2	400.	546	3	400.	597	3	400.	648	3	400.
445	1	400.	496	5	400.	547	3	400.	598	5	400.	649	2	400.
446	5	400.	497	5	400.	548	5	400.	599	2	400.	650	4	400.
447	3	400.	498	5	400.	549	5	400.	600	....	600.	651	4	400.
448	2	400.	499	5	400.	550	2	400.	601	5	400.	652	5	400.
449	4	400.	500	1	400.	551	....	500.	602	....	600.	653	3	400.
450	1	400.	501	5	400.	552	2	400.	603	1	400.	654	4	400.
451	5	400.	502	4	400.	553	4	400.	604	3	400.	655	5	400.
452	3	400.	503	4	400.	554	2	400.	605	5	400.	656	2	400.
453	4	400.	504	5	400.	555	....	500.	606	2	400.	657	5	400.
454	4	400.	505	4	400.	556	5	400.	607	2	400.	658	3	400.
455	4	400.	506	4	400.	557	5	400.	608	4	400.	659	4	400.
456	4	400.	507	3	400.	558	5	400.	609	4	400.	660	2	400.
457	5	400.	508	5	400.	559	5	400.	610	5	400.	661	4	400.
458	5	400.	509	4	400.	560	5	400.	611	2	400.	662	2	400.
459	3	400.	510	2	400.	561	2	400.	612	4	400.	663	3	400.
460	5	400.	511	4	400.	562	5	400.	613	5	400.	664	4	400.
461	3	400.	512	....	600.	563	4	400.	614	4	400.	665	2	400.
462	3	400.	513	5	400.	564	5	400.	615	5	400.	666	4	400.
463	1	400.	514	4	400.	565	5	400.	616	4	400.	667	5	400.
464	3	400.	515	....	600.	566	4	400.	617	5	400.	668	4	400.
465	5	400.	516	5	400.	567	5	400.	618	4	400.	669	5	400.
466	5	400.	517	1	400.	568	2	400.	619	5	400.	670	2	400.
467	5	400.	518	5	400.	569	4	400.	620	4	400.	671	4	400.
468	1	400.	519	5	400.	570	4	400.	621	4	400.	672	5	400.
469	2	400.	520	3	400.	571	5	400.	622	4	400.	673	4	400.
470	2	400.	521	3	400.	572	5	400.	623	3	400.	674	5	400.
471	5	400.	522	2	400.	573	4	400.	624	2	400.	675	3	400.
472	5	400.	523	2	400.	574	4	400.	625	5	400.	676	2	400.
473	5	400.	524	4	400.	575	3	400.	626	3	400.	677	2	400.

Numéros	Époques.	LOTS.	Numéros	Époques.	LOTS.	Numéros	Époques.	LOTS.	Numéros	Époques.	LOTS.	Numéros	Époques.	LOTS.
		liv.			liv.			liv.			liv.			liv.
16678	3	400.	16729	1	400.	16780	3	400.	16831	5	400.	16882	5	400.
679	5	400.	730	1	400.	781	1	400.	832	5	400.	883	5	400.
680	3	400.	731	3	400.	782	1	400.	833	5	400.	884	5	400.
681	5	400.	732	3	400.	783	3	400.	834	2	400.	885	5	400.
682	1	400.	733	3	400.	784	....	500.	835	3	400.	886	5	400.
683	5	400.	734	3	400.	785	3	400.	836	4	400.	887	2	400.
684	2	400.	735	5	400.	786	1	400.	837	2	400.	888	4	400.
685	3	400.	736	5	400.	787	3	400.	838	5	400.	889	5	400.
686	2	400.	737	3	400.	788	4	400.	839	4	400.	890	5	400.
687	5	400.	738	2	400.	789	4	400.	840	5	400.	891	4	400.
688	4	400.	739	5	400.	790	3	400.	841	2	400.	892	3	400.
689	1	400.	740	3	400.	791	5	400.	842	4	400.	893	1	400.
690	2	400.	741	....	500.	792	4	400.	843	4	400.	894	3	400.
691	2	400.	742	5	400.	793	5	400.	844	3	400.	895	5	400.
692	4	400.	743	3	400.	794	5	400.	845	4	400.	896	4	400.
693	4	400.	744	5	400.	795	5	400.	846	5	400.	897	1	400.
694	5	400.	745	4	400.	796	3	400.	847	2	400.	898	4	400.
695	5	400.	746	5	400.	797	4	400.	848	3	400.	899	1	400.
696	5	400.	747	3	400.	798	3	400.	849	....	600.	900	3	400.
697	3	400.	748	5	400.	799	5	400.	850	5	400.	901	5	400.
698	1	400.	749	2	400.	800	2	400.	851	3	400.	902	4	400.
699	5	400.	750	1	400.	801	5	400.	852	2	400.	903	4	400.
700	2	400.	751	4	400.	802	5	400.	853	5	400.	904	5	400.
701	4	400.	752	5	400.	803	5	400.	854	2	400.	905	2	400.
702	5	400.	753	2	400.	804	3	400.	855	5	400.	906	5	400.
703	3	400.	754	2	400.	805	2	400.	856	4	400.	907	5	400.
704	5	400.	755	5	400.	806	3	400.	857	4	400.	908	4	400.
705	5	400.	756	4	400.	807	2	400.	858	5	400.	909	3	400.
706	5	400.	757	3	400.	808	4	400.	859	3	400.	910	3	400.
707	4	400.	758	2	400.	809	4	400.	860	2	400.	911	2	400.
708	5	400.	759	4	400.	810	5	400.	861	1	400.	912	3	400.
709	4	400.	760	3	400.	811	1	400.	862	1	400.	913	4	400.
710	3	400.	761	2	400.	812	3	400.	863	3	400.	914	2	400.
711	2	400.	762	5	400.	813	4	400.	864	1	400.	915	4	400.
712	3	400.	763	2	400.	814	....	1000.	865	2	400.	916	2	400.
713	1	400.	764	5	400.	815	3	400.	866	5	400.	917	1	400.
714	5	400.	765	4	400.	816	4	400.	867	4	400.	918	....	600.
715	1	400.	766	2	400.	817	2	400.	868	4	400.	919	4	400.
716	4	400.	767	3	400.	818	5	400.	869	5	400.	920	5	400.
717	2	400.	768	4	400.	819	5	400.	870	3	400.	921	3	400.
718	1	400.	769	3	400.	820	3	400.	871	3	400.	922	4	400.
719	2	400.	770	3	400.	821	....	500.	872	5	400.	923	5	400.
720	5	400.	771	3	400.	822	4	400.	873	....	500.	924	3	400.
721	2	400.	772	2	400.	823	5	400.	874	5	400.	925	2	400.
722	5	400.	773	1	400.	824	5	400.	875	2	400.	926	3	400.
723	4	400.	774	4	400.	825	5	400.	876	3	400.	927	5	400.
724	4	400.	775	5	400.	826	4	400.	877	4	400.	928	2	400.
725	4	400.	776	2	400.	827	5	400.	878	2	400.	929	4	400.
726	3	400.	777	4	400.	828	4	400.	879	1	400.	930	2	400.
727	5	400.	778	4	400.	829	3	400.	880	4	400.	931	5	400.
728	4	400.	779	4	400.	830	2	400.	881	3	400.	932	5	400.

Numéros	Époques.	LOTS.	Numéros	Époques.	LOTS.	Numéros	Époques.	LOTS.	Numéros	Époques.	LOTS.	Numéros	Époques.	LOTS.
		liv.			liv.			liv.			liv.			liv.
16933	2	400.	16984	3	400.	17034	3	400.	17085	5	400.	17136	4	400.
934	2	400.	985	1	400.	035	4	400.	086	5	400.	137	5	400.
935	4	400.	986	3	400.	036	5	400.	087	5	400.	138	4	400.
936	2	400.	987	4	400.	037	4	400.	088	3	400.	139	5	400.
937	5	400.	988	5	400.	038	....	600.	089	2	400.	140	5	400.
938	1	400.	989	5	400.	039	1	400.	090	4	400.	141	4	400.
939	5	400.	990	5	400.	040	5	400.	091	5	400.	142	2	400.
940	4	400.	991	3	400.	041	3	400.	092	3	400.	143	2	400.
941	1	400.	992	3	400.	042	4	400.	093	5	400.	144	3	400.
942	4	400.	993	4	400.	043	3	400.	094	4	400.	145	5	400.
943	2	400.	994	2	400.	044	4	400.	095	5	400.	146	5	400.
944	3	400.	995	5	400.	045	5	400.	096	4	400.	147	4	400.
945	3	400.	996	5	400.	046	1	400.	097	3	400.	148	5	400.
946	2	400.	997	5	400.	047	3	400.	098	4	400.	149	4	400.
947	3	400.	998	4	400.	048	5	400.	099	4	400.	150	5	400.
948	2	400.	999	3	400.	049	3	400.	100	5	400.	151	5	400.
949	5	400.	17000	4	400.	050	5	400.	101	5	400.	152	2	400.
950	....	500.				051	4	400.	102	2	400.	153	3	400.
951	2	400.	17001	4	400.	052	3	400.	103	5	400.	154	1	400.
952	5	400.	002	2	400.	053	5	400.	104	4	400.	155	5	400.
953	5	400.	003	3	400.	054	5	400.	105	1	400.	156	5	400.
954	5	400.	004	4	400.	055	1	400.	106	3	400.	157	3	400.
955	2	400.	005	3	400.	056	5	400.	107	2	400.	158	4	400.
956	2	400.	006	....	500.	057	5	400.	108	2	400.	159	1	400.
957	4	400.	007	4	400.	058	4	400.	109	3	400.	160	5	400.
958	4	400.	008	4	400.	059	5	400.	110	2	400.	161	4	400.
959	2	400.	009	3	400.	060	3	400.	111	4	400.	162	5	400.
960	4	400.	010	3	400.	061	3	400.	112	5	400.	163	5	400.
961	3	400.	011	4	400.	062	5	400.	113	4	400.	164	4	400.
962	4	400.	012	5	400.	063	2	400.	114	5	400.	165	3	400.
963	5	400.	013	4	400.	064	5	400.	115	4	400.	166	2	400.
964	5	400.	014	3	400.	065	5	400.	116	4	400.	167	4	400.
965	5	400.	015	5	400.	066	4	400.	117	3	400.	168	5	400.
966	5	400.	016	5	400.	067	3	400.	118	5	400.	169	4	400.
967	3	400.	017	4	400.	068	5	400.	119	4	400.	170	5	400.
968	4	400.	018	5	400.	069	5	400.	120	3	400.	171	2	400.
969	3	400.	019	4	400.	070	5	400.	121	5	400.	172	2	400.
970	3	400.	020	4	400.	071	4	400.	122	3	400.	173	5	400.
971	5	400.	021	5	400.	072	3	400.	123	4	400.	174	3	400.
972	4	400.	022	4	400.	073	5	400.	124	5	400.	175	5	400.
973	4	400.	023	4	400.	074	3	400.	125	3	400.	176	3	400.
974	....	600.	024	4	400.	075	5	400.	126	2	400.	177	3	400.
975	5	400.	025	4	400.	076	3	400.	127	1	400.	178	5	400.
976	4	400.	026	2	400.	077	....	3000.	128	3	400.	179	2	400.
977	2	400.	027	1	400.	078	2	400.	129	2	400.	180	4	400.
978	5	400.	028	5	400.	079	5	400.	130	5	400.	181	5	400.
979	5	400.	029	....	500.	080	2	400.	131	4	400.	182	2	400.
980	1	400.	030	5	400.	081	4	400.	132	4	400.	183	4	400.
981	4	400.	031	2	400.	082	1	400.	133	3	400.	184	5	400.
982	4	400.	032	5	400.	083	5	400.	134	5	400.	185	5	400.
983	5	400.	033	4	400.	084	5	400.	135	5	400.	186	5	400.

Numéros	Époques.	LOTS.	Numéros	Époques.	LOTS.	Numéros	Époques.	LOTS.	Numéros	Époques.	LOTS.	Numéros	Époques.	LOTS.
		liv.			liv.			liv.			liv.			liv.
17187	3	400.	17238	5	400.	17289	2	400.	17340	2	400.	17391	4	400.
188	3	400.	239	4	400.	290	5	400.	341	5	400.	392	5	400.
189	5	400.	240	5	400.	291	4	400.	342	5	400.	393	3	400.
190	5	400.	241	4	400.	292	5	400.	343	5	400.	394	2	400.
191	3	400.	242	5	400.	293	5	400.	344	3	400.	395	3	400.
192	5	400.	243	3	400.	294	5	400.	345	4	400.	396	2	400.
193	1	400.	244	3	400.	295	5	400.	346	1	400.	397	5	400.
194	1	400.	245	5	400.	296	4	400.	347	5	400.	398	5	400.
195	4	400.	246	1	400.	297	4	400.	348	4	400.	399	3	400.
196	5	400.	247	5	400.	298	5	400.	349	5	400.	400	3	400.
197	2	400.	248	4	400.	299	4	400.	350	5	400.	401	2	400.
198	3	400.	249	5	400.	300	2	400.	351	5	400.	402	3	400.
199	3	400.	250	5	400.	301	1	400.	352	3	400.	403	5	400.
200	4	400.	251	5	400.	302	4	400.	353	4	400.	404	4	400.
201	5	400.	252	5	400.	303	1	400.	354	2	400.	405	3	400.
202	5	400.	253	3	400.	304	1	400.	355	5	400.	406	4	400.
203	5	400.	254	4	400.	305	3	400.	356	3	400.	407	2	400.
204	3	400.	255	4	400.	306	3	400.	357	4	400.	408	3	400.
205	4	400.	256	3	400.	307	2	400.	358	2	400.	409	5	400.
206	1	400.	257	1	400.	308	3	400.	359	4	400.	410	5	400.
207	5	400.	258	5	400.	309	1	400.	360	5	400.	411	4	400.
208	5	400.	259	4	400.	310	2	400.	361	1	400.	412	5	400.
209	5	400.	260	4	400.	311	3	400.	362	5	400.	413	5	400.
210	4	400.	261	2	400.	312	4	400.	363	2	400.	414	4	400.
211	5	400.	262	5	400.	313	2	400.	364	4	400.	415	4	400.
212	4	400.	263	2	400.	314	4	400.	365	5	400.	416	3	400.
213	5	400.	264	5	400.	315	2	400.	366	5	400.	417	5	400.
214	5	400.	265	5	400.	316	1	400.	367	5	400.	418	4	400.
215	5	400.	266	3	400.	317	5	400.	368	5	400.	419	5	400.
216	3	400.	267	4	400.	318	4	400.	369	4	400.	420	5	400.
217	5	400.	268	5	400.	319	2	400.	370	5	400.	421	3	400.
218	3	400.	269	5	400.	320	2	400.	371	4	400.	422	2	400.
219	1	400.	270	5	400.	321	5	400.	372	4	400.	423	4	400.
220	5	400.	271	2	400.	322	2	400.	373	5	400.	424	2	400.
221	3	400.	272	4	400.	323	4	400.	374	5	400.	425	4	400.
222	3	400.	273	2	400.	324	5	400.	375	4	400.	426	3	400.
223	2	400.	274	4	400.	325	5	400.	376	2	400.	427	3	400.
224	2	400.	275	4	400.	326	1	400.	377	4	400.	428	4	400.
225	5	400.	276	2	400.	327	2	400.	378	5	400.	429	2	400.
226	3	400.	277	2	400.	328	5	400.	379	5	400.	430	1	400.
227	5	400.	278	5	400.	329	4	400.	380	3	400.	431	5	400.
228	....	600.	279	5	400.	330	5	400.	381	4	400.	432	3	400.
229	4	400.	280	....	500.	331	5	400.	382	4	400.	433	3	400.
230	4	400.	281	4	400.	332	2	400.	383	5	400.	434	2	400.
231	4	400.	282	4	400.	333	2	400.	384	4	400.	435	4	400.
232	4	400.	283	5	400.	334	5	400.	385	5	400.	436	3	400.
233	5	400.	284	5	400.	335	5	400.	386	5	400.	437	3	400.
234	5	400.	285	1	400.	336	5	400.	387	4	400.	438	4	400.
235	3	400.	286	2	400.	337	2	400.	388	2	400.	439	3	400.
236	4	400.	287	2	400.	338	....	600.	389	5	400.	440	5	400.
237	2	400.	288	3	400.	339	4	400.	390	5	400.	441	5	400.

Numéros	Époques.	LOTS.	Numéros	Époques.	LOTS.	Numéros	Époques.	LOTS.	Numéros	Époques.	LOTS.	Numéros	Époques.	LOTS.
		liv.			liv.			liv.			liv.			liv.
17442	4	400.	17493	5	400.	17544	4	400.	17595	5	400.	17646	4	400.
443	4	400.	494	4	400.	545	5	400.	596	5	400.	647	4	400.
444	4	400.	495	4	400.	546	5	400.	597	4	400.	648	3	400.
445	3	400.	496	4	400.	547	1	400.	598	4	400.	649	4	400.
446	5	400.	497	4	400.	548	4	400.	599	3	400.	650	4	400.
447	2	400.	498	5	400.	549	5	400.	600	4	400.	651	4	400.
448	3	400.	499	3	400.	550	4	400.	601	3	400.	652	4	400.
449	3	400.	500	5	400.	551	4	400.	602	1	400.	653	1	400.
450	5	400.	501	2	400.	552	1	400.	603	5	400.	654	5	400.
451	4	400.	502	4	400.	553	5	400.	604	4	400.	655	4	400.
452	5	400.	503	....	500.	554	3	400.	605	3	400.	656	1	400.
453	3	400.	504	5	400.	555	5	400.	606	3	400.	657	5	400.
454	5	400.	505	4	400.	556	5	400.	607	2	400.	658	3	400.
455	5	400.	506	4	400.	557	4	400.	608	2	400.	659	5	400.
456	2	400.	507	3	400.	558	3	400.	609	5	400.	660	4	400.
457	5	400.	508	4	400.	559	5	400.	610	5	400.	661	4	400.
458	....	500.	509	3	400.	560	4	400.	611	5	400.	662	5	400.
459	4	400.	510	4	400.	561	4	400.	612	5	400.	663	4	400.
460	5	400.	511	5	400.	562	4	400.	613	5	400.	664	4	400.
461	2	400.	512	4	400.	563	1	400.	614	5	400.	665	5	400.
462	4	400.	513	2	400.	564	4	400.	615	5	400.	666	3	400.
463	5	400.	514	3	400.	565	4	400.	616	5	400.	667	4	400.
464	5	400.	515	3	400.	566	1	400.	617	5	400.	668	4	400.
465	3	400.	516	1	400.	567	4	400.	618	3	400.	669	5	400.
466	5	400.	517	3	400.	568	4	400.	619	5	400.	670	4	400.
467	5	400.	518	4	400.	569	3	400.	620	2	400.	671	4	400.
468	5	400.	519	5	400.	570	4	400.	621	2	400.	672	3	400.
469	1	400.	520	3	400.	571	2	400.	622	4	400.	673	5	400.
470	3	400.	521	2	400.	572	3	400.	623	4	400.	674	4	400.
471	4	400.	522	3	400.	573	5	400.	624	5	400.	675	5	400.
472	4	400.	523	2	400.	574	4	400.	625	3	400.	676	3	400.
473	3	400.	524	2	400.	575	5	400.	626	5	400.	677	5	400.
474	2	400.	525	4	400.	576	5	400.	627	5	400.	678	....	500.
475	4	400.	526	1	400.	577	5	400.	628	3	400.	679	4	400.
476	5	400.	527	4	400.	578	5	400.	629	5	400.	680	5	400.
477	5	400.	528	4	400.	579	4	400.	630	4	400.	681	5	400.
478	3	400.	529	5	400.	580	5	400.	631	1	400.	682	....	1500.
479	5	400.	530	5	400.	581	5	400.	632	2	400.	683	3	400.
480	4	400.	531	4	400.	582	5	400.	633	4	400.	684	1	400.
481	1	400.	532	5	400.	583	5	400.	634	3	400.	685	4	400.
482	4	400.	533	4	400.	584	2	400.	635	5	400.	686	4	400.
483	3	400.	534	1	400.	585	5	400.	636	1	400.	687	5	400.
484	5	400.	535	5	400.	586	1	400.	637	5	400.	688	4	400.
485	5	400.	536	5	400.	587	3	400.	638	5	400.	689	5	400.
486	4	400.	537	2	400.	588	5	400.	639	4	400.	690	3	400.
487	3	400.	538	4	400.	589	4	400.	640	3	400.	691	5	400.
488	4	400.	539	....	600.	590	2	400.	641	3	400.	692	5	400.
489	4	400.	540	5	400.	591	2	400.	642	3	400.	693	5	400.
490	5	400.	541	3	400.	592	4	400.	643	2	400.	694	5	400.
491	3	400.	542	2	400.	593	5	400.	644	5	400.	695	3	400.
492	4	400.	543	3	400.	594	5	400.	645	5	400.	696	4	400.

Numéros	Epoques.	LOTS.	Numéros	Epoques.	LOTS.	Numéros	Epoques.	LOTS.	Numéros	Epoques.	LOTS.	Numéros	Epoques.	LOTS.
		liv.			liv.			liv.			liv.			liv.
17697	5	400.	17748	4	400.	17799	2	400.	17850	3	400.	17901	5	400.
698	4	400.	749	2	400.	800	5	400.	851	2	400.	902	2	400.
699	4	400.	750	5	400.	801	3	400.	852	2	400.	903	4	400.
700	5	400.	751	5	400.	802	5	400.	853	....	5000.	904	5	400.
701	5	400.	752	3	400.	803	4	400.	854	5	400.	905	5	400.
702	1	400.	753	4	400.	804	4	400.	855	5	400.	906	4	400.
703	4	400.	754	5	400.	805	....	500.	856	5	400.	907	4	400.
704	4	400.	755	3	400.	806	4	400.	857	5	400.	908	4	400.
705	3	400.	756	5	400.	807	4	400.	858	2	400.	909	2	400.
706	2	400.	757	4	400.	808	5	400.	859	2	400.	910	4	400.
707	3	400.	758	3	400.	809	4	400.	860	2	400.	911	3	400.
708	1	400.	759	5	400.	810	1	400.	861	5	400.	912	3	400.
709	3	400.	760	5	400.	811	1	400.	862	5	400.	913	2	400.
710	4	400.	761	3	400.	812	2	400.	863	5	400.	914	2	400.
711	4	400.	762	5	400.	813	4	400.	864	3	400.	915	5	400.
712	2	400.	763	4	400.	814	5	400.	865	5	400.	916	3	400.
713	1	400.	764	2	400.	815	5	400.	866	2	400.	917	4	400.
714	2	400.	765	3	400.	816	4	400.	867	3	400.	918	2	400.
715	5	400.	766	5	400.	817	4	400.	868	2	400.	919	3	400.
716	2	400.	767	3	400.	818	4	400.	869	5	400.	920	1	400.
717	5	400.	768	4	400.	819	3	400.	870	5	400.	921	3	400.
718	5	400.	769	3	400.	820	4	400.	871	3	400.	922	3	400.
719	2	400.	770	2	400.	821	5	400.	872	1	400.	923	2	400.
720	2	400.	771	4	400.	822	1	400.	873	4	400.	924	1	400.
721	4	400.	772	5	400.	823	3	400.	874	5	400.	925	5	400.
722	5	400.	773	5	400.	824	5	400.	875	3	400.	926	5	400.
723	4	400.	774	5	400.	825	4	400.	876	5	400.	927	5	400.
724	4	400.	775	3	400.	826	5	400.	877	4	400.	928	5	400.
725	2	400.	776	4	400.	827	2	400.	878	5	400.	929	3	400.
726	4	400.	777	5	400.	828	1	400.	879	....	500.	930	5	400.
727	5	400.	778	3	400.	829	5	400.	880	5	400.	931	2	400.
728	3	400.	779	3	400.	830	2	400.	881	1	400.	932	4	400.
729	3	400.	780	3	400.	831	3	400.	882	1	400.	933	5	400.
730	5	400.	781	5	400.	832	....	600.	883	3	400.	934	5	400.
731	2	400.	782	1	400.	833	4	400.	884	4	400.	935	2	400.
732	4	400.	783	2	400.	834	4	400.	885	5	400.	936	5	400.
733	3	400.	784	4	400.	835	2	400.	886	5	400.	937	4	400.
734	2	400.	785	2	400.	836	3	400.	887	2	400.	938	4	400.
735	3	400.	786	3	400.	837	3	400.	888	1	400.	939	5	400.
736	5	400.	787	....	500.	838	4	400.	889	5	400.	940	3	400.
737	5	400.	788	5	400.	839	3	400.	890	3	400.	941	5	400.
738	5	400.	789	3	400.	840	1	400.	891	5	400.	942	3	400.
739	1	400.	790	5	400.	841	5	400.	892	5	400.	943	4	400.
740	3	400.	791	5	400.	842	5	400.	893	4	400.	944	1	400.
741	3	400.	792	5	400.	843	1	400.	894	3	400.	945	4	400.
742	....	3000.	793	3	400.	844	5	400.	895	4	400.	946	2	400.
743	3	400.	794	5	400.	845	1	400.	896	4	400.	947	4	400.
744	3	400.	795	4	400.	846	5	400.	897	3	400.	948	4	400.
745	5	400.	796	4	400.	847	4	400.	898	2	400.	949	4	400.
746	5	400.	797	5	400.	848	5	400.	899	4	400.	950	1	400.
747	4	400.	798	5	400.	849	5	400.	900	5	400.	951	4	400.

Numéros	Époques.	LOTS.	Numéros	Époques.	LOTS.	Numéros	Époques.	LOTS.	Numéros	Époques.	LOTS.	Numéros	Époques.	LOTS.
		liv.			liv.			liv.			liv.			liv.
17952	5	400.	18002	5	400.	18053	4	400.	18104	5	400.	18155	....	600.
953	5	400.	003	5	400.	054	5	400.	105	1	400.	156	4	400.
954	5	400.	004	2	400.	055	5	400.	106	1	400.	157	5	400.
955	3	400.	005	3	400.	056	4	400.	107	1	400.	158	4	400.
956	3	400.	006	2	400.	057	2	400.	108	5	400.	159	5	400.
957	5	400.	007	5	400.	058	4	400.	109	....	3000.	160	5	400.
958	4	400.	008	4	400.	059	4	400.	110	....	500.	161	2	400.
959	4	400.	009	3	400.	060	5	400.	111	3	400.	162	5	400.
960	3	400.	010	5	400.	061	5	400.	112	4	400.	163	4	400.
961	5	400.	011	4	400.	062	4	400.	113	1	400.	164	4	400.
962	4	400.	012	3	400.	063	5	400.	114	5	400.	165	3	400.
963	1	400.	013	4	400.	064	1	400.	115	5	400.	166	5	400.
964	4	400.	014	2	400.	065	5	400.	116	2	400.	167	2	400.
965	4	400.	015	1	400.	066	3	400.	117	4	400.	168	3	400.
966	5	400.	016	4	400.	067	2	400.	118	5	400.	169	4	400.
967	2	400.	017	4	400.	068	5	400.	119	3	400.	170	5	400.
968	4	400.	018	2	400.	069	5	400.	120	2	400.	171	4	400.
969	2	400.	019	1	400.	070	4	400.	121	3	400.	172	4	400.
970	5	400.	020	3	400.	071	1	400.	122	4	400.	173	4	400.
971	5	400.	021	2	400.	072	5	400.	123	5	400.	174	2	400.
972	1	400.	022	4	400.	073	5	400.	124	4	400.	175	5	400.
973	3	400.	023	1	400.	074	4	400.	125	4	400.	176	5	400.
974	....	500.	024	1	400.	075	3	400.	126	3	400.	177	3	400.
975	4	400.	025	2	400.	076	....	500.	127	....	500.	178	5	400.
976	3	400.	026	2	400.	077	....	1500.	128	2	400.	179	3	400.
977	5	400.	027	5	400.	078	3	400.	129	5	400.	180	5	400.
978	5	400.	028	3	400.	079	2	400.	130	5	400.	181	5	400.
979	4	400.	029	3	400.	080	5	400.	131	2	400.	182	5	400.
980	5	400.	030	5	400.	081	4	400.	132	3	400.	183	3	400.
981	5	400.	031	3	400.	082	3	400.	133	4	400.	184	....	500.
982	4	400.	032	4	400.	083	2	400.	134	5	400.	185	5	400.
983	4	400.	033	5	400.	084	3	400.	135	3	400.	186	5	400.
984	4	400.	034	5	400.	085	5	400.	136	5	400.	187	2	400.
985	4	400.	035	5	400.	086	5	400.	137	....	600.	188	5	400.
986	4	400.	036	4	400.	087	5	400.	138	5	400.	189	3	400.
987	5	400.	037	4	400.	088	4	400.	139	1	400.	190	5	400.
988	3	400.	038	5	400.	089	2	400.	140	2	400.	191	5	400.
989	2	400.	039	3	400.	090	2	400.	141	5	400.	192	3	400.
990	5	400.	040	2	400.	091	2	400.	142	5	400.	193	4	400.
991	4	400.	041	3	400.	092	3	400.	143	3	400.	194	4	400.
992	5	400.	042	4	400.	093	4	400.	144	....	500.	195	1	400.
993	5	400.	043	4	400.	094	5	400.	145	1	400.	196	5	400.
994	....	1500.	044	1	400.	095	5	400.	146	5	400.	197	4	400.
995	5	400.	045	4	400.	096	3	400.	147	1	400.	198	4	400.
996	5	400.	046	4	400.	097	5	400.	148	5	400.	199	1	400.
997	5	400.	047	3	400.	098	5	400.	149	4	400.	200	3	400.
998	5	400.	048	1	400.	099	1	400.	150	....	600.	201	2	400.
999	4	400.	049	5	400.	100	5	400.	151	4	400.	202	1	400.
18000	5	400.	050	5	400.	101	4	400.	152	2	400.	203	3	400.
			051	3	400.	102	3	400.	153	1	400.	204	2	400.
18001	5	400.	052	3	400.	103	3	400.	154	4	400.	205	4	400.

Numéros	Époques.	LOTS.	Numéros	Époques.	LOTS.	Numéros	Époques.	LOTS.	Numéros	Époques.	LOTS.	Numéros	Époques.	LOTS.
		liv.			liv.			liv.			liv.			liv.
18206	3	400.	18257	4	400.	18308	5	400.	18359	3	400.	18410	2	400.
207	5	400.	258	2	400.	309	2	400.	360	5	400.	411	3	400.
208	5	400.	259	5	400.	310	5	400.	361	1	400.	412	4	400.
209	4	400.	260	5	400.	311	5	400.	362	5	400.	413	5	400.
210	3	400.	261	3	400.	312	4	400.	363	3	400.	414	5	400.
211	4	400.	262	5	400.	313	1	400.	364	4	400.	415	5	400.
212	1	400.	263	3	400.	314	5	400.	365	3	400.	416	3	400.
213	4	400.	264	4	400.	315	5	400.	366	5	400.	417	2	400.
214	2	400.	265	4	400.	316	5	400.	367	....	600.	418	2	400.
215	3	400.	266	1	400.	317	5	400.	368	5	400.	419	2	400.
216	2	400.	267	5	400.	318	3	400.	369	5	400.	420	1	400.
217	2	400.	268	4	400.	319	1	400.	370	5	400.	421	3	400.
218	3	400.	269	4	400.	320	2	400.	371	2	400.	422	5	400.
219	1	400.	270	2	400.	321	5	400.	372	2	400.	423	5	400.
220	5	400.	271	4	400.	322	5	400.	373	4	400.	424	....	5000.
221	4	400.	272	5	400.	323	....	500.	374	2	400.	425	4	400.
222	5	400.	273	5	400.	324	2	400.	375	5	400.	426	4	400.
223	2	400.	274	5	400.	325	4	400.	376	5	400.	427	2	400.
224	3	400.	275	5	400.	326	4	400.	377	4	400.	428	4	400.
225	5	400.	276	2	400.	327	5	400.	378	5	400.	429	4	400.
226	2	400.	277	5	400.	328	4	400.	379	5	400.	430	4	400.
227	4	400.	278	3	400.	329	2	400.	380	2	400.	431	5	400.
228	3	400.	279	5	400.	330	2	400.	381	1	400.	432	2	400.
229	3	400.	280	4	400.	331	5	400.	382	3	400.	433	2	400.
230	4	400.	281	1	400.	332	4	400.	383	3	400.	434	3	400.
231	1	400.	282	4	400.	333	1	400.	384	4	400.	435	2	400.
232	3	400.	283	3	400.	334	5	400.	385	5	400.	436	4	400.
233	3	400.	284	4	400.	335	2	400.	386	5	400.	437	5	400.
234	4	400.	285	4	400.	336	....	1500.	387	4	400.	438	3	400.
235	4	400.	286	4	400.	337	3	400.	388	4	400.	439	5	400.
236	4	400.	287	3	400.	338	5	400.	389	3	400.	440	3	400.
237	5	400.	288	5	400.	339	4	400.	390	2	400.	441	4	400.
238	2	400.	289	4	400.	340	5	400.	391	....	600.	442	5	400.
239	4	400.	290	5	400.	341	3	400.	392	5	400.	443	3	400.
240	4	400.	291	5	400.	342	2	400.	393	4	400.	444	....	500.
241	4	400.	292	5	400.	343	4	400.	394	3	400.	445	3	400.
242	5	400.	293	4	400.	344	4	400.	395	5	400.	446	1	400.
243	5	400.	294	5	400.	345	1	400.	396	4	400.	447	5	400.
244	2	400.	295	4	400.	346	3	400.	397	4	400.	448	1	400.
245	5	400.	296	5	400.	347	....	600.	398	5	400.	449	4	400.
246	2	400.	297	4	400.	348	4	400.	399	5	400.	450	3	400.
247	5	400.	298	1	400.	349	3	400.	400	4	400.	451	1	400.
248	2	400.	299	2	400.	350	2	400.	401	3	400.	452	5	400.
249	4	400.	300	2	400.	351	5	400.	402	2	400.	453	5	400.
250	4	400.	301	4	400.	352	1	400.	403	3	400.	454	4	400.
251	2	400.	302	4	400.	353	4	400.	404	4	400.	455	....	1500.
252	4	400.	303	3	400.	354	5	400.	405	5	400.	456	1	400.
253	5	400.	304	5	400.	355	4	400.	406	4	400.	457	3	400.
254	1	400.	305	....	600.	356	3	400.	407	4	400.	458	2	400.
255	2	400.	306	5	400.	357	4	400.	408	3	400.	459	4	400.
256	3	400.	307	5	400.	358	5	400.	409	5	400.	460	2	400.

K ii

Numéros	Époques.	LOTS.	Numéros	Époques.	LOTS.	Numéros	Époques.	LOTS.	Numéros	Époques.	LOTS.	Numéros	Époques.	LOTS.
		liv.			liv.			liv.			liv.			liv.
18461	5	400.	18512	5	400.	18563	2	400.	18614	5	400.	18665	5	400.
462	5	400.	513	4	400.	564	3	400.	615	5	400.	666	5	400.
463	3	400.	514	5	400.	565	5	400.	616	3	400.	667	4	400.
464	2	400.	515	1	400.	566	5	400.	617	5	400.	668	4	400.
465	2	400.	516	4	400.	567	3	400.	618	5	400.	669	4	400.
466	1	400.	517	5	400.	568	1	400.	619	4	400.	670	4	400.
467	5	400.	518	4	400.	569	1	400.	620	4	400.	671	5	400.
468	5	400.	519	2	400.	570	2	400.	621	5	400.	672	5	400.
469	5	400.	520	5	400.	571	5	400.	622	5	400.	673	5	400.
470	5	400.	521	2	400.	572	3	400.	623	5	400.	674	5	400.
471	3	400.	522	5	400.	573	5	400.	624	5	400.	675	4	400.
472	5	400.	523	5	400.	574	3	400.	625	4	400.	676	4	400.
473	4	400.	524	5	400.	575	2	400.	626	3	400.	677	3	400.
474	4	400.	525	2	400.	576	2	400.	627	3	400.	678	4	400.
475	5	400.	526	2	400.	577	2	400.	628	4	400.	679	3	400.
476	5	400.	527	4	400.	578	2	400.	629	4	400.	680	5	400.
477	3	400.	528	3	400.	579	5	400.	630	5	400.	681	4	400.
478	....	500.	529	2	400.	580	5	400.	631	5	400.	682	4	400.
479	5	400.	530	5	400.	581	4	400.	632	1	400.	683	2	400.
480	4	400.	531	2	400.	582	5	400.	633	2	400.	684	4	400.
481	1	400.	532	3	400.	583	3	400.	634	4	400.	685	5	400.
482	2	400.	533	....	600.	584	1	400.	635	1	400.	686	1	400.
483	5	400.	534	5	400.	585	2	400.	636	5	400.	687	4	400.
484	4	400.	535	4	400.	586	5	400.	637	3	400.	688	4	400.
485	2	400.	536	4	400.	587	4	400.	638	4	400.	689	1	400.
486	1	400.	537	5	400.	588	3	400.	639	1	400.	690	1	400.
487	3	400.	538	2	400.	589	5	400.	640	5	400.	691	2	400.
488	3	400.	539	....	10000.	590	1	400.	641	2	400.	692	4	400.
489	5	400.	540	4	400.	591	4	400.	642	5	400.	693	5	400.
490	3	400.	541	5	400.	592	2	400.	643	5	400.	694	4	400.
491	5	400.	542	4	400.	593	3	400.	644	4	400.	695	3	400.
492	3	400.	543	5	400.	594	4	400.	645	....	1500.	696	....	600.
493	4	400.	544	3	400.	595	....	500.	646	4	400.	697	5	400.
494	3	400.	545	2	400.	596	5	400.	647	2	400.	698	5	400.
495	....	1000.	546	5	400.	597	1	400.	648	4	400.	699	5	400.
496	5	400.	547	3	400.	598	5	400.	649	2	400.	700	5	400.
497	5	400.	548	5	400.	599	4	400.	650	3	400.	701	5	400.
498	4	400.	549	5	400.	600	5	400.	651	5	400.	702	5	400.
499	5	400.	550	4	400.	601	4	400.	652	1	400.	703	5	400.
500	5	400.	551	4	400.	602	3	400.	653	5	400.	704	4	400.
501	5	400.	552	3	400.	603	1	400.	654	5	400.	705	4	400.
502	3	400.	553	5	400.	604	5	400.	655	2	400.	706	4	400.
503	2	400.	554	4	400.	605	5	400.	656	4	400.	707	2	400.
504	4	400.	555	5	400.	606	5	400.	657	3	400.	708	5	400.
505	5	400.	556	3	400.	607	4	400.	658	5	400.	709	2	400.
506	5	400.	557	5	400.	608	5	400.	659	2	400.	710	2	400.
507	5	400.	558	5	400.	609	2	400.	660	3	400.	711	....	500.
508	5	400.	559	5	400.	610	3	400.	661	5	400.	712	5	400.
509	2	400.	560	4	400.	611	5	400.	662	5	400.	713	4	400.
510	5	400.	561	5	400.	612	5	400.	663	4	400.	714	....	500.
511	3	400.	562	5	400.	613	3	400.	664	2	400.	715	4	400.

Numéros	Époques.	LOTS.	Numéros	Époques.	LOTS.	Numéros	Époques.	LOTS.	Numéros	Époques.	LOTS.	Numéros	Époques.	LOTS.
		liv.			liv.			liv.			liv.			liv.
18716	2	400.	18767	5	400.	18818	4	400.	18869	4	400.	18920	3	400.
717	4	400.	768	5	400.	819	1	400.	870	3	400.	921	5	400.
718	5	400.	769	5	400.	820	4	400.	871	5	400.	922	5	400.
719	5	400.	770	5	400.	821	4	400.	872	2	400.	923	5	400.
720	5	400.	771	5	400.	822	2	400.	873	3	400.	924	5	400.
721	5	400.	772	2	400.	823	1	400.	874	3	400.	925	3	400.
722	3	400.	773	3	400.	824	3	400.	875	3	400.	926	5	400.
723	3	400.	774	1	400.	825	5	400.	876	4	400.	927	1	400.
724	3	400.	775	5	400.	826	5	400.	877	5	400.	928	4	400.
725	5	400.	776	5	400.	827	5	400.	878	2	400.	929	1	400.
726	4	400.	777	5	400.	828	5	400.	879	4	400	930	4	400.
727	4	400.	778	4	400.	829	1	400.	880	2	400.	931	5	400.
728	5	400.	779	5	400.	830	3	400.	881	4	400.	932	3	400.
729	4	400.	780	5	400.	831	5	400.	882	....	600.	933	5	400.
730	4	400.	781	3	400.	832	1	400.	883	4	400.	934	4	400.
731	4	400.	782	4	400.	833	3	400.	884	4	400.	935	5	400.
732	5	400.	783	5	400.	834	5	400.	885	5	400.	936	5	400.
733	5	400.	784	2	400.	835	3	400.	886	2	400.	937	2	400.
734	3	400.	785	4	400.	836	3	400.	887	4	400.	938	4	400.
735	3	400.	786	5	400.	837	5	400.	888	5	400.	939	....	1000.
736	2	400.	787	5	400.	838	4	400.	889	4	400.	940	2	400.
737	3	400.	788	5	400.	839	2	400.	890	4	400.	941	4	400.
738	2	400.	789	5	400.	840	4	400.	891	2	400.	942	5	400.
739	4	400.	790	5	400.	841	4	400.	892	5	400.	943	4	400.
740	4	400.	791	4	400.	842	2	400.	893	3	400.	944	5	400.
741	5	400.	792	....	600.	843	4	400.	894	5	400.	945	3	400.
742	4	400.	793	1	400.	844	5	400.	895	4	400.	946	4	400.
743	5	400.	794	5	400.	845	1	400.	896	5	400.	947	2	400.
744	2	400.	795	5	400.	846	4	400.	897	3	400.	948	....	600.
745	4	400.	796	....	600.	847	4	400.	898	5	400.	949	5	400.
746	1	400.	797	3	400.	848	4	400.	899	3	400.	950	4	400.
747	3	400.	798	5	400.	849	2	400.	900	4	400.	951	4	400.
748	5	400.	799	4	400.	850	2	400.	901	3	400.	952	5	400.
749	5	400.	800	3	400.	851	3	400.	902	5	400.	953	1	400.
750	4	400.	801	5	400.	852	1	400.	903	3	400.	954	1	400.
751	5	400.	802	3	400.	853	5	400.	904	4	400.	955	4	400.
752	....	500.	803	5	400.	854	4	400.	905	5	400.	956	4	400.
753	4	400.	804	4	400.	855	5	400.	906	1	400.	957	5	400.
754	2	400.	805	4	400.	856	2	400.	907	4	400.	958	5	400.
755	4	400.	806	2	400.	857	5	400.	908	5	400.	959	3	400.
756	2	400.	807	2	400.	858	4	400.	909	5	400.	960	4	400.
757	2	400.	808	1	400.	859	3	400.	910	5	400	961	5	400.
758	1	400.	809	2	400.	860	5	400.	911	4	400.	962	5	400.
759	2	400.	810	4	400.	861	3	400.	912	5	400.	963	3	400.
760	....	600.	811	5	400.	862	2	400.	913	5	400.	964	4	400.
761	5	400.	812	5	400.	863	4	400.	914	5	400.	965	5	400.
762	3	400.	813	5	400.	864	5	400.	915	4	400.	966	5	400.
763	1	400.	814	3	400.	865	2	400.	916	4	400.	967	1	400.
764	4	400.	815	3	400.	866	4	400.	917	3	400.	968	....	500.
765	2	400.	816	5	400.	867	4	400.	918	5	400.	969	4	400.
766	....	600.	817	5	400.	868	2	400.	919	5	400.	970	4	400.

Numéros	Époques.	LOTS.	Numéros	Époques.	LOTS.	Numéros	Époques.	LOTS.	Numéros	Époques.	LOTS.	Numéros	Époques.	LOTS.
		liv.			liv.			liv.			liv.			liv.
18971	4	400.	19021	2	400.	19072	4	400.	19123	3	400.	19174	4	400.
972	3	400.	022	4	400.	073	1	400.	124	4	400.	175	4	400.
973	4	400.	023	4	400.	074	5	400.	125	4	400.	176	2	400.
974	4	400.	024	3	400.	075	5	400.	126	3	400.	177	5	400.
975	5	400.	025	4	400.	076	3	400.	127	5	400.	178	5	400.
976	5	400.	026	5	400.	077	5	400.	128	1	400.	179	4	400.
977	4	400.	027	4	400.	078	2	400.	129	3	400.	180	....	500.
978	5	400.	028	4	400.	079	5	400.	130	3	400.	181	5	400.
979	2	400.	029	5	400.	080	5	400.	131	5	400.	182	5	400.
980	4	400.	030	3	400.	081	....	500.	132	4	400.	183	4	400.
981	3	400.	031	3	400.	082	3	400.	133	5	400.	184	4	400.
982	4	400.	032	4	400.	083	2	400.	134	3	400.	185	2	400.
983	3	400.	033	5	400.	084	....	500.	135	4	400.	186	5	400.
984	3	400.	034	5	400.	085	1	400.	136	2	400.	187	1	400.
985	5	400.	035	4	400.	086	1	400.	137	4	400.	188	5	400.
986	2	400.	036	2	400.	087	5	400.	138	2	400.	189	3	400.
987	3	400.	037	3	400.	088	2	400.	139	2	400.	190	5	400.
988	4	400.	038	5	400.	089	3	400.	140	5	400.	191	4	400.
989	4	400.	039	2	400.	090	5	400.	141	2	400.	192	4	400.
990	2	400.	040	5	400.	091	5	400.	142	4	400.	193	1	400.
991	1	400.	041	3	400.	092	4	400.	143	1	400.	194	5	400.
992	2	400.	042	3	400.	093	5	400.	144	5	400.	195	5	400.
993	5	400.	043	4	400.	094	1	400.	145	2	400.	196	3	400.
994	3	400.	044	5	400.	095	2	400.	146	2	400.	197	5	400.
995	5	400.	045	2	400.	096	3	400.	147	3	400.	198	3	400.
996	4	400.	046	2	400.	097	2	400.	148	2	400.	199	5	400.
997	5	400.	047	5	400.	098	5	400.	149	4	400.	200	3	400.
998	3	400.	048	4	400.	099	4	400.	150	4	400.	201	4	400.
999	4	400.	049	1	400.	100	2	400.	151	3	400.	202	5	400.
19000	4	400.	050	5	400.	101	5	400.	152	3	400.	203	4	400.
			051	4	400.	102	5	400.	153	5	400.	204	4	400.
19001	4	400.	052	4	400.	103	4	400.	154	5	400.	205	4	400.
002	....	500.	053	3	400.	104	....	600.	155	2	400.	206	5	400.
003	4	400.	054	3	400.	105	4	400.	156	3	400.	207	5	400.
004	4	400.	055	4	400.	106	4	400.	157	2	400.	208	2	400.
005	5	400.	056	5	400.	107	5	400.	158	5	400.	209	4	400.
006	5	400.	057	2	400.	108	4	400.	159	2	400.	210	3	400.
007	5	400.	058	5	400.	109	4	400.	160	3	400.	211	4	400.
008	4	400.	059	4	400.	110	1	400.	161	3	400.	212	2	400.
009	3	400.	060	2	400.	111	5	400.	162	3	400.	213	2	400.
010	4	400.	061	5	400.	112	5	400.	163	2	400.	214	5	400.
011	2	400.	062	2	400.	113	5	400.	164	4	400.	215	5	400.
012	1	400.	063	2	400.	114	5	400.	165	4	400.	216	5	400.
013	2	400.	064	4	400.	115	....	500.	166	5	400.	217	4	400.
014	5	400.	065	4	400.	116	4	400.	167	3	400.	218	1	400.
015	2	400.	066	3	400.	117	4	400.	168	3	400.	219	4	400.
016	5	400.	067	5	400.	118	2	400.	169	4	400.	220	3	400.
017	4	400.	068	4	400.	119	5	400.	170	1	400.	221	5	400.
018	3	400.	069	1	400.	120	3	400.	171	5	400.	222	4	400.
019	3	400.	070	4	400.	121	....	500.	172	....	600.	223	....	1000.
020	5	400.	071	2	400.	122	3	400.	173	5	400.	224	5	400.

Numéros	Époques.	LOTS.	Numéros	Époques.	LOTS.	Numéros	Époques.	LOTS.	Numéros	Époques.	LOTS.	Numéros	Époques.	LOTS.
		liv.			liv.			liv.			liv.			liv.
19225	5	400.	19276	5	400.	19327	4	400.	19378	1	400.	19429	4	400.
226	3	400.	277	5	400.	328	5	400.	379	5	400.	430	3	400.
227	2	400.	278	2	400.	329	3	400.	380	3	400.	431	5	400.
228	4	400.	279	2	400.	330	5	400.	381	4	400.	432	2	400.
229	2	400.	280	4	400.	331	5	400.	382	4	400.	433	5	400.
230	3	400.	281	5	400.	332	5	400.	383	5	400.	434	5	400.
231	4	400.	282	3	400.	333	4	400.	384	4	400.	435	2	400.
232	....	500.	283	3	400.	334	5	400.	385	3	400.	436	5	400.
233	5	400.	284	4	400.	335	3	400.	386	5	400.	437	3	400.
234	5	400.	285	5	400.	336	4	400.	387	5	400.	438	5	400.
235	3	400.	286	2	400.	337	4	400.	388	3	400.	439	5	400.
236	5	400.	287	5	400.	338	2	400.	389	2	400.	440	2	400.
237	4	400.	288	1	400.	339	5	400.	390	4	400.	441	2	400.
238	4	400.	289	3	400.	340	1	400.	391	5	400.	442	4	400.
239	5	400.	290	2	400.	341	2	400.	392	2	400.	443	4	400.
240	2	400.	291	....	5000.	342	5	400.	393	5	400.	444	5	400.
241	3	400.	292	5	400.	343	4	400.	394	5	400.	445	3	400.
242	5	400.	293	5	400.	344	3	400.	395	4	400.	446	5	400.
243	3	400.	294	2	400.	345	4	400.	396	5	400.	447	5	400.
244	4	400.	295	5	400.	346	2	400.	397	5	400.	448	3	400.
245	4	400.	296	2	400.	347	5	400.	398	4	400.	449	5	400.
246	5	400.	297	4	400.	348	5	400.	399	5	400.	450	5	400.
247	4	400.	298	5	400.	349	4	400.	400	4	400.	451	5	400.
248	2	400.	299	1	400.	350	4	400.	401	2	400.	452	3	400.
249	2	400.	300	....	500.	351	4	400.	402	2	400.	453	2	400.
250	....	3000.	301	....	500.	352	4	400.	403	3	400.	454	5	400.
251	3	400.	302	3	400.	353	5	400.	404	4	400.	455	5	400.
252	5	400.	303	5	400.	354	4	400.	405	5	400.	456	3	400.
253	3	400.	304	4	400.	355	4	400.	406	3	400.	457	3	400.
254	1	400.	305	4	400.	356	1	400.	407	5	400.	458	1	400.
255	4	400.	306	4	400.	357	3	400.	408	5	400.	459	2	400.
256	3	400.	307	3	400.	358	4	400.	409	5	400.	460	3	400.
257	4	400.	308	4	400.	359	3	400.	410	5	400.	461	4	400.
258	4	400.	309	2	400.	360	5	400.	411	4	400.	462	4	400.
259	3	400.	310	....	500.	361	3	400.	412	5	400.	463	5	400.
260	4	400.	311	2	400.	362	4	400.	413	5	400.	464	3	400.
261	5	400.	312	5	400.	363	4	400.	414	4	400.	465	5	400.
262	3	400.	313	2	400.	364	5	400.	415	5	400.	466	5	400.
263	5	400.	314	3	400.	365	4	400.	416	4	400.	467	4	400.
264	4	400.	315	5	400.	366	5	400.	417	4	400.	468	5	400.
265	5	400.	316	3	400.	367	5	400.	418	4	400.	469	5	400.
266	5	400.	317	4	400.	368	4	400.	419	5	400.	470	5	400.
267	4	400.	318	2	400.	369	4	400.	420	5	400.	471	1	400.
268	2	400.	319	....	600.	370	3	400.	421	5	400.	472	5	400.
269	3	400.	320	4	400.	371	5	400.	422	5	400.	473	3	400.
270	5	400.	321	4	400.	372	1	400.	423	3	400.	474	5	400.
271	2	400.	322	5	400.	373	5	400.	424	3	400.	475	5	400.
272	5	400.	323	4	400.	374	2	400.	425	5	400.	476	5	400.
273	5	400.	324	5	400.	375	5	400.	426	5	400.	477	4	400.
274	5	400.	325	3	400.	376	3	400.	427	4	400.	478	....	1500.
275	4	400.	326	1	400.	377	3	400.	428	3	400.	479	2	400.

Numéros	Époques.	LOTS.	Numéros	Époques.	LOTS.	Numéros	Époques.	LOTS.	Numéros	Époques.	LOTS.	Numéros	Époques.	LOTS.
		liv.			liv.			liv.			liv.			liv.
19480	3	400.	19531	3	400.	19582	1	400.	19633	4	400.	19684	....	1000.
481	3	400.	532	4	400.	583	....	500.	634	4	400.	685	4	400.
482	4	400.	533	5	400.	584	3	400.	635	5	400.	686	4	400.
483	5	400.	534	5	400.	585	5	400.	636	5	400.	687	3	400.
484	5	400.	535	5	400.	586	5	400.	637	4	400.	688	4	400.
485	5	400.	536	....	500.	587	3	400.	638	5	400.	689	3	400.
486	5	400.	537	4	400.	588	5	400.	639	5	400.	690	2	400.
487	5	400.	538	5	400.	589	3	400.	640	2	400.	691	2	400.
488	5	400.	539	5	400.	590	....	100000.	641	5	400.	692	4	400.
489	5	400.	540	4	400.	591	3	400.	642	4	400.	693	5	400.
490	5	400.	541	2	400.	592	1	400.	643	2	400.	694	4	400.
491	3	400.	542	4	400.	593	2	400.	644	4	400.	695	2	400.
492	5	400.	543	3	400.	594	5	400.	645	2	400.	696	5	400.
493	4	400.	544	1	400.	595	2	400	646	3	400.	697	2	400.
494	5	400.	545	4	400.	596	5	400.	647	3	400.	698	3	400.
495	4	400.	546	2	400.	597	....	500.	648	5	400.	699	4	400.
496	4	400.	547	5	400.	598	3	400.	649	5	400.	700	2	400.
497	5	400.	548	3	400.	599	4	400.	650	5	400.	701	4	400.
498	5	400.	549	5	400.	600	1	400.	651	4	400.	702	4	400.
499	1	400.	550	4	400.	601	5	400.	652	4	400.	703	2	400.
500	4	400.	551	5	400.	602	5	400.	653	5	400.	704	5	400.
501	5	400.	552	5	400.	603	3	400.	654	4	400.	705	5	400.
502	4	400.	553	3	400.	604	3	400.	655	2	400.	706	5	400.
503	5	400.	554	1	400.	605	3	400.	656	2	400.	707	4	400.
504	2	400.	555	4	400.	606	3	400.	657	5	400.	708	1	400.
505	5	400.	556	2	400.	607	5	400.	658	5	400.	709	5	400.
506	4	400.	557	1	400.	608	2	400.	659	3	400.	710	4	400.
507	4	400.	558	4	400.	609	2	400.	660	2	400.	711	5	400.
508	5	400.	559	5	400.	610	5	400.	661	5	400.	712	2	400.
509	5	400.	560	1	400.	611	4	400.	662	5	400.	713	2	400.
510	1	400.	561	4	400.	612	5	400.	663	4	400.	714	4	400.
511	5	400.	562	5	400.	613	4	400.	664	5	400.	715	5	400.
512	3	400.	563	3	400.	614	5	400.	665	5	400.	716	3	400.
513	1	400.	564	2	400.	615	2	400.	666	5	400.	717	4	400.
514	1	400.	565	3	400.	616	2	400.	667	3	400.	718	4	400.
515	4	400.	566	5	400.	617	3	400.	668	1	400.	719	2	400.
516	1	400.	567	5	400.	618	3	400.	669	3	400.	720	3	400.
517	2	400.	568	5	400.	619	4	400.	670	1	400.	721	5	400.
518	4	400.	569	5	400.	620	5	400.	671	4	400.	722	5	400.
519	5	400.	570	2	400.	621	2	400.	672	4	400.	723	4	400.
520	5	400.	571	5	400.	622	5	400.	673	4	400.	724	4	400.
521	3	400.	572	3	400.	623	2	400.	674	5	400.	725	5	400.
522	5	400.	573	5	400.	624	3	400.	675	3	400.	726	4	400.
523	2	400.	574	5	400.	625	5	400.	676	3	400.	727	4	400.
524	5	400.	575	1	400.	626	5	400.	677	5	400.	728	2	400.
525	4	400.	576	5	400.	627	3	400.	678	5	400.	729	5	400.
526	5	400.	577	2	400.	628	5	400.	679	1	400.	730	4	400.
527	5	400.	578	4	400.	629	5	400.	680	5	400.	731	5	400.
528	5	400.	579	5	400.	630	4	400.	681	2	400.	732	4	400.
529	4	400.	580	5	400.	631	3	400.	682	4	400.	733	2	400.
530	4	400.	581	4	400.	632	3	400.	683	5	400.	734	5	400.

Numéros	Époques.	LOTS.	Numéros	Époques.	LOTS.	Numéros	Époques.	LOTS.	Numéros	Époques.	LOTS.	Numéros	Époques.	LOTS.
		liv.			liv.			liv.			liv.			liv.
19735	2	400.	19786	2	400.	19837	4	400.	19888	2	400.	19939	3	400.
736	2	400.	787	4	400.	838	5	400.	889	4	400.	940	4	400.
737	1	400.	788	4	400.	839	3	400.	890	1	400.	941	5	400.
738	3	400.	789	4	400.	840	3	400.	891	4	400.	942	5	400.
739	4	400.	790	4	400.	841	5	400.	892	5	400.	943	5	400.
740	4	400.	791	5	400.	842	4	400.	893	4	400.	944	5	400.
741	5	400.	792	3	400.	843	4	400.	894	2	400.	945	3	400.
742	3	400.	793	5	400.	844	....	600.	895	5	400.	946	4	400.
743	3	400.	794	5	400.	845	5	400.	896	....	500.	947	4	400.
744	4	400.	795	4	400.	846	5	400.	897	5	400.	948	4	400.
745	4	400.	796	3	400.	847	5	400.	898	5	400.	949	5	400.
746	3	400.	797	2	400	848	4	400.	899	5	400.	950	4	400.
747	....	3000.	798	4	400.	849	4	400.	900	1	400.	951	5	400.
748	4	400.	799	4	400.	850	1	400.	901	4	400.	952	4	400.
749	4	400.	800	2	400.	851	5	400.	902	3	400.	953	3	400.
750	5	400.	801	5	400.	852	....	600.	903	2	400.	954	2	400.
751	2	400.	802	5	400.	853	4	400.	904	5	400.	955	3	400.
752	....	600.	803	1	400.	854	5	400.	905	5	400.	956	2	400.
753	1	400.	804	2	400.	855	4	400.	906	4	400.	957	5	400.
754	5	400.	805	3	400.	856	5	400.	907	1	400.	958	2	400.
755	4	400.	806	4	400.	857	4	400.	908	4	400.	959	3	400.
756	4	400.	807	5	400.	858	3	400.	909	5	400.	960	4	400.
757	2	400.	808	3	400.	859	3	400.	910	3	400.	961	4	400.
758	2	400.	809	4	400.	860	4	400.	911	5	400.	962	4	400.
759	5	400.	810	3	400.	861	5	400.	912	5	400.	963	5	400.
760	4	400.	811	4	400.	862	5	400.	913	5	400.	964	4	400.
761	4	400.	812	4	400.	863	3	400.	914	5	400.	965	5	400.
762	5	400.	813	5	400.	864	2	400.	915	4	400.	966	4	400.
763	5	400.	814	5	400.	865	5	400.	916	5	400.	967	4	400.
764	5	400.	815	1	400.	866	4	400.	917	5	400.	968	5	400.
765	2	400.	816	3	400.	867	2	400.	918	2	400.	969	4	400.
766	4	400.	817	3	400.	868	5	400.	919	4	400.	970	2	400.
767	5	400.	818	3	400.	869	3	400.	920	5	400.	971	2	400.
768	5	400.	819	2	400.	870	4	400.	921	4	400.	972	3	400.
769	3	400.	820	1	400.	871	2	400.	922	4	400.	973	5	400.
770	4	400.	821	1	400.	872	4	400.	923	3	400.	974	4	400.
771	1	400.	822	3	400.	873	5	400.	924	5	400.	975	4	400.
772	3	400.	823	5	400.	874	5	400.	925	2	400.	976	5	400.
773	5	400.	824	4	400.	875	5	400.	926	4	400.	977	2	400.
774	5	400.	825	4	400.	876	5	400.	927	4	400.	978	3	400.
775	3	400.	826	3	400.	877	3	400.	928	4	400.	979	1	400.
776	2	400.	827	3	400.	878	3	400.	929	4	400.	980	4	400.
777	5	400.	828	4	400.	879	5	400.	930	5	400.	981	3	400.
778	5	400.	829	4	400.	880	5	400.	931	2	400.	982	1	400
779	2	400.	830	4	400.	881	1	400.	932	4	400.	983	4	400.
780	4	400.	831	5	400.	882	4	400.	933	....	600.	984	2	400.
781	5	400.	832	1	400.	883	5	400.	934	5	400.	985	5	400.
782	5	400.	833	2	400.	884	5	400.	935	2	400.	986	2	400.
783	1	400.	834	5	400.	885	1	400.	936	4	400.	987	4	400.
784	5	400.	835	5	400.	886	4	400.	937	3	400.	988	3	400.
785	1	400.	836	3	400.	887	2	400.	938	5	400.	989	3	400.

Numéros	Époques.	LOTS.	Numéros	Époques.	LOTS.	Numéros	Époques.	LOTS.	Numéros	Époques.	LOTS.	Numéros	Époques.	LOTS.
		liv.			liv.			liv.			liv.			liv.
19990	1	400.	20040	3	400.	20091	4	400.	20142	4	400.	20193	2	400.
991	4	400.	041	....	500.	092	2	400.	143	4	400.	194	5	400.
992	5	400.	042	4	400.	093	5	400.	144	....	1000.	195	5	400.
993	2	400.	043	3	400.	094	3	400.	145	4	400.	196	3	400.
994	4	400.	044	3	400.	095	3	400.	146	4	400.	197	5	400.
995	5	400.	045	3	400.	096	4	400.	147	5	400.	198	....	500.
996	3	400.	046	2	400.	097	4	400.	148	5	400.	199	5	400.
997	4	400.	047	1	400.	098	4	400.	149	2	400.	200	5	400.
998	5	400.	048	5	400.	099	2	400.	150	5	400.	201	1	400.
999	4	400.	049	4	400.	100	4	400.	151	2	400.	202	4	400.
20000	4	400.	050	3	400.	101	4	400.	152	5	400.	203	....	500.
			051	4	400.	102	3	400.	153	5	400.	204	5	400.
20001	5	400.	052	2	400.	103	....	500.	154	4	400.	205	2	400.
002	....	600.	053	4	400.	104	5	400	155	4	400.	206	5	400.
003	1	400.	054	1	400.	105	3	400.	156	4	400.	207	....	600.
004	5	400.	055	5	400.	106	5	400.	157	4	400.	208	5	400.
005	4	400.	056	....	600.	107	4	400.	158	4	400.	209	2	400.
006	5	400.	057	5	400.	108	5	400.	159	5	400.	210	5	400.
007	....	500.	058	5	400.	109	4	400.	160	3	400.	211	3	400.
008	2	400.	059	4	400.	110	2	400.	161	5	400.	212	4	400.
009	5	400.	060	3	400.	111	2	400.	162	5	400.	213	3	400.
010	5	400.	061	3	400.	112	4	400.	163	5	400.	214	2	400.
011	5	400.	062	4	400.	113	5	400.	164	4	400.	215	5	400.
012	5	400.	063	5	400.	114	5	400.	165	5	400.	216	5	400.
013	4	400.	064	4	400.	115	4	400.	166	5	400.	217	4	400.
014	4	400.	065	2	400.	116	3	400.	167	....	500.	218	4	400.
015	5	400.	066	3	400.	117	3	400.	168	5	400.	219	4	400.
016	3	400.	067	2	400.	118	4	400.	169	1	400.	220	4	400.
017	1	400.	068	5	400.	119	2	400.	170	4	400.	221	5	400.
018	5	400.	069	3	400.	120	2	400.	171	3	400.	222	4	400.
019	2	400.	070	1	400.	121	2	400.	172	4	400.	223	5	400.
020	4	400.	071	3	400.	122	1	400.	173	5	400.	224	2	400.
021	2	400.	072	4	400.	123	3	400.	174	5	400.	225	5	400.
022	3	400.	073	3	400.	124	5	400.	175	5	400.	226	5	400.
023	1	400.	074	1	400.	125	1	400.	176	4	400.	227	5	400.
024	1	400.	075	4	400.	126	3	400.	177	2	400.	228	4	400.
025	3	400.	076	5	400.	127	5	400.	178	5	400.	229	5	400.
026	3	400.	077	3	400.	128	5	400.	179	3	400.	230	4	400.
027	2	400.	078	2	400.	129	2	400.	180	3	400.	231	4	400.
028	1	400.	079	....	500.	130	4	400.	181	2	400.	232	3	400.
029	3	400.	080	2	400.	131	4	400.	182	2	400.	233	1	400.
030	5	400.	081	3	400.	132	4	400.	183	2	400.	234	5	400.
031	5	400.	082	2	400.	133	2	400.	184	5	400.	235	5	400.
032	1	400.	083	5	400.	134	3	400.	185	5	400.	236	4	400.
033	2	400.	084	5	400.	135	5	400.	186	5	400.	237	1	400.
034	5	400.	085	3	400.	136	3	400.	187	5	400.	238	5	400.
035	4	400.	086	4	400.	137	3	400.	188	4	400.	239	3	400.
036	3	400.	087	5	400.	138	5	400.	189	3	400.	240	5	400.
037	4	400.	088	5	400.	139	4	400.	190	2	400.	241	4	400.
038	1	400.	089	5	400.	140	2	400.	191	3	400.	242	2	400.
039	5	400.	090	4	400.	141	5	400.	192	5	400.	243	5	400.

Numéros	Époques.	LOTS.	Numéros	Époques.	LOTS.	Numéros	Époques.	LOTS.	Numéros	Époques.	LOTS.	Numéros	Époques.	LOTS.
		liv.			liv.			liv.			liv.			liv.
20244	1	400.	20295	1	400.	20346	5	400.	20397	3	400.	20448	5	400.
245	3	400.	296	5	400.	347	4	400.	398	4	400.	449	1	400.
246	4	400.	297	4	400.	348	....	500.	399	1	400.	450	5	400.
247	5	400.	298	4	400.	349	5	400.	400	5	400.	451	2	400.
248	4	400.	299	2	400.	350	5	400.	401	4	400.	452	3	400.
249	3	400.	300	4	400.	351	3	400.	402	3	400.	453	5	400.
250	3	400.	301	5	400.	352	5	400.	403	5	400.	454	5	400.
251	5	400.	302	3	400.	353	5	400.	404	3	400.	455	4	400.
252	3	400.	303	....	500.	354	3	400.	405	5	400.	456	5	400.
253	4	400.	304	5	400.	355	5	400.	406	5	400.	457	5	400.
254	4	400.	305	2	400.	356	4	400.	407	1	400.	458	4	400.
255	3	400.	306	5	400.	357	3	400.	408	2	400.	459	5	400.
256	....	600.	307	2	400.	358	3	400.	409	3	400.	460	5	400.
257	4	400.	308	4	400.	359	4	400.	410	4	400.	461	1	400.
258	1	400.	309	1	400.	360	2	400.	411	2	400.	462	3	400.
259	2	400.	310	2	400.	361	2	400.	412	4	400.	463	4	400.
260	5	400.	311	5	400.	362	5	400.	413	5	400.	464	5	400.
261	4	400.	312	4	400.	363	4	400.	414	2	400.	465	3	400.
262	3	400.	313	4	400.	364	3	400.	415	4	400.	466	4	400.
263	5	400.	314	3	400.	365	5	400.	416	5	400.	467	4	400.
264	5	400.	315	4	400.	366	1	400.	417	....	600.	468	3	400.
265	1	400.	316	1	400.	367	2	400.	418	5	400.	469	3	400.
266	5	400.	317	4	400.	368	5	400.	419	1	400.	470	5	400.
267	3	400.	318	4	400.	369	4	400.	420	4	400.	471	5	400.
268	1	400.	319	5	400.	370	5	400.	421	2	400.	472	2	400.
269	1	400.	320	5	400.	371	3	400.	422	3	400.	473	4	400.
270	4	400.	321	5	400.	372	4	400.	423	2	400.	474	....	15000.
271	5	400.	322	3	400.	373	1	400.	424	5	400.	475	1	400.
272	5	400.	323	1	400.	374	4	400.	425	4	400.	476	1	400.
273	5	400.	324	5	400.	375	2	400.	426	5	400.	477	3	400.
274	2	400.	325	4	400.	376	1	400.	427	5	400.	478	1	400.
275	4	400.	326	2	400.	377	5	400.	428	1	400.	479	2	400.
276	4	400.	327	4	400.	378	3	400.	429	4	400.	480	5	400.
277	1	400.	328	2	400.	379	5	400.	430	5	400.	481	2	400.
278	2	400.	329	2	400.	380	3	400.	431	....	500.	482	5	400.
279	3	400.	330	....	500.	381	2	400.	432	1	400.	483	1	400.
280	5	400.	331	3	400.	382	4	400.	433	3	400.	484	4	400.
281	2	400.	332	4	400.	383	....	500.	434	4	400.	485	5	400.
282	4	400.	333	3	400.	384	4	400.	435	4	400.	486	1	400.
283	5	400.	334	4	400.	385	2	400.	436	5	400.	487	4	400.
284	5	400.	335	5	400.	386	5	400.	437	4	400.	488	3	400.
285	4	400.	336	4	400.	387	3	400.	438	5	400.	489	2	400.
286	4	400.	337	3	400.	388	4	400.	439	3	400.	490	4	400.
287	4	400.	338	4	400.	389	5	400.	440	5	400.	491	2	400.
288	4	400.	339	5	400.	390	4	400.	441	4	400.	492	3	400.
289	2	400.	340	5	400.	391	5	400.	442	4	400.	493	4	400.
290	5	400.	341	5	400.	392	1	400.	443	5	400.	494	4	400.
291	5	400.	342	5	400.	393	....	500.	444	4	400.	495	1	400.
292	4	400.	343	4	400.	394	....	500.	445	5	400.	496	4	400.
293	4	400.	344	5	400.	395	3	400.	446	1	400.	497	5	400.
294	4	400.	345	4	400.	396	5	400.	447	1	400.	498	1	400.

Numéros	Époques.	LOTS.	Numéros	Époques.	LOTS.	Numéros	Époques.	LOTS.	Numéros	Époques.	LOTS.	Numéros	Époques.	LOTS.
		liv.			liv.			liv.			liv.			liv.
20499	3	400.	20550	4	400.	20601	4	400.	20652	3	400.	20703	5	400.
500	5	400.	551	5	400.	602	3	400.	653	5	400.	704	4	400.
501	5	400.	552	1	400.	603	3	400.	654	4	400.	705	2	400.
502	5	400.	553	4	400.	604	2	400.	655	2	400.	706	3	400.
503	5	400.	554	2	400.	605	....	600.	656	5	400.	707	5	400.
504	5	400.	555	5	400.	606	3	400.	657	2	400.	708	4	400.
505	4	400.	556	5	400.	607	3	400.	658	5	400.	709	4	400.
506	5	400.	557	4	400.	608	5	400.	659	4	400.	710	5	400.
507	2	400.	558	4	400.	609	3	400.	660	3	400.	711	4	400.
508	5	400.	559	2	400.	610	4	400.	661	4	400.	712	1	400.
509	3	400.	560	5	400.	611	1	400.	662	4	400.	713	3	400.
510	3	400.	561	4	400.	612	1	400.	663	4	400.	714	5	400.
511	4	400.	562	5	400.	613	3	400.	664	2	400.	715	3	400.
512	3	400.	563	5	400.	614	5	400.	665	....	500.	716	1	400.
513	5	400.	564	2	400.	615	5	400.	666	4	400.	717	2	400.
514	3	400.	565	4	400.	616	5	400.	667	3	400.	718	2	400.
515	5	400.	566	5	400.	617	5	400.	668	4	400.	719	5	400.
516	4	400.	567	5	400.	618	4	400.	669	....	500.	720	4	400.
517	4	400.	568	4	400.	619	1	400.	670	2	400.	721	4	400.
518	5	400.	569	....	600.	620	3	400.	671	2	400.	722	4	400.
519	1	400.	570	2	400.	621	4	400.	672	3	400.	723	2	400.
520	5	400.	571	3	400.	622	2	400.	673	5	400.	724	4	400.
521	4	400.	572	4	400.	623	5	400.	674	4	400.	725	3	400.
522	4	400.	573	5	400.	624	4	400.	675	1	400.	726	4	400.
523	....	1000.	574	3	400.	625	2	400.	676	4	400.	727	5	400.
524	2	400.	575	3	400.	626	5	400.	677	5	400.	728	2	400.
525	5	400.	576	2	400.	627	2	400.	678	....	500.	729	2	400.
526	3	400.	577	3	400.	628	3	400.	679	5	400.	730	3	400.
527	4	400.	578	2	400.	629	4	400.	680	5	400.	731	5	400.
528	1	400.	579	3	400.	630	4	400.	681	2	400.	732	4	400.
529	2	400.	580	4	400.	631	4	400.	682	5	400.	733	5	400.
530	4	400.	581	5	400.	632	2	400.	683	5	400.	734	5	400.
531	1	400.	582	5	400.	633	4	400.	684	4	400.	735	4	400.
532	3	400.	583	5	400.	634	5	400.	685	5	400.	736	4	400.
533	5	400.	584	2	400.	635	4	400.	686	5	400.	737	2	400.
534	4	400.	585	2	400.	636	1	400.	687	3	400.	738	3	400.
535	5	400.	586	5	400.	637	5	400.	688	3	400.	739	1	400.
536	5	400.	587	2	400.	638	3	400.	689	5	400.	740	....	500.
537	2	400.	588	....	500.	639	5	400.	690	4	400.	741	4	400.
538	4	400.	589	3	400.	640	4	400.	691	4	400.	742	3	400.
539	....	600.	590	1	400.	641	5	400.	692	5	400.	743	5	400.
540	3	400.	591	4	400.	642	5	400.	693	3	400.	744	5	400.
541	4	400.	592	4	400.	643	4	400.	694	5	400.	745	4	400.
542	1	400.	593	5	400.	644	3	400.	695	5	400.	746	3	400.
543	4	400.	594	4	400.	645	5	400.	696	3	400.	747	4	400.
544	2	400.	595	4	400.	646	4	400.	697	3	400.	748	3	400.
545	2	400.	596	3	400.	647	5	400.	698	....	600.	749	4	400.
546	3	400.	597	4	400.	648	5	400.	699	5	400.	750	4	400.
547	5	400.	598	5	400.	649	1	400.	700	4	400.	751	5	400.
548	5	400.	599	5	400.	650	5	400.	701	3	400.	752	4	400.
549	5	400.	600	4	400.	651	5	400.	702	3	400.	753	1	400.

Numéros	Époques.	LOTS.	Numéros	Époques.	LOTS.	Numéros	Époques.	LOTS.	Numéros	Époques.	LOTS.	Numéros	Époques.	LOTS.
		liv.			liv.			liv.			liv.			liv.
20754	2	400.	20805	1	400.	20856	5	400.	20907	3	400.	20958	5	400.
755	5	400.	806	2	400.	857	5	400.	908	5	400.	959	1	400.
756	4	400.	807	3	400.	858	2	400.	909	5	400.	960	5	400.
757	4	400.	808	3	400.	859	3	400.	910	2	400.	961	4	400.
758	4	400.	809	2	400.	860	5	400.	911	5	400.	962	4	400.
759	5	400.	810	4	400.	861	5	400.	912	4	400.	963	4	400.
760	5	400.	811	5	400.	862	5	400.	913	4	400.	964	3	400.
761	3	400.	812	5	400.	863	4	400.	914	2	400.	965	3	400.
762	3	400.	813	5	400.	864	2	400.	915	1	400.	966	4	400.
763	3	400.	814	1	400.	865	2	400.	916	2	400.	967	5	400.
764	5	400.	815	1	400.	866	1	400.	917	2	400.	968	3	400.
765	3	400.	816	1	400.	867	5	400.	918	4	400.	969	5	400.
766	5	400.	817	4	400.	868	3	400.	919	4	400.	970	4	400.
767	5	400.	818	4	400.	869	5	400.	920	3	400.	971	5	400.
768	3	400.	819	4	400.	870	5	400.	921	4	400.	972	4	400.
769	4	400.	820	5	400.	871	2	400.	922	4	400.	973	4	400.
770	4	400.	821	3	400.	872	4	400.	923	3	400.	974	5	400.
771	3	400.	822	2	400.	873	2	400.	924	4	400.	975	3	400.
772	3	400.	823	1	400.	874	1	400.	925	1	400.	976	....	500.
773	4	400.	824	4	400.	875	4	400.	926	4	400.	977	4	400.
774	5	400.	825	4	400.	876	5	400.	927	4	400.	978	3	400.
775	5	400.	826	5	400.	877	5	400.	928	4	400.	979	5	400.
776	3	400.	827	4	400.	878	1	400.	929	1	400.	980	4	400.
777	5	400.	828	5	400.	879	3	400.	930	3	400.	981	3	400.
778	4	400.	829	2	400.	880	4	400.	931	1	400.	982	3	400.
779	1	400.	830	2	400.	881	4	400.	932	4	400.	983	2	400.
780	2	400.	831	1	400.	882	3	400.	933	5	400.	984	2	400.
781	5	400.	832	....	600.	883	4	400.	934	5	400.	985	5	400.
782	3	400.	833	3	400.	884	3	400.	935	5	400.	986	5	400.
783	2	400.	834	5	400.	885	1	400.	936	....	500.	987	2	400.
784	3	400.	835	1	400.	886	4	400.	937	4	400.	988	5	400.
785	5	400.	836	4	400.	887	4	400.	938	2	400.	989	2	400.
786	4	400.	837	2	400.	888	5	400.	939	2	400.	990	4	400.
787	4	400.	838	5	400.	889	3	400.	940	3	400.	991	4	400.
788	3	400.	839	1	400.	890	3	400.	941	3	400.	992	2	400.
789	5	400.	840	3	400.	891	4	400.	942	4	400.	993	5	400.
790	4	400.	841	4	400.	892	4	400.	943	4	400.	994	2	400.
791	3	400.	842	4	400.	893	5	400.	944	5	400.	995	4	400.
792	4	400.	843	5	400.	894	2	400.	945	3	400.	996	5	400.
793	2	400.	844	5	400.	895	1	400.	946	4	400.	997	....	600.
794	4	400.	845	1	400.	896	3	400.	947	5	400.	998	5	400.
795	2	400.	846	3	400.	897	3	400.	948	5	400.	999	4	400.
796	2	400.	847	3	400.	898	5	400.	949	2	400.	21000	4	400.
797	4	400.	848	2	400.	899	5	400.	950	5	400.			
798	5	400.	849	5	400.	900	2	400.	951	1	400.	21001	4	400.
799	5	400.	850	4	400.	901	3	400.	952	3	400.	002	5	400.
800	3	400.	851	2	400.	902	4	400.	953	3	400.	003	2	400.
801	3	400.	852	5	400.	903	5	400.	954	....	600.	004	1	400.
802	3	400.	853	2	400.	904	4	400.	955	5	400.	005	2	400.
803	5	400.	854	5	400.	905	5	400.	956	4	400.	006	4	400.
804	5	400.	855	5	400.	906	5	400.	957	3	400.	007	5	400.

Numéros	Époques.	LOTS.	Numéros	Époques.	LOTS.	Numéros	Époques.	LOTS.	Numéros	Époques.	LOTS.	Numéros	Époques.	LOTS.
		liv.			liv.			liv.			liv.			liv.
21008	3	400.	21059	3	400.	21110	4	400.	21161	3	400.	21212	5	400.
009	4	400.	060	4	400.	111	1	400.	162	1	400.	213	5	400.
010	1	400.	061	5	400.	112	5	400.	163	5	400.	214	4	400.
011	4	400.	062	5	400.	113	5	400.	164	4	400.	215	1	400.
012	5	400.	063	5	400.	114	4	400.	165	2	400.	216	4	400.
013	4	400.	064	4	400.	115	3	400.	166	3	400.	217	4	400.
014	5	400.	065	1	400.	116	3	400.	167	5	400.	218	5	400.
015	4	400.	066	5	400.	117	3	400.	168	3	400.	219	3	400.
016	4	400.	067	....	500.	118	4	400.	169	....	500.	220	4	400.
017	5	400.	068	5	400.	119	4	400.	170	4	400.	221	5	400.
018	5	400.	069	....	500.	120	5	400.	171	3	400.	222	5	400.
019	5	400.	070	5	400.	121	5	400.	172	5	400.	223	4	400.
020	2	400.	071	5	400.	122	5	400.	173	5	400.	224	....	500.
021	1	400.	072	2	400.	123	3	400.	174	5	400.	225	5	400.
022	4	400.	073	4	400.	124	2	400.	175	5	400.	226	4	400.
023	....	500.	074	3	400.	125	5	400.	176	5	400.	227	3	400.
024	4	400.	075	3	400.	126	4	400.	177	5	400.	228	1	400.
025	5	400.	076	3	400.	127	5	400.	178	3	400.	229	3	400.
026	5	400.	077	5	400.	128	5	400.	179	4	400.	230	4	400.
027	5	400.	078	3	400.	129	1	400.	180	5	400.	231	5	400.
028	3	400.	079	....	500.	130	4	400.	181	1	400.	232	4	400.
029	1	400.	080	2	400.	131	1	400.	182	4	400.	233	3	400.
030	5	400.	081	4	400.	132	2	400.	183	2	400.	234	4	400.
031	3	400.	082	4	400.	133	2	400.	184	4	400.	235	4	400.
032	4	400.	083	5	400.	134	5	400.	185	4	400.	236	4	400.
033	2	400.	084	3	400.	135	3	400.	186	3	400.	237	4	400.
034	2	400.	085	4	400.	136	2	400.	187	4	400.	238	....	600.
035	2	400.	086	2	400.	137	3	400.	188	4	400.	239	5	400.
036	4	400.	087	5	400.	138	5	400.	189	5	400.	240	3	400.
037	5	400.	088	3	400.	139	4	400.	190	4	400.	241	3	400.
038	4	400.	089	4	400.	140	5	400.	191	2	400.	242	5	400.
039	5	400.	090	5	400.	141	4	400.	192	5	400.	243	3	400.
040	1	400.	091	2	400.	142	4	400.	193	4	400.	244	2	400.
041	5	400.	092	4	400.	143	2	400.	194	5	400.	245	3	400.
042	5	400.	093	5	400.	144	4	400.	195	3	400.	246	4	400.
043	3	400.	094	1	400.	145	3	400.	196	4	400.	247	4	400.
044	5	400.	095	4	400.	146	4	400.	197	5	400.	248	4	400.
045	2	400.	096	2	400.	147	4	400.	198	1	400.	249	3	400.
046	5	400.	097	2	400.	148	5	400.	199	5	400.	21250	....	200000.
047	5	400.	098	2	400.	149	5	400.	200	2	400.	251	2	400.
048	3	400.	099	5	400.	150	4	400.	201	4	400.	252	2	400.
049	4	400.	100	3	400.	151	5	400.	202	5	400.	253	3	400.
050	5	400.	101	2	400.	152	5	400.	203	1	400.	254	2	400.
051	4	400.	102	3	400.	153	2	400.	204	3	400.	255	1	400.
052	4	400.	103	5	400.	154	5	400.	205	4	400.	256	5	400.
053	3	400.	104	5	400.	155	4	400.	206	5	400.	257	5	400.
054	5	400.	105	2	400.	156	1	400.	207	3	400.	258	5	400.
055	4	400.	106	3	400.	157	5	400.	208	5	400.	259	4	400.
056	3	400.	107	5	400.	158	2	400.	209	5	400.	260	5	400.
057	3	400.	108	5	400.	159	5	400.	210	1	400.	261	5	400.
058	5	400.	109	5	400.	160	4	400.	211	4	400.	262	5	400.

Numéros	Époques.	LOTS.	Numéros	Époques.	LOTS.	Numéros	Époques.	LOTS.	Numéros	Époques.	LOTS.	Numéros	Époques.	LOTS.
		liv.			liv.			liv.			liv.			liv.
21263	5	400.	21314	5	400.	21365	4	400.	21416	4	400.	21467	5	400.
264	4	400.	315	3	400.	366	4	400.	417	2	400.	468	5	400.
265	4	400.	316	1	400.	367	1	400.	418	2	400.	469	4	400.
266	1	400.	317	5	400.	368	3	400.	419	3	400.	470	5	400.
267	4	400.	318	5	400.	369	2	400.	420	4	400.	471	5	400.
268	5	400.	319	2	400.	370	4	400.	421	1	400.	472	....	500.
269	4	400.	320	3	400.	371	2	400.	422	5	400.	473	4	400.
270	....	500.	321	3	400.	372	5	400.	423	....	500.	474	5	400.
271	5	400.	322	4	400.	373	5	400.	424	5	400.	475	2	400.
272	5	400.	323	3	400.	374	5	400.	425	2	400.	476	3	400.
273	3	400.	324	3	400.	375	4	400.	426	3	400.	477	....	500.
274	5	400.	325	4	400.	376	1	400.	427	5	400.	478	4	400.
275	5	400.	326	5	400.	377	4	400.	428	1	400.	479	4	400.
276	4	400.	327	3	400.	378	4	400.	429	4	400.	480	3	400.
277	5	400.	328	3	400.	379	5	400.	430	4	400.	481	5	400.
278	5	400.	329	4	400.	380	4	400.	431	4	400.	482	5	400.
279	....	500.	330	5	400.	381	3	400.	432	5	400.	483	3	400.
280	5	400.	331	2	400.	382	4	400.	433	3	400.	484	4	400.
281	4	400.	332	4	400.	383	5	400.	434	1	400.	485	3	400.
282	2	400.	333	1	400.	384	5	400.	435	4	400.	486	5	400.
283	3	400.	334	3	400.	385	2	400.	436	3	400.	487	4	400.
284	4	400.	335	4	400.	386	2	400.	437	4	400.	488	1	400.
285	3	400.	336	4	400.	387	4	400.	438	3	400.	489	5	400.
286	3	400.	337	5	400.	388	3	400.	439	5	400.	490	5	400.
287	3	400.	338	5	400.	389	2	400.	440	3	400.	491	5	400.
288	4	400.	339	2	400.	390	3	400.	441	5	400.	492	5	400.
289	4	400.	340	5	400.	391	4	400.	442	3	400.	493	5	400.
290	2	400.	341	3	400.	392	5	400.	443	2	400.	494	3	400.
291	5	400.	342	4	400.	393	5	400.	444	5	400.	495	1	400.
292	4	400.	343	2	400.	394	3	400.	445	4	400.	496	5	400.
293	4	400.	344	5	400.	395	5	400.	446	5	400.	497	4	400.
294	3	400.	345	5	400.	396	5	400.	447	....	500.	498	2	400.
295	3	400.	346	....	600.	397	4	400.	448	5	400.	499	3	400.
296	5	400.	347	3	400.	398	5	400.	449	5	400.	500	3	400.
297	4	400.	348	4	400.	399	3	400.	450	5	400.	501	3	400.
298	5	400.	349	2	400.	400	3	400.	451	5	400.	502	....	500.
299	1	400.	350	5	400.	401	1	400.	452	4	400.	503	1	400.
300	5	400.	351	1	400.	402	5	400.	453	4	400.	504	4	400.
301	4	400.	352	2	400.	403	5	400.	454	4	400.	505	3	400.
302	4	400.	353	5	400.	404	5	400.	455	4	400.	506	4	400.
303	5	400.	354	4	400.	405	2	400.	456	2	400.	507	....	500.
304	5	400.	355	2	400.	406	5	400.	457	4	400.	508	5	400.
305	4	400.	356	5	400.	407	5	400.	458	3	400.	509	5	400.
306	2	400.	357	4	400.	408	3	400.	459	5	400.	510	3	400.
307	5	400.	358	3	400.	409	4	400.	460	2	400.	511	4	400.
308	4	400.	359	5	400.	410	5	400.	461	4	400.	512	5	400.
309	5	400.	360	4	400.	411	....	3000.	462	4	400.	513	2	400.
310	4	400.	361	2	400.	412	4	400.	463	5	400.	514	5	400.
311	2	400.	362	....	10000.	413	1	400.	464	2	400.	515	5	400.
312	5	400.	363	3	400.	414	5	400,	465	4	400.	516	5	400.
313	1	400.	364	2	400.	415	2	400.	466	4	400.	517	5	400.

Numéros	Époques.	LOTS.	Numéros	Époques.	LOTS.	Numéros	Époques.	LOTS.	Numéros	Époques.	LOTS.	Numéros	Époques.	LOTS.
		liv.			liv.			liv.			liv.			liv.
21518	3	400.	21569	4	400.	21620	3	400.	21671	....	500.	21722	4	400.
519	5	400.	570	5	400.	621	....	30000.	672	5	400.	723	1	400.
520	3	400.	571	4	400.	622	5	400.	673	2	400.	724	3	400.
521	4	400.	572	3	400.	623	4	400.	674	4	400.	725	5	400.
522	4	400.	573	1	400.	624	5	400.	675	5	400.	726	5	400.
523	4	400.	574	2	400.	625	5	400.	676	2	400.	727	4	400.
524	4	400.	575	....	500.	626	4	400.	677	5	400.	728	4	400.
525	4	400.	576	4	400.	627	5	400.	678	5	400.	729	3	400.
526	3	400.	577	4	400.	628	4	400.	679	4	400.	730	4	400.
527	5	400.	578	5	400.	629	5	400.	680	3	400.	731	2	400.
528	2	400.	579	5	400.	630	4	400.	681	3	400.	732	3	400.
529	5	400.	580	5	400.	631	4	400.	682	3	400.	733	5	400.
530	5	400.	581	4	400.	632	5	400.	683	5	400.	734	5	400.
531	2	400.	582	....	500.	633	1	400.	684	5	400.	735	4	400.
532	5	400.	583	2	400.	634	2	400.	685	4	400.	736	3	400.
533	4	400.	584	4	400.	635	4	400.	686	1	400.	737	4	400.
534	5	400.	585	5	400.	636	5	400.	687	3	400.	738	1	400.
535	4	400.	586	5	400.	637	5	400.	688	3	400.	739	4	400.
536	5	400.	587	2	400.	638	5	400.	689	....	600.	740	5	400.
537	5	400.	588	5	400.	639	3	400.	690	2	400.	741	3	400.
538	5	400.	589	4	400.	640	2	400.	691	4	400.	742	4	400.
539	2	400.	590	2	400.	641	3	400.	692	4	400.	743	5	400.
540	1	400.	591	4	400.	642	5	400.	693	5	400.	744	5	400.
541	4	400.	592	4	400.	643	3	400.	694	5	400.	745	4	400.
542	2	400.	593	4	400.	644	3	400.	695	4	400.	746	4	400.
543	4	400.	594	5	400.	645	4	400.	696	4	400.	747	1	400.
544	4	400.	595	3	400.	646	2	400.	697	2	400.	748	4	400.
545	4	400.	596	3	400.	647	4	400.	698	5	400.	749	5	400.
546	3	400.	597	4	400.	648	5	400.	699	4	400.	750	2	400.
547	5	400.	598	3	400.	649	5	400.	700	1	400.	751	4	400.
548	1	400.	599	5	400.	650	3	400.	701	3	400.	752	3	400.
549	5	400.	600	5	400.	651	5	400.	702	2	400.	753	5	400.
550	2	400.	601	2	400.	652	5	400.	703	5	400.	754	3	400.
551	4	400.	602	2	400.	653	3	400.	704	4	400.	755	3	400.
552	4	400.	603	4	400.	654	3	400.	705	3	400.	756	3	400.
553	2	400.	604	2	400.	655	2	400.	706	4	400.	757	2	400.
554	4	400.	605	1	400.	656	2	400.	707	4	400.	758	4	400.
555	5	400.	606	4	400.	657	3	400.	708	5	400.	759	5	400.
556	4	400.	607	5	400.	658	2	400.	709	4	400.	760	5	400.
557	3	400.	608	4	400.	659	5	400.	710	5	400.	761	3	400.
558	5	400.	609	4	400.	660	5	400.	711	3	400.	762	5	400.
559	1	400.	610	5	400.	661	3	400.	712	1	400.	763	3	400.
560	5	400.	611	5	400.	662	5	400.	713	3	400.	764	4	400.
561	2	400.	612	5	400.	663	3	400.	714	4	400.	765	5	400.
562	4	490.	613	2	400.	664	4	400.	715	1	400.	766	5	400.
563	4	400.	614	5	400.	665	5	400.	716	4	400.	767	2	400.
564	4	400.	615	....	600.	666	3	400.	717	4	400.	768	2	400.
565	3	400.	616	5	400.	667	5	400.	718	4	400.	769	2	400.
566	4	400.	617	2	400.	668	2	400.	719	3	400.	770	5	400.
567	5	400.	618	5	400.	669	5	400.	720	5	400.	771	4	400.
568	5	400.	619	5	400.	670	2	400.	721	5	400.	772	3	400.

Numéros	Époques.	LOTS.	Numéros	Époques.	LOTS.	Numéros	Époques.	LOTS.	Numéros	Époques.	LOTS.	Numéros	Époques.	LOTS.
		liv.			liv.			liv.			liv.			liv.
21773	2	400.	21824	4	400.	21875	4	400.	21926	4	400.	21977	3	400.
774	4	400.	825	2	400.	876	2	400.	927	5	400.	978	2	400.
775	5	400.	826	4	400.	877	3	400.	928	4	400.	979	1	400.
776	5	400.	827	5	400.	878	2	400.	929	1	400.	980	4	400.
777	4	400.	828	4	400.	879	5	400.	930	4	400.	981	4	400.
778	2	400.	829	5	400.	880	3	400.	931	1	400.	982	4	400.
779	5	400.	830	2	400.	881	....	600.	932	5	400.	983	5	400.
780	2	400.	831	2	400.	882	3	400.	933	4	400.	984	4	400.
781	4	400.	832	5	400.	883	5	400.	934	2	400.	985	4	400.
782	3	400.	833	3	400.	884	2	400.	935	4	400.	986	1	400.
783	3	400.	834	5	400.	885	4	400.	936	2	400.	987	5	400.
784	4	400.	835	2	400.	886	3	400.	937	4	400.	988	5	400.
785	5	400.	836	5	400.	887	5	400.	938	....	500.	989	4	400.
786	1	400.	837	5	400.	888	2	400.	939	4	400.	990	5	400.
787	3	400.	838	3	400.	889	4	400.	940	4	400.	991	5	400.
788	2	400.	839	3	400.	890	5	400.	941	4	400.	992	3	400.
789	5	400.	840	2	400.	891	5	400.	942	4	400.	993	4	400.
790	5	400.	841	5	400.	892	3	400.	943	....	600.	994	5	400.
791	5	400.	842	3	400.	893	5	400.	944	3	400.	995	5	400.
792	5	400.	843	3	400.	894	5	400.	945	4	400.	996	1	400.
793	4	400.	844	4	400.	895	5	400.	946	1	400.	997	2	400.
794	5	400.	845	2	400.	896	4	400.	947	4	400.	998	5	400.
795	5	400.	846	4	400.	897	3	400.	948	4	400.	999	3	400.
796	3	400.	847	5	400.	898	4	400.	949	1	400.	22000	2	400.
797	1	400.	848	2	400.	899	4	400.	950	3	400.			
798	4	400.	849	4	400.	900	5	400.	951	4	400.	22001	5	400.
799	3	400.	850	5	400.	901	5	400.	952	2	400.	002	4	400.
800	2	400.	851	5	400.	902	4	400.	953	2	400.	003	2	400.
801	3	400.	852	4	400.	903	5	400.	954	5	400.	004	3	400.
802	4	400.	853	5	400.	904	5	400.	955	5	400.	005	3	400.
803	2	400.	854	4	400.	905	3	400.	956	5	400.	006	2	400.
804	5	400.	855	5	400.	906	5	400.	957	2	400.	007	5	400.
805	2	400.	856	5	400.	907	2	400.	958	1	400.	008	4	400.
806	4	400.	857	2	400.	908	2	400.	959	4	400.	009	5	400.
807	1	400.	858	3	400.	909	5	400.	960	5	400.	010	4	400.
808	3	400.	859	4	400.	910	1	400.	961	3	400.	011	4	400.
809	5	400.	860	1	400.	911	5	400.	962	1	400.	012	4	400.
810	4	400.	861	4	400.	912	2	400.	963	3	400.	013	5	400.
811	5	400.	862	1	400.	913	3	400.	964	1	400.	014	2	400.
812	....	600.	863	5	400.	914	4	400.	965	3	400.	015	5	400.
813	5	400.	864	4	400.	915	2	400.	966	3	400.	016	5	400.
814	1	400.	865	4	400.	916	5	400.	967	3	400.	017	5	400.
815	4	400.	866	3	400.	917	3	400.	968	4	400.	018	4	400.
816	5	400.	867	5	400.	918	4	400.	969	5	400.	019	5	400.
817	4	400.	868	4	400.	919	5	400.	970	4	400.	020	5	400.
818	5	400.	869	5	400.	920	4	400.	971	2	400.	021	5	400.
819	5	400.	870	5	400.	921	3	400.	972	....	600.	022	4	400.
820	5	400.	871	5	400.	922	3	400.	973	5	400.	023	....	500.
821	4	400.	872	4	400.	923	5	400.	974	5	400.	024	4	400.
822	2	400.	873	3	400.	924	2	400.	975	1	400.	025	3	400.
823	5	400.	874	5	400.	925	1	400.	976	2	400.	026	2	400.

Numéros	Époques.	LOTS.	Numéros	Époques.	LOTS.	Numéros	Époques.	LOTS.	Numéros	Époques.	LOTS.	Numéros	Époques.	LOTS.
		liv.			liv.			liv.			liv.			liv.
22027	2	400.	22078	5	400.	22129	4	400.	22180	5	400.	22231	4	400.
028	5	400.	079	5	400.	130	4	400.	181	5	400.	232	5	400.
029	4	400.	080	3	400.	131	5	400.	182	2	400.	233	5	400.
030	4	400.	081	5	400.	132	4	400.	183	5	400.	234	2	400.
031	1	400.	082	4	400.	133	5	400.	184	5	400.	235	5	400.
032	3	400.	083	4	400.	134	2	400.	185	1	400.	236	2	400.
033	5	400.	084	5	400.	135	2	400.	186	2	400.	237	5	400.
034	5	400.	085	3	400.	136	....	600.	187	2	400.	238	4	400.
035	4	400.	086	5	400.	137	4	400.	188	2	400.	239	2	400.
036	5	400.	087	4	400.	138	5	400.	189	3	400.	240	5	400.
037	1	400.	088	2	400.	139	3	400.	190	4	400.	241	2	400.
038	3	400.	089	5	400.	140	2	400.	191	2	400.	242	3	400.
039	2	400.	090	4	400.	141	4	400.	192	2	400.	243	2	400.
040	3	400.	091	4	400.	142	2	400.	193	....	600.	244	5	400.
041	3	400.	092	5	400.	143	4	400.	194	4	400.	245	3	400.
042	4	400.	093	4	400.	144	5	400.	195	3	400.	246	1	400.
043	2	400.	094	5	400.	145	4	400.	196	3	400.	247	2	400.
044	5	400.	095	4	400.	146	5	400.	197	2	400.	248	4	400.
045	1	400.	096	5	400.	147	3	400.	198	1	400.	249	5	400.
046	5	400.	097	2	400.	148	2	400.	199	4	400.	250	5	400.
047	3	400.	098	4	400.	149	5	400.	200	4	400.	251	3	400.
048	5	400.	099	3	400.	150	1	400.	201	5	400.	252	3	400.
049	4	400.	100	2	400.	151	2	400.	202	5	400.	253	5	400.
050	4	400.	101	4	400.	152	3	400.	203	5	400.	254	5	400.
051	4	400.	102	5	400.	153	4	400.	204	3	400.	255	2	400.
052	1	400.	103	4	400.	154	3	400.	205	3	400.	256	5	400.
053	....	500.	104	4	400.	155	4	400.	206	4	400.	257	4	400.
054	5	400.	105	2	400.	156	4	400.	207	3	400.	258	5	400.
055	....	500.	106	5	400.	157	5	400.	208	4	400.	259	3	400.
056	3	400.	107	5	400.	158	4	400.	209	4	400.	260	2	400.
057	1	400.	108	4	400.	159	....	500.	210	2	400.	261	3	400.
058	3	400.	109	5	400.	160	5	400.	211	4	400.	262	2	400.
059	4	400.	110	5	400.	161	5	400.	212	2	400.	263	5	400.
060	3	400.	111	5	400.	162	3	400.	213	5	400.	264	4	400.
061	2	400.	112	3	400.	163	3	400.	214	3	400.	265	....	500.
062	5	400.	113	5	400.	164	2	400.	215	5	400.	266	....	500.
063	....	600.	114	1	400.	165	4	400.	216	3	400.	267	3	400.
064	4	400.	115	5	400.	166	4	400.	217	5	400.	268	5	400.
065	2	400.	116	....	5000.	167	4	400.	218	5	400.	269	5	400.
066	5	400.	117	2	400.	168	5	400.	219	2	400.	270	5	400.
067	4	400.	118	5	400.	169	5	400.	220	5	400.	271	2	400.
068	5	400.	119	4	400.	170	5	400.	221	5	400.	272	4	400.
069	4	400.	120	5	400.	171	5	400.	222	5	400.	273	3	400.
070	2	400.	121	4	400.	172	2	400.	223	4	400.	274	2	400.
071	5	400.	122	3	400.	173	5	400.	224	2	400.	275	2	400.
072	5	400.	123	4	400.	174	3	400.	225	4	400.	276	5	400.
073	4	400.	124	4	400.	175	4	400.	226	2	400.	277	4	400.
074	5	400.	125	4	400.	176	4	400.	227	4	400.	278	2	400.
075	5	400.	126	4	400.	177	4	400.	228	4	400.	279	2	400.
076	5	400.	127	4	400.	178	4	400.	229	2	400.	280	5	400.
077	5	400.	128	4	400.	179	4	400.	230	4	400.	281	5	400.

Numéros	Époques.	LOTS.	Numéros	Époques.	LOTS.	Numéros	Époques.	LOTS.	Numéros	Époques.	LOTS.	Numéros	Époques.	LOTS.
		liv.			liv.			liv.			liv.			liv.
22282	5	400.	22333	2	400.	22384	1	400.	22435	5	400.	22486	5	400.
283	4	400.	334	5	400.	385	4	400.	436	4	400.	487	5	400.
284	5	400.	335	1	400.	386	3	400.	437	3	400.	488	4	400.
285	4	400.	336	5	400.	387	....	1500.	438	5	400.	489	5	400.
286	4	400.	337	1	400.	388	4	400.	439	5	400.	490	....	600.
287	3	400.	338	4	400.	389	4	400.	440	....	600.	491	3	400.
288	5	400.	339	4	400.	390	4	400.	441	4	400.	492	2	400.
289	5	400.	340	4	400.	391	4	400.	442	5	400.	493	4	400.
290	5	400.	341	....	500.	392	5	400.	443	3	400.	494	3	400.
291	5	400.	342	5	400.	393	5	400.	444	4	400.	495	3	400.
292	5	400.	343	5	400.	394	2	400.	445	5	400.	496	4	400.
293	2	400.	344	4	400.	395	4	400.	446	4	400.	497	3	400.
294	4	400.	345	5	400.	396	4	400.	447	1	400.	498	5	400.
295	5	400.	346	3	400.	397	2	400.	448	4	400.	499	....	1500.
296	4	400.	347	5	400.	398	2	400.	449	3	400.	500	4	400.
297	3	400.	348	2	400.	399	5	400.	450	4	400.	501	4	400.
298	5	400.	349	1	400.	400	5	400.	451	5	400.	502	5	400.
299	5	400.	350	2	400.	401	3	400.	452	5	400.	503	4	400
300	5	400.	351	5	400.	402	4	400.	453	4	400.	504	4	400.
301	3	400.	352	5	400.	403	....	600.	454	5	400.	505	5	400.
302	3	400.	353	5	400.	404	4	400.	455	4	400.	506	3	400.
303	4	400.	354	3	400.	405	4	400.	456	5	400.	507	3	400.
304	5	400.	355	5	400.	406	5	400.	457	1	400.	508	4	400.
305	4	400.	356	3	400.	407	4	400.	458	4	400.	509	2	400.
306	5	400.	357	5	400.	408	5	400.	459	1	400.	510	3	400.
307	5	400.	358	4	400.	409	3	400.	460	5	400.	511	1	400.
308	5	400.	359	1	400.	410	3	400.	461	....	500.	512	3	400.
309	4	400.	360	4	400.	411	5	400.	462	3	400.	513	5	400.
310	4	400.	361	4	400.	412	3	400.	463	2	400.	514	5	400.
311	4	400.	362	4	400.	413	5	400.	464	4	400.	515	5	400.
312	4	400.	363	5	400.	414	4	400.	465	5	400.	516	5	400.
313	4	400.	364	5	400.	415	3	400.	466	4	400.	517	2	400.
314	5	400.	365	4	400.	416	5	400.	467	5	400.	518	5	400.
315	5	400.	366	4	400.	417	...	600.	468	5	400.	519	2	400.
316	....	500.	367	2	400.	418	4	400.	469	3	400.	520	4	400.
317	5	400.	368	3	400.	419	4	400.	470	5	400.	521	5	400.
318	4	400.	369	4	400.	420	5	400.	471	1	400.	522	4	400.
319	3	400.	370	5	400.	421	5	400.	472	4	400.	523	3	400.
320	5	400.	371	4	400.	422	5	400.	473	3	400.	524	5	400.
321	4	400.	372	2	400.	423	4	400.	474	2	400.	525	4	400.
322	2	400.	373	3	400.	424	5	400.	475	5	400.	526	1	400.
323	5	400.	374	5	400.	425	4	400.	476	3	400.	527	2	400.
324	5	400.	375	4	400.	426	5	400.	477	5	400.	528	2	400.
325	5	400.	376	3	400.	427	3	400.	478	4	400.	529	5	400.
326	2	400.	377	5	400.	428	3	400.	479	5	400.	530	5	400.
327	5	400.	378	1	400.	429	4	400.	480	1	400.	531	3	400.
328	4	400.	379	3	400.	430	5	400.	481	4	400.	532	4	400.
329	2	400.	380	5	400.	431	4	400.	482	5	400.	533	4	400.
330	5	400.	381	3	400.	432	5	400.	483	3	400.	534	5	400.
331	5	400.	382	4	400.	433	3	400.	484	5	400.	535	4	400.
332	5	400.	383	5	400.	434	5	400.	485	4	400.	536	5	400.

Numéros	Époques.	LOTS.	Numéros	Époques.	LOTS.	Numéros	Époques.	LOTS.	Numéros	Époques.	LOTS.	Numéros	Époques.	LOTS.
		liv.			liv.			liv.			liv.			liv.
22537	4	400.	22588	1	400.	22639	5	400.	22690	4	400.	22741	2	400.
538	3	400.	589	4	400.	640	3	400.	691	3	400.	742	5	400.
539	4	400.	590	5	400.	641	4	400.	692	2	400.	743	2	400.
540	3	400.	591	3	400.	642	4	400.	693	4	400.	744	3	400.
541	3	400.	592	5	400.	643	4	400.	694	2	400.	745	2	400.
542	4	400.	593	5	400.	644	5	400.	695	3	400.	746	5	400.
543	4	400.	594	3	400.	645	5	400.	696	4	400.	747	1	400.
544	2	400.	595	5	400.	646	5	400.	697	3	400.	748	5	400.
545	1	400.	596	4	400.	647	5	400.	698	4	400.	749	4	400.
546	4	400.	597	4	400.	648	5	400.	699	3	400.	750	4	400.
547	3	400.	598	2	400.	649	4	400.	700	4	400.	751	4	400.
548	5	400.	599	5	400.	650	5	400.	701	3	400.	752	4	400.
549	3	400.	600	5	400.	651	5	400.	702	4	400.	753	5	400.
550	4	400.	601	4	400.	652	5	400.	703	5	400.	754	....	500.
551	2	400.	602	3	400.	653	4	400.	704	4	400.	755	....	500.
552	5	400.	603	3	400.	654	5	400.	705	3	400.	756	5	400.
553	3	400.	604	5	400.	655	5	400.	706	2	400.	757	5	400.
554	4	400.	605	5	400.	656	3	400.	707	2	400.	758	3	400.
555	4	400.	606	3	400.	657	....	3000.	708	4	400.	759	4	400.
556	2	400.	607	1	400.	658	4	400.	709	5	400.	760	5	400.
557	5	400.	608	1	400.	659	3	400.	710	5	400.	761	2	400.
558	4	400.	609	1	400.	660	5	400.	711	5	400.	762	5	400.
559	5	400.	610	1	400.	661	....	500.	712	....	600.	763	4	400.
560	5	400.	611	3	400.	662	4	400.	713	5	400.	764	4	400.
561	3	400.	612	5	400.	663	3	400.	714	1	400.	765	5	400.
562	4	400.	613	5	400.	664	5	400.	715	4	400.	766	4	400.
563	4	400.	614	2	400.	665	4	400.	716	4	400.	767	4	400.
564	3	400.	615	5	400.	666	2	400.	717	5	400.	768	2	400.
565	3	400.	616	5	400.	667	3	400.	718	2	400.	769	5	400.
566	1	400.	617	5	400.	668	5	400.	719	3	400.	770	3	400.
567	5	400.	618	5	400.	669	5	400.	720	5	400.	771	5	400.
568	4	400.	619	3	400.	670	2	400.	721	2	400.	772	4	400.
569	3	400.	620	5	400.	671	5	400.	722	2	400.	773	4	400.
570	3	400.	621	4	400.	672	3	400.	723	4	400.	774	4	400.
571	5	400.	622	4	400.	673	1	400.	724	5	400.	775	5	400.
572	4	400.	623	4	400.	674	4	400.	725	4	400.	776	2	400.
573	5	400.	624	3	400.	675	3	400.	726	3	400.	777	2	400.
574	3	400.	625	4	400.	676	....	600.	727	4	400.	778	4	400.
575	5	400.	626	2	400.	677	2	400.	728	2	400.	779	5	400.
576	3	400.	627	5	400.	678	4	400.	729	1	400	780	2	400.
577	5	400.	628	4	400.	679	2	400.	730	4	400.	781	2	400.
578	5	400.	629	2	400.	680	5	400.	731	5	400.	782	4	400.
579	1	400.	630	4	400.	681	4	400.	732	4	400.	783	3	400.
580	5	400.	631	4	400.	682	5	400.	733	5	400.	784	4	400.
581	3	400.	632	5	400.	683	5	400.	734	5	400.	785	4	400.
582	2	400.	633	3	400.	684	5	400.	735	3	400.	786	3	400.
583	3	400.	634	4	400.	685	4	400.	736	4	400.	787	5	400.
584	5	400.	635	3	400.	686	3	400.	737	5	400.	788	4	400.
585	4	400.	636	4	400.	687	4	400.	738	4	400.	789	3	400.
586	2	400.	637	5	400.	688	5	400.	739	5	400.	790	1	400.
587	3	400.	638	2	400.	689	5	400.	740	3	400	791	5	400.

Numéros	Époques.	LOTS.	Numéros	Époques.	LOTS.	Numéros	Époques.	LOTS.	Numéros	Époques.	LOTS.	Numéros	Époques.	LOTS.
		liv.			liv.			liv.			liv.			liv.
22792	4	400.	22843	5	400.	22894	3	400.	22945	2	400.	22996	4	400.
793	3	400.	844	5	400.	895	5	400.	946	1	400.	997	1	400.
794	3	400.	845	2	400.	896	4	400.	947	2	400.	998	4	400.
795	4	400.	846	1	400.	897	5	400.	948	4	400.	999	5	400.
796	3	400.	847	2	400.	898	3	400.	949	....	500.	23000	3	400.
797	5	400.	848	2	400.	899	5	400.	950	4	400.			
798	5	400.	849	3	400.	900	4	400.	951	3	400.	23001	2	400.
799	5	400.	850	5	400.	901	4	400.	952	1	400.	002	4	400.
800	5	400.	851	5	400.	902	5	400.	953	5	400.	003	2	400.
801	1	400.	852	2	400.	903	4	400.	954	2	400.	004	2	400.
802	3	400.	853	5	400.	904	5	400.	955	1	400.	005	5	400.
803	4	400.	854	5	400.	905	4	400.	956	5	400.	006	3	400.
804	4	400.	855	4	400.	906	4	400.	957	5	400.	007	1	400.
805	5	400.	856	4	400.	907	4	400.	958	2	400.	008	4	400.
806	5	400.	857	2	400.	908	2	400.	959	4	400.	009	5	400.
807	4	400.	858	3	400.	909	5	400.	960	4	400.	010	5	400.
808	5	400.	859	3	400.	910	4	400.	961	3	400.	011	2	400.
809	5	400.	860	3	400.	911	3	400.	962	5	400.	012	4	400.
810	1	400.	861	4	400.	912	2	400.	963	1	400.	013	2	400.
811	5	400.	862	1	400.	913	4	400.	964	3	400.	014	5	400.
812	5	400.	863	2	400.	914	5	400.	965	5	400.	015	5	400.
813	4	400.	864	1	400.	915	4	400.	966	5	400.	016	5	400.
814	5	400.	865	5	400.	916	3	400.	967	3	400.	017	1	400.
815	3	400.	866	5	400.	917	4	400.	968	5	400.	018	2	400.
816	1	400.	867	2	400.	918	5	400.	969	5	400.	019	5	400.
817	3	400.	868	4	400.	919	5	400.	970	3	400.	020	4	400.
818	3	400.	869	4	400.	920	4	400.	971	5	400.	021	4	400.
819	5	400.	870	....	5000.	921	4	400.	972	4	400.	022	5	400.
820	....	500.	871	3	400.	922	5	400.	973	3	400.	023	5	400.
821	5	400.	872	5	400.	923	5	400.	974	4	400.	024	1	400.
822	5	400.	873	5	400.	924	3	400.	975	5	400.	025	5	400.
823	5	400.	874	4	400.	925	5	400.	976	2	400.	026	2	400.
824	4	400.	875	5	400.	926	3	400.	977	3	400.	027	5	400.
825	4	400.	876	5	400.	927	4	400.	978	4	400.	028	3	400.
826	1	400.	877	3	400.	928	4	400.	979	5	400.	029	4	400.
827	3	400.	878	3	400.	929	5	400.	980	4	400.	030	4	400.
828	3	400.	879	1	400.	930	5	400.	981	....	600.	031	2	400.
829	5	400.	880	2	400.	931	5	400.	982	4	400.	032	3	400.
830	5	400.	881	5	400.	932	....	1000.	983	1	400.	033	3	400.
831	4	400.	882	3	400.	933	5	400.	984	5	400.	034	4	400.
832	5	400.	883	4	400.	934	2	400.	985	5	400.	035	2	400.
833	1	400.	884	5	400.	935	3	400.	986	3	400.	036	....	500.
834	3	400.	885	5	400.	936	4	400.	987	4	400.	037	2	400.
835	2	400.	886	4	400.	937	5	400.	988	5	400.	038	2	400.
836	5	400.	887	....	500.	938	2	400.	989	2	400.	039	4	400.
837	3	400.	888	1	400.	939	2	400.	990	2	400.	040	2	400.
838	4	400.	889	5	400.	940	3	400.	991	1	400.	041	5	400.
839	4	400.	890	4	400.	941	3	400.	992	5	400.	042	5	400.
840	4	400.	891	2	400.	942	5	400.	993	2	400.	043	3	400.
841	5	400.	892	3	400.	943	4	400.	994	2	400.	044	4	400.
842	4	400.	893	2	400.	944	4	400.	995	3	400.	045	3	400.

Numéros	Époques.	LOTS.	Numéros	Époques.	LOTS.	Numéros	Époques.	LOTS.	Numéros	Époques.	LOTS.	Numéros	Époques.	LOTS.
		liv.			liv.			liv.			liv.			liv.
23046	4	400.	23097	5	400.	23148	5	400.	23199	3	400.	23250	5	400.
047	5	400.	098	4	400.	149	3	400.	200	3	400.	251	3	400.
048	2	400.	099	4	400.	150	4	400.	201	5	400.	252	1	400.
049	5	400.	100	2	400.	151	3	400.	202	2	400.	253	4	400.
050	5	400.	101	5	400.	152	5	400.	203	5	400.	254	2	400.
051	5	400.	102	3	400.	153	....	500.	204	2	400.	255	2	400.
052	3	400.	103	3	400.	154	3	400.	205	5	400.	256	5	400.
053	3	400.	104	4	400.	155	5	400.	206	4	400.	257	....	600.
054	5	400.	105	4	400.	156	4	400.	207	2	400.	258	5	400.
055	4	400.	106	4	400.	157	5	400.	208	5	400.	259	4	400.
056	5	400.	107	5	400.	158	4	400.	209	4	400.	260	4	400.
057	4	400.	108	4	400.	159	5	400.	210	3	400.	261	4	400.
058	4	400.	109	4	400.	160	5	400.	211	3	400.	262	4	400.
059	4	400.	110	....	500.	161	5	400.	212	2	400.	263	1	400.
060	2	400.	111	4	400.	162	2	400.	213	5	400.	264	5	400.
061	2	400.	112	1	400.	163	4	400.	214	4	400.	265	5	400.
062	5	400.	113	3	400.	164	3	400.	215	5	400.	266	4	400.
063	5	400.	114	4	400.	165	3	400.	216	5	400.	267	5	400.
064	2	400.	115	5	400.	166	1	400.	217	5	400.	268	2	400.
065	1	400.	116	1	400.	167	5	400.	218	4	400.	269	2	400.
066	4	400.	117	1	400.	168	2	400.	219	4	400.	270	1	400.
067	5	400.	118	5	400.	169	4	400.	220	4	400.	271	2	400.
068	2	400.	119	5	400.	170	1	400.	221	4	400.	272	4	400.
069	5	400.	120	5	400.	171	1	400.	222	3	400.	273	5	400.
070	4	400.	121	1	400.	172	3	400.	223	5	400.	274	5	400.
071	4	400.	122	5	400.	173	5	400.	224	4	400.	275	3	400.
072	3	400.	123	2	400.	174	3	400.	225	1	400.	276	2	400.
073	3	400.	124	4	400.	175	5	400.	226	4	400.	277	2	400.
074	5	400.	125	3	400.	176	4	400.	227	5	400.	278	....	500.
075	4	400.	126	5	400.	177	5	400.	228	1	400.	279	5	400.
076	2	400.	127	2	400.	178	1	400.	229	3	400.	280	5	400.
077	2	400.	128	5	400.	179	2	400.	230	5	400.	281	1	400.
078	4	400.	129	2	400.	180	4	400.	231	5	400.	282	3	400.
079	4	400.	130	....	500.	181	2	400.	232	5	400.	283	4	400.
080	3	400.	131	3	400.	182	4	400.	233	3	400.	284	5	400.
081	5	400.	132	5	400.	183	4	400.	234	....	500.	285	....	500.
082	3	400.	133	1	400.	184	5	400.	235	3	400.	286	2	400.
083	5	400.	134	5	400.	185	2	400.	236	4	400.	287	5	400.
084	1	400.	135	3	400.	186	5	400.	237	4	400.	288	4	400.
085	5	400.	136	4	400.	187	5	400.	238	5	400.	289	3	400.
086	1	400.	137	4	400.	188	2	400.	239	5	400.	290	2	400.
087	5	400.	138	4	400.	189	....	500.	240	4	400.	291	2	400.
088	2	400.	139	5	400.	190	2	400.	241	4	400.	292	4	400.
089	5	400.	140	5	400.	191	4	400.	242	1	400.	293	5	400.
090	2	400.	141	5	400.	192	2	400.	243	5	400.	294	1	400.
091	4	400.	142	4	400.	193	3	400.	244	5	400.	295	5	400.
092	4	400.	143	2	400.	194	4	400.	245	4	400.	296	2	400.
093	5	400.	144	4	400.	195	4	400.	246	4	400.	297	3	400.
094	5	400.	145	1	400.	196	5	400.	247	3	400.	298	4	400.
095	5	400.	146	3	400.	197	4	400.	248	4	400.	299	3	400.
096	4	400.	147	5	400.	198	5	400.	249	5	400.	300	4	400.

Numéros	Epoques.	LOTS.	Numéros	Epoques.	LOTS.	Numéros	Epoques.	LOTS.	Numéros	Epoques.	LOTS.	Numéros	Epoques.	LOTS.
		liv.			liv.			liv.			liv.			liv.
23301	5	400.	23352	3	400.	23403	3	400.	23454	1	400.	23505	4	400.
302	3	400.	353	3	400.	404	4	400.	455	4	400.	506	4	400.
303	3	400.	354	3	400.	405	4	400.	456	5	400.	507	2	400.
304	4	400.	355	3	400.	406	5	400.	457	4	400.	508	5	400.
305	2	400.	356	4	400.	407	5	400.	458	5	400.	509	2	400.
306	5	400.	357	2	400.	408	5	400.	459	5	400.	510	5	400.
307	5	400.	358	3	400.	409	5	400.	460	2	400.	511	4	400.
308	4	400.	359	3	400.	410	4	400.	461	5	400.	512	1	400.
309	3	400.	360	1	400.	411	5	400.	462	5	400.	513	3	400.
310	2	400.	361	5	400.	412	2	400.	463	5	400.	514	4	400.
311	5	400.	362	5	400.	413	5	400.	464	5	400.	515	5	400.
312	4	400.	363	4	400.	414	5	400.	465	3	400.	516	3	400.
313	4	400.	364	3	400.	415	4	400.	466	4	400.	517	3	400.
314	4	400.	365	3	400.	416	3	400.	467	5	400.	518	4	400.
315	5	400.	366	4	400.	417	5	400.	468	5	400.	519	4	400.
316	5	400.	367	4	400.	418	1	400.	469	4	400.	520	3	400.
317	3	400.	368	5	400.	419	5	400.	470	5	400.	521	4	400.
318	1	400.	369	5	400.	420	....	600.	471	3	400.	522	5	400.
319	5	400.	370	3	400.	421	2	400.	472	5	400.	523	2	400.
320	2	400.	371	4	400.	422	4	400.	473	3	400.	524	5	400.
321	3	400.	372	1	400.	423	3	400.	474	5	400.	525	5	400.
322	5	400.	373	....	500.	424	5	400.	475	4	400.	526	5	400.
323	3	400.	374	5	400.	425	5	400.	476	5	400.	527	4	400.
324	5	400.	375	3	400.	426	2	400.	477	4	400.	528	2	400.
325	5	400.	376	5	400.	427	5	400.	478	4	400.	529	2	400.
326	....	600.	377	4	400.	428	4	400.	479	5	400.	530	3	400.
327	3	400.	378	3	400.	429	3	400.	480	5	400.	531	4	400.
328	4	400.	379	3	400.	430	5	400.	481	5	400.	532	5	400.
329	3	400.	380	4	400.	431	3	400.	482	2	400.	533	2	400.
330	4	400.	381	5	400.	432	3	400.	483	4	400.	534	3	400.
331	4	400.	382	5	400.	433	5	400.	484	4	400.	535	3	400.
332	4	400.	383	5	400.	434	5	400.	485	1	400.	536	4	400.
333	1	400.	384	4	400.	435	5	400.	486	5	400.	537	5	400.
334	5	400.	385	4	400.	436	2	400.	487	1	400.	538	5	400.
335	4	400.	386	4	400.	437	2	400.	488	4	400.	539	3	400.
336	5	400.	387	4	400.	438	5	400.	489	4	400.	540	4	400.
337	3	400.	388	1	400.	439	5	400.	490	3	400.	541	2	400.
338	4	400.	389	5	400.	440	....	500.	491	4	400.	542	4	400.
339	4	400.	390	1	400.	441	2	400.	492	3	400.	543	2	400.
340	3	400.	391	2	400.	442	5	400.	493	4	400.	544	3	400.
341	4	400.	392	4	400.	443	4	400.	494	4	400.	545	5	400.
342	3	400.	393	2	400.	444	2	400.	495	5	400.	546	5	400.
343	4	400.	394	3	400.	445	5	400.	496	3	400.	547	3	400.
344	5	400.	395	....	500.	446	4	400.	497	4	400.	548	4	400.
345	5	400.	396	4	400.	447	1	400.	498	5	400.	549	1	400.
346	5	400.	397	1	400.	448	1	400.	499	4	400.	550	4	400.
347	....	1500.	398	5	400.	449	3	400.	500	3	400.	551	5	400.
348	5	400.	399	4	400.	450	5	400.	501	5	400.	552	5	400.
349	5	400.	400	4	400.	451	5	400.	502	5	400.	553	2	400.
350	....	600.	401	....	500.	452	1	400.	503	2	400.	554	5	400.
351	4	400.	402	1	400.	453	5	400.	504	3	400.	555	4	400.

Numéros	Époques.	LOTS.	Numéros	Époques.	LOTS.	Numéros	Époques.	LOTS.	Numéros	Époques.	LOTS.	Numéros	Époques.	LOTS.
		liv.			liv.			liv.			liv.			liv.
23556	4	400.	23607	5	400.	23658	2	400.	23709	5	400.	23760	3	400.
557	4	400.	608	5	400.	659	5	400.	710	3	400.	761	1	400.
558	2	400.	609	5	400.	660	4	400.	711	1	400.	762	4	400.
559	5	400.	610	5	400.	661	5	400.	712	5	400.	763	4	400.
560	4	400.	611	....	500.	662	5	400.	713	4	400.	764	5	400.
561	3	400.	612	4	400.	663	5	400.	714	3	400.	765	....	500.
562	4	400.	613	4	400.	664	3	400.	715	2	400.	766	2	400.
563	5	400.	614	4	400.	665	5	400.	716	2	400.	767	2	400.
564	4	400.	615	4	400.	666	4	400.	717	5	400.	768	3	400.
565	5	400.	616	2	400.	667	5	400.	718	4	400.	769	5	400.
566	5	400.	617	5	400.	668	5	400.	719	5	400.	770	2	400.
567	4	400.	618	4	400.	669	5	400.	720	5	400.	771	5	400.
568	4	400.	619	1	400.	670	1	400.	721	5	400.	772	4	400.
569	2	400.	620	2	400.	671	5	400.	722	2	400.	773	5	400.
570	2	400.	621	3	400.	672	5	400.	723	5	400.	774	4	400.
571	2	400.	622	4	400.	673	5	400.	724	1	400.	775	3	400.
572	1	400.	623	4	400.	674	2	400.	725	5	400.	776	2	400.
573	5	400.	624	1	400.	675	4	400.	726	3	400.	777	5	400.
574	2	400.	625	3	400.	676	4	400.	727	5	400.	778	4	400.
575	2	400.	626	3	400.	677	4	400.	728	5	400.	779	3	400.
576	4	400.	627	2	400.	678	4	400.	729	3	400.	780	5	400.
577	5	400.	628	4	400.	679	4	400.	730	5	400.	781	3	400.
578	2	400.	629	5	400.	680	5	400.	731	2	400.	782	5	400.
579	3	400.	630	5	400.	681	5	400.	732	....	500.	783	4	400.
580	5	400.	631	4	400.	682	4	400.	733	2	400.	784	5	400.
581	4	400.	632	2	400.	683	2	400.	734	3	400.	785	5	400.
582	5	400.	633	3	400.	684	3	400.	735	5	400.	786	5	400.
583	5	400.	634	2	400.	685	5	400.	736	5	400.	787	3	400.
584	5	400.	635	....	3000.	686	2	400.	737	2	400.	788	4	400.
585	4	400.	636	5	400.	687	3	400.	738	2	400.	789	4	400.
586	4	400.	637	1	400.	688	5	400.	739	3	400.	790	4	400.
587	4	400.	638	4	400.	689	3	400.	740	2	400.	791	3	400.
588	3	400.	639	4	400.	690	4	400.	741	1	400.	792	4	400.
589	1	400.	640	5	400.	691	5	400.	742	4	400.	793	3	400.
590	4	400.	641	3	400.	692	4	400.	743	4	400.	794	4	400.
591	5	400.	642	5	400.	693	3	400.	744	4	400.	795	3	400.
592	5	400.	643	1	400.	694	2	400.	745	4	400.	796	2	400.
593	....	500.	644	4	400.	695	4	400.	746	....	500.	797	5	400.
594	5	400.	645	1	400.	696	5	400.	747	5	400.	798	3	400.
595	5	400.	646	5	400.	697	4	400.	748	2	400.	799	5	400.
596	5	400.	647	5	400.	698	3	400.	749	5	400.	800	1	400.
597	1	400.	648	3	400.	699	4	400.	750	4	400.	801	5	400.
598	4	400.	649	3	400.	700	3	400.	751	3	400.	802	1	400.
599	4	400.	650	4	400.	701	5	400.	752	5	400.	803	4	400.
600	4	400.	651	5	400.	702	4	400.	753	4	400.	804	5	400.
601	1	400.	652	2	400.	703	4	400.	754	4	400.	805	4	400.
602	3	400.	653	1	400.	704	4	400.	755	3	400.	806	4	400.
603	2	400.	654	2	400.	705	2	400.	756	2	400.	807	5	400.
604	5	400.	655	5	400.	706	2	400.	757	5	400.	808	3	400.
605	2	400.	656	5	400.	707	5	400.	758	5	400.	809	3	400.
606	2	400.	657	1	400.	708	2	400.	759	2	400.	810	3	400.

Numéros	Époques.	LOTS.	Numéros	Époques.	LOTS.	Numéros	Époques.	LOTS.	Numéros	Époques.	LOTS.	Numéros	Époques.	LOTS.
		liv.			liv.			liv.			liv.			liv.
23811	5	400.	23862	2	400.	23913	3	400.	23964	1	400.	24014	3	400.
812	4	400.	863	3	400.	914	5	400.	965	....	600.	015	5	400.
813	4	400.	864	5	400.	915	4	400.	966	5	400.	016	4	400.
814	....	500.	865	4	400.	916	5	400.	967	1	400.	017	....	500.
815	4	400.	866	5	400.	917	3	400.	968	1	400.	018	4	400.
816	3	400.	867	5	400.	918	5	400.	969	3	400.	019	4	400.
817	5	400.	868	5	400.	919	3	400.	970	4	400.	020	4	400.
818	4	400.	869	5	400.	920	4	400.	971	4	400.	021	5	400.
819	3	400.	870	2	400.	921	1	400.	972	2	400.	022	4	400.
820	5	400.	871	4	400.	922	2	400.	973	5	400.	023	3	400.
821	....	500.	872	2	400.	923	4	400.	974	3	400.	024	4	400.
822	4	400.	873	1	400.	924	4	400.	975	2	400.	025	3	400.
823	1	400.	874	1	400.	925	....	500.	976	3	400.	026	2	400.
824	2	400.	875	4	400.	926	5	400.	977	4	400.	027	3	400.
825	4	400.	876	3	400.	927	5	400.	978	4	400.	028	2	400.
826	5	400.	877	1	400.	928	4	400.	979	3	400.	029	1	400.
827	2	400.	878	4	400.	929	5	400.	980	5	400.	030	2	400.
828	4	400.	879	5	400.	930	1	400.	981	4	400.	031	3	400.
829	5	400.	880	2	400.	931	5	400.	982	3	400.	032	4	400.
830	3	400.	881	5	400.	932	4	400.	983	5	400.	033	2	400.
831	5	400.	882	5	400.	933	5	400.	984	5	400.	034	3	400.
832	4	400.	883	2	400.	934	4	400.	985	5	400.	035	1	400.
833	3	400.	884	5	400.	935	5	400.	986	....	500.	036	5	400.
834	5	400.	885	5	400.	936	3	400.	987	3	400.	037	5	400.
835	2	400.	886	3	400.	937	4	400.	988	5	400.	038	1	400.
836	5	400.	887	3	400.	938	4	400.	989	4	400.	039	4	400.
837	4	400.	888	....	500.	939	4	400.	990	2	400.	040	4	400.
838	4	400.	889	....	500.	940	5	400.	991	5	400.	041	5	400.
839	2	400.	890	5	400.	941	3	400.	992	2	400.	042	3	400.
840	3	400.	891	4	400.	942	1	400.	993	5	400.	043	1	400.
841	5	400.	892	5	400.	943	5	400.	994	4	400.	044	5	400.
842	4	400.	893	4	400.	944	4	400.	995	2	400.	045	4	400.
843	4	400.	894	....	600.	945	5	400.	996	2	400.	046	3	400.
844	5	400.	895	3	400.	946	5	400.	997	5	400.	047	3	400.
845	3	400.	896	5	400.	947	4	400.	998	....	500.	048	2	400.
846	4	400.	897	4	400.	948	3	400.	999	4	400.	049	3	400.
847	4	400.	898	4	400.	949	5	400.	24000	2	400.	050	5	400.
848	5	400.	899	4	400.	950	5	400.				051	4	400.
849	5	400.	900	3	400.	951	5	400.	24001	5	400.	052	2	400.
850	4	400.	901	5	400.	952	....	600.	002	4	400.	053	5	400.
851	5	400.	902	2	400.	953	5	400.	003	5	400.	054	1	400.
852	5	400.	903	5	400.	954	4	400.	004	2	400.	055	4	400.
853	3	400.	904	4	400.	955	3	400.	005	5	400.	056	5	400.
854	5	400.	905	4	400.	956	5	400.	006	2	400.	057	5	400.
855	5	400.	906	4	400.	957	4	400.	007	4	400.	058	1	400.
856	5	400.	907	4	400.	958	5	400.	008	3	400.	059	5	400.
857	4	400.	908	1	400.	959	5	400.	009	5	400.	060	2	400.
858	3	400.	909	2	400.	960	3	400.	010	3	400.	061	4	400.
859	5	400.	910	2	400.	961	3	400.	011	5	400.	062	4	400.
860	5	400.	911	5	400.	962	3	400.	012	5	400.	063	4	400.
861	4	400.	912	5	400.	963	5	400.	013	5	400.	064	4	400.

Numéros	Epoques.	LOTS.	Numéros	Epoques.	LOTS.	Numéros	Epoques.	LOTS.	Numéros	Epoques.	LOTS.	Numéros	Epoques.	LOTS.
		liv.			liv.			liv.			liv.			liv.
24065	4	400.	24116	2	400.	24167	2	400.	24218	4	400.	24269	4	400.
066	3	400.	117	2	400.	168	4	400.	219	4	400.	270	2	400.
067	2	400.	118	5	400.	169	4	400.	220	3	400.	271	3	400.
068	4	400.	119	5	400.	170	3	400.	221	3	400.	272	1	400.
069	4	400.	120	5	400.	171	2	400.	222	2	400.	273	5	400.
070	5	400.	121	1	400.	172	4	400.	223	3	400.	274	3	400.
071	5	400.	122	5	400.	173	5	400.	224	5	400.	275	2	400.
072	5	400.	123	3	400.	174	2	400.	225	5	400.	276	....	3000.
073	....	500.	124	4	400.	175	5	400.	226	3	400.	277	3	400.
074	4	400.	125	5	400.	176	....	500.	227	5	400.	278	5	400.
075	4	400.	126	3	400.	177	2	400.	228	4	400.	279	3	400.
076	3	400.	127	3	400.	178	4	400.	229	5	400.	280	3	400.
077	5	400.	128	3	400.	179	1	400.	230	5	400.	281	2	400.
078	4	400.	129	4	400.	180	5	400.	231	4	400.	282	5	400.
079	2	400.	130	2	400.	181	2	400.	232	1	400.	283	4	400.
080	4	400.	131	5	400.	182	5	400.	233	5	400.	284	4	400.
081	2	400.	132	5	400.	183	2	400.	234	5	400.	285	4	400.
082	1	400.	133	4	400.	184	2	400.	235	5	400.	286	5	400.
083	5	400.	134	3	400.	185	4	400.	236	5	400.	287	...	500.
084	2	400.	135	4	400.	186	3	400.	237	2	400.	288	5	400.
085	4	400.	136	3	400.	187	4	400.	238	4	400.	289	4	400.
086	3	400.	137	4	400.	188	2	400.	239	2	400.	290	5	400.
087	5	400.	138	3	400.	189	5	400.	240	5	400.	291	4	400.
088	2	400.	139	4	400.	190	4	400.	241	5	400.	292	5	400.
089	5	400.	140	3	400.	191	1	400.	242	2	400.	293	4	400.
090	3	400.	141	5	400.	192	5	400.	243	5	400.	294	5	400.
091	2	400.	142	5	400.	193	3	400.	244	3	400.	295	2	400.
092	3	400.	143	2	400.	194	3	400.	245	5	400.	296	4	400.
093	4	400.	144	4	400.	195	4	400.	246	2	400.	297	4	400.
094	....	500.	145	5	400.	196	2	400.	247	5	400.	298	5	400.
095	1	400.	146	4	400.	197	5	400.	248	5	400.	299	4	400.
096	3	400.	147	5	400.	198	5	400.	249	5	400.	300	5	400.
097	5	400.	148	3	400.	199	1	400.	250	2	400.	301	3	400.
098	5	400.	149	5	400.	200	2	400.	251	3	400.	302	2	400.
099	5	400.	150	2	400.	201	5	400.	252	5	400.	303	5	400.
100	....	600.	151	....	5000.	202	3	400.	253	4	400.	304	3	400.
101	4	400.	152	4	400.	203	4	400.	254	1	400.	305	5	400.
102	2	400.	153	3	400.	204	4	400.	255	5	400.	306	5	400.
103	4	400.	154	5	400.	205	4	400.	256	3	400.	307	2	400.
104	2	400.	155	4	400.	206	1	400.	257	4	400.	308	4	400.
105	4	400.	156	5	400.	207	5	400.	258	4	400.	309	....	500.
106	....	500.	157	4	400.	208	4	400.	259	1	400.	310	5	400.
107	3	400.	158	2	400.	209	4	400.	260	3	400.	311	4	400.
108	5	400.	159	4	400.	210	4	400.	261	4	400.	312	4	400.
109	1	400.	160	5	400.	211	5	400.	262	4	400.	313	2	400.
110	4	400.	161	3	400.	212	3	400.	263	1	400.	314	5	400.
111	5	400.	162	5	400.	213	4	400.	264	3	400.	315	2	400.
112	4	400.	163	5	400.	214	3	400.	265	3	400.	316	4	400.
113	5	400.	164	....	1500.	215	4	400.	266	5	400.	317	5	400.
114	4	400.	165	3	400.	216	4	400.	267	4	400.	318	2	400.
115	5	400.	166	5	400.	217	5	400.	268	2	400.	319	5	400.

Numéros	Époques.	LOTS.	Numéros	Époques.	LOTS.	Numéros	Époques.	LOTS.	Numéros	Époques.	LOTS.	Numéros	Époques.	LOTS.
		liv.			liv.			liv.			liv.			liv.
24320	5	400.	24371	4	400.	24422	....	500.	24473	4	400.	24524	5	400.
321	4	400.	372	5	400.	423	1	400.	474	4	400.	525	5	400.
322	3	400.	373	2	400.	424	1	400.	475	5	400.	526	3	400.
323	5	400.	374	2	400.	425	4	400.	476	5	400.	527	5	400.
324	5	400.	375	3	400.	426	3	400.	477	1	400.	528	5	400.
325	5	400.	376	2	400.	427	4	400.	478	3	400.	529	....	500.
326	4	400.	377	4	400.	428	5	400.	479	5	400.	530	4	400.
327	5	400.	378	1	400.	429	....	500.	480	5	400.	531	3	400.
328	2	400.	379	2	400.	430	4	400.	481	3	400.	532	4	400.
329	4	400.	380	5	400.	431	4	400.	482	2	400.	533	4	400.
330	4	400.	381	2	400.	432	1	400.	483	3	400.	534	3	400.
331	2	400.	382	5	400.	433	4	400.	484	2	400.	535	4	400.
332	5	400.	383	5	400.	434	4	400.	485	4	400.	536	4	400.
333	5	400.	384	3	400.	435	2	400.	486	3	400.	537	1	400.
334	2	400.	385	4	400.	436	3	400.	487	2	400.	538	1	400.
335	4	400	386	4	400.	437	5	400.	488	5	400.	539	5	400.
336	5	400.	387	2	400.	438	5	400.	489	3	400.	540	5	400.
337	5	400.	388	....	500.	439	5	400.	490	....	600.	541	3	400.
338	4	400.	389	5	400.	440	2	400.	491	5	400.	542	1	400.
339	5	400.	390	2	400.	441	4	400.	492	5	400.	543	5	400.
340	4	400.	391	3	400.	442	4	400.	493	3	400.	544	5	400.
341	3	400.	392	4	400.	443	3	400.	494	5	400.	545	4	400.
342	4	400.	393	5	400.	444	3	400.	495	2	400.	546	5	400.
343	5	400.	394	5	400.	445	4	400.	496	5	400.	547	2	400.
344	3	400.	395	5	400.	446	5	400.	497	5	400.	548	4	400.
345	1	400.	396	....	600.	447	3	400.	498	5	400.	549	5	400.
346	4	400.	397	5	400.	448	4	400.	499	....	500.	550	....	500.
347	4	400.	398	5	400.	449	5	400.	500	3	400.	551	4	400.
348	3	400.	399	3	400.	450	5	400.	501	1	400.	552	1	400.
349	2	400.	400	....	600.	451	5	400.	502	5	400.	553	2	400.
350	3	400.	401	5	400.	452	....	500.	503	5	400.	554	5	400.
351	5	400.	402	4	400.	453	2	400.	504	5	400.	555	5	400.
352	5	400.	403	5	400.	454	4	400.	505	5	400.	556	5	400.
353	5	400.	404	3	400.	455	....	1000.	506	5	400.	557	3	400.
354	5	400.	405	5	400.	456	4	400.	507	5	400.	558	5	400.
355	5	400.	406	5	400.	457	5	400.	508	5	400.	559	3	400.
356	3	400.	407	3	400.	458	4	400.	509	4	400.	560	5	400.
357	2	400.	408	5	400.	459	3	400.	510	4	400.	561	3	400.
358	5	400.	409	5	400.	460	4	400.	511	4	400.	562	5	400.
359	....	1000.	410	5	400.	461	1	400.	512	4	400.	563	4	400.
360	4	400.	411	5	400.	462	4	400.	513	4	400.	564	5	400.
361	....	600.	412	2	400.	463	3	400.	514	2	400.	565	5	400.
362	4	400.	413	5	400.	464	3	400.	515	4	400.	566	2	400.
363	4	400.	414	4	400.	465	5	400.	516	4	400.	567	5	400.
364	1	400.	415	5	400.	466	3	400.	517	2	400.	568	4	400.
365	....	500.	416	4	400.	467	4	400.	518	3	400.	569	5	400.
366	3	400.	417	5	400.	468	4	400.	519	5	400.	570	1	400.
367	4	400.	418	4	400	469	3	400.	520	5	400.	571	4	400.
368	4	400	419	1	400.	470	4	400.	521	1	400.	572	3	400.
369	5	400.	420	5	400.	471	3	400.	522	5	400.	573	5	400.
370	5	400.	421	2	400.	472	3	400.	523	1	400.	574	1	400

Numéros	Époques.	LOTS.	Numéros	Époques.	LOTS.	Numéros	Époques.	LOTS.	Numéros	Époques.	LOTS.	Numéros	Époques.	LOTS.
		liv.			liv.			liv.			liv.			liv.
24575	5	400.	24626	3	400.	24677	4	400.	24728	2	400.	24779	5	400.
576	4	400.	627	4	400.	678	4	400.	729	5	400.	780	....	500.
577	5	400.	628	4	400.	679	3	400.	730	5	400.	781	5	400.
578	4	400.	629	1	400.	680	....	500.	731	5	400.	782	2	400.
579	2	400.	630	3	400.	681	4	400.	732	4	400.	783	3	400.
580	3	400.	631	3	400.	682	3	400.	733	4	400.	784	4	400.
581	1	400.	632	5	400.	683	3	400.	734	3	400.	785	5	400.
582	4	400.	633	5	400.	684	5	400.	735	....	500.	786	4	400.
583	2	400.	634	2	400.	685	4	400.	736	4	400.	787	5	400.
584	5	400.	635	2	400.	686	....	500.	737	1	400.	788	4	400.
585	2	400.	636	2	400.	687	3	400.	738	1	400.	789	5	400.
586	2	400.	637	5	400.	688	3	400.	739	5	400.	790	3	400.
587	5	400.	638	5	400.	689	2	400.	740	5	400.	791	2	400.
588	3	400.	639	5	400.	690	2	400.	741	2	400.	792	5	400.
589	3	400.	640	5	400.	691	2	400.	742	....	600.	793	5	400.
590	3	400.	641	2	400.	692	5	400.	743	5	400.	794	1	400.
591	2	400.	642	5	400.	693	3	400.	744	2	400.	795	4	400.
592	....	1500.	643	....	500.	694	3	400.	745	4	400.	796	5	400.
593	5	400.	644	4	400.	695	4	400.	746	4	400.	797	2	400.
594	3	400.	645	3	400.	696	3	400.	747	2	400.	798	5	400.
595	3	400.	646	4	400.	697	....	500.	748	3	400.	799	5	400.
596	4	400.	647	5	400.	698	5	400.	749	5	400.	800	4	400.
597	2	400.	648	4	400.	699	2	400.	750	4	400.	801	5	400.
598	3	400.	649	3	400.	700	4	400.	751	3	400.	802	5	400.
599	2	400.	650	5	400.	701	5	400.	752	5	400.	803	4	400.
600	5	400.	651	3	400.	702	5	400.	753	2	400.	804	2	400.
601	3	400.	652	4	400.	703	5	400.	754	4	400.	805	....	500.
602	5	400.	653	3	400.	704	3	400.	755	1	400.	806	2	400.
603	5	400.	654	3	400.	705	2	400.	756	5	400.	807	4	400.
604	5	400.	655	5	400.	706	3	400.	757	2	400.	808	4	400.
605	1	400.	656	....	600.	707	3	400.	758	3	400.	809	3	400.
606	3	400.	657	3	400.	708	2	400.	759	4	400.	810	2	400.
607	5	400.	658	5	400.	709	5	400.	760	4	400.	811	1	400.
608	4	400.	659	2	400.	710	2	400.	761	3	400.	812	5	400.
609	5	400.	660	4	400.	711	2	400.	762	5	400.	813	5	400.
610	5	400.	661	2	400.	712	4	400.	763	2	400.	814	1	400.
611	4	400.	662	3	400.	713	2	400.	764	4	400.	815	5	400.
612	5	400.	663	5	400.	714	3	400.	765	2	400.	816	5	400.
613	5	400.	664	2	400.	715	3	400.	766	2	400.	817	4	400.
614	4	400.	665	4	400.	716	3	400.	767	3	400.	818	5	400.
615	3	400.	666	5	400.	717	5	400.	768	5	400.	819	4	400.
616	2	400.	667	5	400.	718	5	400.	769	1	400.	820	5	400.
617	5	400.	668	5	400.	719	4	400.	770	5	400.	821	2	400.
618	3	400.	669	4	400.	720	2	400.	771	5	400.	822	4	400.
619	5	400.	670	3	400.	721	5	400.	772	4	400.	823	3	400.
620	3	400.	671	2	400.	722	4	400.	773	5	400.	824	3	400.
621	2	400.	672	2	400.	723	2	400.	774	5	400.	825	3	400.
622	2	400.	673	5	400.	724	5	400.	775	4	400.	826	4	400.
623	5	400.	674	4	400.	725	5	400.	776	5	400.	827	1	400.
624	5	400.	675	4	400.	726	4	400	777	4	400.	828	3	400.
625	5	400.	676	4	400.	727	4	400.	778	4	400.	829	3	400.

Numéros	Époques.	LOTS.	Numéros	Époques.	LOTS.	Numéros	Époques.	LOTS.	Numéros	Époques.	LOTS.	Numéros	Époques.	LOTS.
		liv.			liv.			liv.			liv.			liv.
24830	3	400.	24881	2	400.	24932	2	400.	24983	3	400.	24033	4	400.
831	4	400.	882	4	400.	933	4	400.	984	4	400.	034	2	400.
832	4	400.	883	4	400.	934	3	400.	985	5	400.	035	5	400.
833	2	400.	884	2	400.	935	2	400.	986	4	400.	036	2	400.
834	5	400.	885	4	400.	936	5	400.	987	3	400.	037	5	400.
835	5	400.	886	3	400.	937	5	400.	988	5	400.	038	3	400.
836	3	400.	887	2	400.	938	4	400.	989	5	400.	039	2	400.
837	5	400.	888	4	400.	939	4	400.	990	2	400.	040	5	400.
838	5	400.	889	5	400.	940	5	400.	991	3	400.	041	4	400.
839	5	400.	890	4	400.	941	2	400.	992	5	400.	042	4	400.
840	1	400.	891	5	400	942	4	400.	993	5	400.	043	5	400.
841	3	400.	892	4	400.	943	4	400.	994	2	400.	044	4	400.
842	4	400.	893	1	400.	944	3	400.	995	2	400.	045	5	400.
843	5	400.	894	3	400.	945	5	400.	996	3	400.	046	5	400.
844	3	400.	895	3	400.	946	4	400.	997	4	400.	047	3	400.
845	2	400.	896	....	600.	947	3	400.	998	5	400.	048	3	400.
846	2	400.	897	4	400.	948	3	400.	999	1	400.	049	5	400.
847	5	400.	898	4	400.	949	3	400.	25000	4	400.	050	2	400.
848	2	400.	899	5	400.	950	4	400.				051	2	400.
849	3	400.	900	5	400.	951	3	400.	25001	2	400.	052	5	400.
850	5	400.	901	4	400.	952	2	400.	002	5	400.	053	5	400.
851	2	400.	902	5	400.	953	4	400.	003	2	400.	054	3	400.
852	5	400.	903	3	400.	954	4	400.	004	3	400.	055	3	400.
853	2	400.	904	2	400.	955	4	400.	005	4	400.	056	5	400.
854	4	400.	905	3	400.	956	4	400.	006	5	400.	057	1	400.
855	5	400.	906	5	400.	957	2	400.	007	3	400.	058	5	400.
856	3	400.	907	3	400.	958	4	400.	008	2	400.	059	5	400.
857	5	400.	908	4	400.	959	5	400.	009	5	400.	060	1	400.
858	5	400.	909	5	400.	960	5	400.	010	5	400.	061	4	400.
859	4	400.	910	5	400.	961	5	400.	011	5	400.	062	4	400.
860	4	400.	911	4	400.	962	3	400.	012	5	400.	063	5	400.
861	5	400.	912	5	400.	963	3	400.	013	3	400.	064	3	400.
862	2	400.	913	3	400.	964	2	400.	014	5	400.	065	5	400.
863	....	600.	914	5	400.	965	5	400.	015	2	400.	066	3	400.
864	4	400.	915	5	400.	966	....	600.	016	3	400.	067	1	400.
865	3	400.	916	2	400.	967	5	400.	017	2	400.	068	4	400.
866	5	400.	917	4	400.	968	....	500.	018	5	400.	069	4	400.
867	3	400.	918	2	400.	969	5	400.	019	2	400.	070	5	400.
868	1	400.	919	2	400.	970	4	400.	020	3	400.	071	4	400.
869	2	400.	920	4	400.	971	2	400.	021	4	400.	072	4	400.
870	3	400.	921	5	400.	972	3	400.	022	5	400.	073	3	400.
871	4	400.	922	4	400	973	4	400.	023	4	400.	074	5	400.
872	5	400.	923	2	400.	974	5	400.	024	2	400.	075	4	400.
873	4	400.	924	4	400.	975	3	400.	025	4	400.	076	4	400.
874	4	400.	925	4	400.	976	4	400.	026	3	400.	077	....	600.
875	3	400.	926	5	400.	977	4	400.	027	....	500.	078	4	400.
876	2	400.	927	4	400.	978	5	400.	028	5	400.	079	3	400.
877	5	400.	928	3	400.	979	2	400.	029	5	400.	080	3	400.
878	3	400.	929	3	400.	980	5	400.	030	4	400.	081	4	400.
879	3	400.	930	5	400.	981	5	400.	031	5	400.	082	5	400.
880	1	400.	931	1	400.	982	4	400.	032	4	400.	083	3	400.

Numéros	Époques.	LOTS.	Numéros	Époques.	LOTS.	Numéros	Époques.	LOTS.	Numéros	Époques.	LOTS.	Numéros	Époques.	LOTS.
		liv.			liv.			liv.			liv.			liv.
25084	5	400.	25135	2	400.	25186	5	400.	25237	3	400.	25288	2	400.
085	2	400.	136	3	400.	187	1	400.	238	4	400.	289	5	400.
086	3	400.	137	3	400.	188	2	400.	239	3	400.	290	4	400.
087	4	400.	138	2	400.	189	2	400.	240	2	400.	291	2	400.
088	3	400.	139	3	400.	190	3	400.	241	5	400.	292	2	400.
089	4	400.	140	5	400.	191	5	400.	242	4	400.	293	5	400.
090	3	400.	141	3	400.	192	3	400.	243	4	400.	294	2	400.
091	5	400.	142	5	400.	193	3	400.	244	4	400.	295	5	400.
092	1	400.	143	3	400.	194	5	400.	245	4	400.	296	5	400.
093	4	400.	144	5	400.	195	5	400.	246	....	1500.	297	5	400.
094	4	400.	145	3	400.	196	5	400.	247	4	400.	298	3	400.
095	5	400.	146	3	400.	197	3	400.	248	3	400.	299	4	400.
096	3	400.	147	3	400.	198	2	400.	249	5	400.	300	1	400.
097	1	400.	148	4	400.	199	5	400.	250	5	400.	301	2	400.
098	5	400.	149	5	400.	200	1	400.	251	4	400.	302	2	400.
099	3	400.	150	3	400.	201	4	400.	252	4	400.	303	5	400.
100	5	400.	151	....	600.	202	3	400.	253	4	400.	304	5	400.
101	3	400.	152	3	400.	203	4	400.	254	4	400.	305	4	400.
102	5	400.	153	4	400.	204	3	400.	255	4	400.	306	2	400.
103	5	400.	154	4	400.	205	4	400.	256	4	400.	307	2	400.
104	3	400.	155	5	400.	206	5	400.	257	5	400.	308	3	400.
105	3	400.	156	1	400.	207	5	400.	258	5	400.	309	5	400.
106	5	400.	157	1	400.	208	5	400.	259	4	400.	310	4	400.
107	2	400.	158	5	400.	209	4	400.	260	5	400.	311	....	1000.
108	4	400.	159	3	400.	210	1	400.	261	4	400.	312	4	400.
109	3	400.	160	4	400.	211	4	400.	262	4	400.	313	3	400.
110	5	400.	161	4	400.	212	5	400.	263	5	400.	314	2	400.
111	2	400.	162	4	400.	213	1	400.	264	4	400.	315	1	400.
112	5	400.	163	....	600.	214	2	400.	265	1	400.	316	....	600.
113	5	400.	164	5	400.	215	4	400.	266	3	400.	317	5	400.
114	2	400.	165	5	400.	216	2	400.	267	4	400.	318	5	400.
115	4	400.	166	2	400.	217	1	400.	268	5	400.	319	4	400.
116	1	400.	167	4	400.	218	3	400.	269	4	400.	320	3	400.
117	2	400.	168	3	400.	219	4	400.	270	4	400.	321	1	400.
118	2	400.	169	3	400.	220	2	400.	271	5	400.	322	4	400.
119	....	500.	170	3	400.	221	....	500.	272	3	400.	323	5	400.
120	4	400.	171	5	400.	222	5	400.	273	3	400.	324	4	400.
121	2	400.	172	4	400.	223	3	400.	274	5	400.	325	2	400.
122	3	400.	173	5	400.	224	2	400.	275	....	500.	326	5	400.
123	4	400.	174	5	400.	225	5	400.	276	5	400.	327	3	400.
124	5	400.	175	4	400.	226	4	400.	277	3	400.	328	4	400.
125	4	400.	176	5	400.	227	4	400.	278	5	400.	329	5	400.
126	4	400.	177	2	400.	228	5	400.	279	2	400.	330	3	400.
127	5	400.	178	1	400.	229	5	400.	280	4	400.	331	4	400.
128	3	400.	179	5	400.	230	3	400.	281	5	400.	332	....	3000.
129	4	400.	180	2	400.	231	5	400.	282	3	400.	333	4	400.
130	4	400.	181	5	400.	232	2	400.	283	3	400.	334	5	400.
131	4	400.	182	5	400.	233	3	400.	284	5	400.	335	4	400.
132	1	400.	183	5	400.	234	5	400.	285	4	400.	336	5	400.
133	5	400.	184	3	400.	235	3	400.	286	3	400.	337	3	400.
134	4	400.	185	4	400.	236	5	400.	287	3	400.	338	2	400.

Numéros	Époques.	LOTS.	Numéros	Époques.	LOTS.	Numéros	Époques.	LOTS.	Numéros	Époques.	LOTS.	Numéros	Époques.	LOTS.
		liv.			liv.			liv.			liv.			liv.
25339	4	400.	25390	4	400.	25441	1	400.	25492	4	400.	25543	1	400.
340	5	400.	391	5	400.	442	5	400.	493	5	400.	544	3	400.
341	3	400.	392	2	400.	443	3	400.	494	2	400.	545	5	400.
342	2	400.	393	....	600.	444	4	400.	495	4	400.	546	4	400.
343	4	400.	394	5	400.	445	3	400.	496	3	400.	547	5	400.
344	4	400.	395	....	500.	446	3	400.	497	4	400.	548	5	400.
345	4	400.	396	3	400.	447	....	500.	498	4	400.	549	3	400.
346	2	400.	397	4	400.	448	4	400.	499	4	400.	550	....	600.
347	2	400.	398	3	400.	449	....	600.	500	....	500.	551	2	400.
348	5	400.	399	3	400.	450	5	400.	501	5	400.	552	3	400.
349	4	400.	400	2	400.	451	3	400.	502	3	400.	553	2	400.
350	5	400.	401	2	400.	452	4	400.	503	5	400.	554	2	400.
351	5	400.	402	5	400.	453	3	400.	504	4	400.	555	5	400.
352	5	400.	403	5	400.	454	2	400.	505	2	400.	556	2	400
353	4	400.	404	5	400.	455	5	400.	506	5	400.	557	5	400.
354	4	400.	405	4	400.	456	4	400.	507	3	400.	558	5	400.
355	2	400.	406	4	400.	457	5	400.	508	3	400.	559	5	400.
356	5	400.	407	4	400.	458	3	400.	509	4	400.	560	5	400.
357	3	400.	408	4	400.	459	4	400.	510	5	400.	561	5	400.
358	5	400.	409	1	400.	460	5	400.	511	5	400.	562	3	400.
359	5	400.	410	4	400.	461	2	400.	512	5	400.	563	4	400.
360	3	400.	411	5	400.	462	4	400.	513	2	400.	564	4	400.
361	5	400.	412	4	400.	463	5	400.	514	4	400.	565	....	12000.
362	5	400.	413	4	400.	464	5	400.	515	4	400.	566	5	400.
363	4	400.	414	5	400.	465	5	400.	516	5	400.	567	2	400.
364	3	400.	415	4	400.	466	5	400.	517	3	400.	568	2	400.
365	4	400.	416	5	400.	467	5	400.	518	5	400.	569	2	400.
366	4	400.	417	2	400.	468	4	400.	519	5	400.	570	3	400.
367	4	400.	418	4	400.	469	5	400.	520	3	400.	571	5	400.
368	4	400.	419	4	400.	470	4	400.	521	1	400.	572	5	400.
369	4	400.	420	5	400.	471	5	400.	522	3	400.	573	2	400.
370	5	400.	421	3	400.	472	4	400.	523	2	400.	574	4	400.
371	....	500.	422	5	400.	473	3	400.	524	4	400.	575	5	400.
372	5	400.	423	4	400.	474	3	400.	525	5	400.	576	1	400.
373	4	400.	424	5	400.	475	5	400.	526	4	400.	577	5	400.
374	4	400.	425	5	400.	476	3	400.	527	5	400.	578	4	400.
375	4	400.	426	5	400.	477	5	400.	528	1	400.	579	4	400.
376	4	400.	427	5	400.	478	5	400.	529	5	400.	580	5	400.
377	5	400.	428	5	400.	479	4	400.	530	4	400.	581	3	400.
378	5	400.	429	3	400.	480	2	400.	531	4	400.	582	5	400.
379	2	400.	430	3	400.	481	4	400.	532	2	400.	583	1	400.
380	3	400.	431	5	400.	482	....	1000.	533	5	400.	584	5	400.
381	3	400.	432	3	400.	483	5	400.	534	3	400.	585	3	400.
382	4	400.	433	5	400.	484	2	400.	535	5	400.	586	3	400.
383	5	400.	434	5	400.	485	5	400.	536	5	400.	587	5	400.
384	4	400.	435	2	400.	486	4	400.	537	5	400.	588	3	400.
385	5	400.	436	5	400.	487	5	400.	538	2	400.	589	3	400.
386	4	400.	437	4	400.	488	5	400.	539	4	400.	590	4	400.
387	3	400.	438	4	400.	489	2	400.	540	2	400.	591	5	400.
388	....	600.	439	5	400.	490	4	400.	541	5	400.	592	3	400.
389	4	400.	440	2	400.	491	1	400.	542	....	3000.	593	2	400.

Numéros	Époques.	LOTS.	Numéros	Époques.	LOTS.	Numéros	Époques.	LOTS.	Numéros	Époques.	LOTS.	Numéros	Époques.	LOTS.
		liv.			liv.			liv.			liv.			liv.
25594	4	400.	25645	5	400.	25696	5	400.	25747	4	400.	25798	2	400.
595	2	400.	646	5	400.	697	4	400.	748	4	400.	799	1	400.
596	4	400.	647	5	400.	698	5	400.	749	4	400.	800	4	400.
597	4	400.	648	4	400.	699	2	400.	750	4	400.	801	4	400.
598	5	400.	649	4	400.	700	5	400.	751	3	400.	802	2	400.
599	5	400.	650	2	400.	701	3	400.	752	2	400.	803	2	400.
600	5	400.	651	5	400.	702	4	400.	753	4	400.	804	5	400.
601	4	400.	652	2	400.	703	....	500.	754	5	400.	805	....	500.
602	5	400.	653	4	400.	704	3	400.	755	5	400.	806	4	400.
603	5	400.	654	5	400.	705	4	400.	756	5	400.	807	2	400.
604	3	400.	655	5	400.	706	2	400.	757	3	400.	808	5	400.
605	5	400	656	5	400.	707	....	500.	758	5	400.	809	3	400.
606	5	400.	657	5	400.	708	4	400.	759	4	400.	810	5	400.
607	5	400.	658	2	400.	709	5	400.	760	....	500.	811	5	400.
608	4	400.	659	....	600.	710	2	400.	761	4	400.	812	5	400.
609	5	400.	660	5	400.	711	5	400.	762	5	400.	813	4	400.
610	5	400.	661	4	400.	712	2	400.	763	5	400.	814	5	400.
611	5	400.	662	4	400.	713	2	400.	764	5	400.	815	4	400.
612	....	600.	663	4	400.	714	5	400.	765	3	400.	816	1	400.
613	1	400.	664	3	400.	715	4	400.	766	3	400.	817	4	400.
614	3	400.	665	3	400.	716	5	400.	767	4	400.	818	5	400.
615	2	400.	666	5	400.	717	3	400.	768	4	400.	819	5	400.
616	4	400.	667	5	400.	718	5	400.	769	3	400.	820	5	400.
617	4	400.	668	4	400.	719	5	400.	770	1	400.	821	1	400.
618	4	400.	669	4	400.	720	....	500.	771	3	400.	822	3	400.
619	2	400.	670	2	400.	721	3	400.	772	5	400.	823	3	400.
620	5	400.	671	4	400.	722	5	400.	773	5	400.	824	4	400.
621	5	400.	672	5	400.	723	5	400.	774	5	400.	825	1	400.
622	2	400.	673	4	400.	724	1	400.	775	4	400.	826	4	400.
623	5	400.	674	5	400.	725	3	400.	776	4	400.	827	4	400.
624	4	400.	675	2	400.	726	4	400.	777	3	400.	828	2	400.
625	4	400.	676	5	400.	727	5	400.	778	2	400.	829	4	400.
626	2	400.	677	5	400.	728	3	400.	779	5	400.	830	3	400.
627	5	400.	678	4	400.	729	4	400.	780	5	400.	831	3	400.
628	4	400.	679	4	400.	730	5	400.	781	5	400.	832	1	400.
629	4	400.	680	5	400.	731	5	400.	782	4	400.	833	5	400.
630	4	400.	681	5	400.	732	4	400.	783	5	400.	834	5	400.
631	4	400.	682	5	400.	733	1	400.	784	4	400.	835	4	400.
632	5	400.	683	4	400.	734	4	400.	785	5	400.	836	4	400.
633	1	400.	684	5	400.	735	5	400.	786	5	400.	837	4	400.
634	2	400.	685	4	400.	736	5	400.	787	3	400.	838	3	400.
635	3	400.	686	5	400.	737	5	400.	788	3	400.	839	4	400.
636	3	400.	687	4	400.	738	5	400.	789	4	400.	840	2	400.
637	2	400.	688	5	400	739	5	400.	790	5	400.	841	4	400.
638	2	400.	689	3	400.	740	5	400.	791	5	400.	842	1	400.
639	4	400.	690	5	400.	741	5	400.	792	4	400.	843	5	400.
640	1	400.	691	2	400.	742	4	400.	793	3	400.	844	4	400.
641	5	400.	692	5	400.	743	5	400.	794	4	400.	845	4	400.
642	4	400.	693	5	400.	744	1	400.	795	2	400.	846	4	400.
643	1	400.	694	4	400.	745	5	400.	796	2	400.	847	5	400.
644	3	400.	695	5	400.	746	3	400.	797	1	400.	848	4	400.

Numéros	Époques.	LOTS.	Numéros	Époques.	LOTS.	Numéros	Époques.	LOTS.	Numéros	Époques.	LOTS.	Numéros	Époques.	LOTS.
		liv.			liv.			liv.			liv.			liv.
25849	5	400.	25900	5	400.	25951	4	400.	26001	2	400.	26052	4	400.
850	3	400.	901	3	400.	952	5	400.	002	2	400.	053	5	400.
851	5	400.	902	5	400.	953	5	400.	003	5	400.	054	5	400.
852	1	400.	903	4	400.	954	2	400.	004	5	400.	055	1	400.
853	5	400.	904	5	400.	955	4	400.	005	3	400.	056	5	400.
854	4	400.	905	5	400.	956	3	400.	006	3	400.	057	5	400.
855	5	400.	906	2	400.	957	1	400.	007	4	400.	058	1	400.
856	5	400.	907	2	400.	958	4	400.	008	5	400.	059	4	400.
857	3	400.	908	4	400.	959	3	400.	009	4	400.	060	3	400.
858	5	400.	909	5	400.	960	2	400.	010	1	400.	061	2	400.
859	4	400.	910	5	400.	961	5	400.	011	4	400.	062	4	400.
860	5	400.	911	5	400.	962	5	400.	012	5	400.	063	5	400.
861	....	1500.	912	5	400.	963	3	400.	013	4	400.	064	4	400.
862	4	400.	913	5	400.	964	1	400	014	5	400.	065	4	400.
863	3	400.	914	5	400.	965	5	400.	015	3	400.	066	5	400.
864	4	400.	915	4	400.	966	3	400.	016	5	400.	067	3	400.
865	4	400.	916	5	400.	967	3	400.	017	3	400.	068	....	500.
866	5	400.	917	3	400.	968	2	400.	018	....	150000.	069	5	400.
867	5	400.	918	5	400.	969	5	400.	019	2	400.	070	5	400.
868	2	400.	919	4	400.	970	3	400.	020	4	400.	071	5	400.
869	5	400.	920	4	400.	971	2	400.	021	5	400.	072	4	400.
870	4	400.	921	4	400.	972	4	400.	022	5	400.	073	3	400.
871	5	400.	922	1	400.	973	5	400.	023	3	400.	074	3	400.
872	5	400.	923	1	400.	974	1	400.	024	5	400.	075	5	400.
873	5	400.	924	1	400.	975	3	400.	025	2	400.	076	3	400.
874	4	400.	925	5	400.	976	3	400.	026	4	400.	077	4	400.
875	1	400.	926	3	400.	977	5	400.	027	3	400.	078	4	400.
876	5	400.	927	4	400.	978	3	400.	028	4	400.	079	4	400.
877	5	400.	928	5	400.	979	5	400.	029	1	400.	080	1	400.
878	5	400.	929	4	400.	980	3	400.	030	3	400.	081	4	400.
879	4	400.	930	4	400.	981	5	400.	031	5	400.	082	5	400.
880	4	400.	931	3	400.	982	5	400.	032	5	400.	083	2	400.
881	5	400.	932	5	400.	983	3	400.	033	3	400.	084	5	400.
882	5	400.	933	5	400.	984	2	400.	034	2	400.	085	4	400.
883	3	400.	934	3	400.	985	2	400.	035	3	400.	086	4	400.
884	2	400.	935	2	400.	986	4	400.	036	5	400.	087	2	400.
885	2	400.	936	1	400.	987	3	400.	037	4	400.	088	3	400.
886	4	400.	937	5	400.	988	4	400.	038	3	400.	089	2	400.
887	5	400.	938	3	400.	989	5	400.	039	5	400.	090	5	400.
888	1	400.	939	5	400.	990	3	400.	040	4	400.	091	5	400.
889	1	400.	940	2	400.	991	5	400.	041	4	400.	092	5	400.
890	3	400.	941	5	400.	992	3	400.	042	4	400.	093	5	400.
891	5	400.	942	5	400.	993	5	400.	043	5	400.	094	4	400.
892	....	500.	943	2	400.	994	4	400.	044	3	400.	095	2	400.
893	1	400.	944	1	400.	995	2	400.	045	3	400.	096	1	400.
894	3	400.	945	5	400.	996	3	400.	046	4	400.	097	4	400.
895	4	400.	946	2	400.	997	5	400.	047	2	400.	098	1	400.
896	5	400.	947	4	400.	998	3	400.	048	5	400.	099	2	400.
897	4	400.	948	5	400.	999	5	400.	049	5	400.	100	5	400.
898	5	400.	949	5	400.	26000	4	400.	050	5	400.	101	4	400.
899	3	400.	950	4	400.				051	2	400.	102	3	400.

Numéros	Époques.	LOTS.	Numéros	Époques.	LOTS.	Numéros	Époques.	LOTS.	Numéros	Époques.	LOTS.	Numéros	Époques.	LOTS.
		liv.			liv.			liv.			liv.			liv.
26103	3	400.	26154	2	400.	26205	5	400.	26256	5	400.	26307	5	400.
104	1	400.	155	5	400.	206	2	400.	257	4	400.	308	4	400.
105	....	1500.	156	4	400.	207	3	400.	258	5	400.	309	4	400.
106	5	400.	157	4	400.	208	....	500.	259	3	400.	310	4	400.
107	5	400.	158	3	400.	209	5	400.	260	4	400.	311	2	400.
108	1	400.	159	2	400.	210	5	400.	261	2	400.	312	5	400.
109	4	400.	160	5	400.	211	4	400.	262	5	400.	313	5	400.
110	5	400.	161	3	400.	212	1	400.	263	3	400.	314	5	400.
111	4	400.	162	5	400.	213	4	400.	264	5	400.	315	4	400.
112	3	400.	163	2	400.	214	1	400.	265	....	500.	316	5	400.
113	2	400.	164	5	400.	215	2	400.	266	4	400.	317	4	400.
114	1	400.	165	5	400.	216	5	400.	267	2	400.	318	5	400.
115	....	500.	166	1	400.	217	5	400.	268	1	400.	319	5	400.
116	3	400.	167	4	400.	218	1	400.	269	2	400.	320	4	400.
117	5	400.	168	3	400.	219	3	400.	270	4	400.	321	4	400.
118	5	400.	169	4	400.	220	4	400.	271	2	400.	322	3	400.
119	2	400.	170	4	400.	221	2	400.	272	5	400.	323	2	400.
120	5	400.	171	4	400.	222	5	400.	273	3	400.	324	4	400.
121	5	400.	172	2	400.	223	4	400.	274	4	400.	325	4	400.
122	5	400.	173	2	400.	224	5	400.	275	5	400.	326	5	400.
123	5	400.	174	3	400.	225	2	400.	276	5	400.	327	5	400.
124	3	400.	175	4	400.	226	4	400.	277	4	400.	328	2	400.
125	5	400.	176	5	400.	227	4	400.	278	3	400.	329	3	400.
126	5	400.	177	5	400.	228	2	400.	279	4	400.	330	3	400.
127	5	400.	178	4	400.	229	3	400.	280	1	400.	331	3	400.
128	5	400.	179	5	400.	230	2	400.	281	4	400.	332	1	400.
129	5	400.	180	2	400.	231	5	400.	282	3	400.	333	2	400.
130	5	400.	181	5	400.	232	2	400.	283	2	400.	334	5	400.
131	2	400.	182	4	400.	233	2	400.	284	5	400.	335	5	400.
132	5	400.	183	2	400.	234	5	400.	285	3	400.	336	5	400.
133	2	400.	184	4	400.	235	3	400.	286	5	400.	337	4	400.
134	5	400.	185	5	400.	236	4	400.	287	2	400.	338	2	400.
135	4	400.	186	3	400.	237	2	400.	288	1	400.	339	2	400.
136	5	400.	187	5	400.	238	2	400.	289	4	400.	340	4	400.
137	3	400.	188	2	400.	239	5	400.	290	5	400.	341	5	400.
138	3	400.	189	2	400.	240	4	400.	291	4	400.	342	2	400.
139	5	400.	190	1	400.	241	4	400.	292	5	400.	343	3	400.
140	5	400.	191	1	400.	242	3	400.	293	3	400.	344	4	400.
141	4	400.	192	1	400.	243	5	400.	294	3	400.	345	5	400.
142	4	400.	193	1	400.	244	5	400.	295	3	400.	346	3	400.
143	5	400.	194	1	400.	245	4	400.	296	5	400.	347	5	400.
144	2	400.	195	5	400.	246	5	400.	297	2	400.	348	5	400.
145	5	400.	196	5	400.	247	1	400.	298	4	400.	349	5	400.
146	4	400.	197	5	400.	248	5	400.	299	2	400.	350	5	400.
147	2	400.	198	3	400.	249	5	400.	300	5	400.	351	2	400.
148	5	400.	199	5	400.	250	3	400.	301	4	400.	352	3	400.
149	5	400.	200	4	400.	251	3	400.	302	4	400.	353	5	400.
150	5	400.	201	2	400.	252	4	400.	303	5	400.	354	4	400.
151	2	400.	202	2	400.	253	2	400.	304	1	400.	355	....	500.
152	5	400.	203	3	400.	254	4	400.	305	4	400.	356	4	400.
153	1	400.	204	....	1500.	255	5	400.	306	4	400.	357	1	400.

Numéros	Époques.	LOTS.	Numéros	Époques.	LOTS.	Numéros	Époques.	LOTS.	Numéros	Époques.	LOTS.	Numéros	Époques.	LOTS.
		liv.			liv.			liv.			liv.			liv.
26358	5	400.	26409	3	400.	26460	5	400.	26511	4	400.	26562	4	400.
359	5	400.	410	5	400.	461	2	400.	512	5	400.	563	2	400.
360	3	400.	411	5	400.	462	5	400.	513	4	400.	564	4	400.
361	1	400.	412	3	400.	463	5	400.	514	3	400.	565	5	400.
362	2	400.	413	5	400.	464	....	500.	515	3	400.	566	1	400.
363	3	400.	414	5	400.	465	2	400.	516	4	400.	567	5	400.
364	3	400.	415	4	400.	466	5	400.	517	4	400.	568	4	400.
365	5	400.	416	3	400.	467	5	400.	518	3	400.	569	3	400.
366	5	400.	417	4	400.	468	4	400.	519	5	400.	570	5	400.
367	2	400.	418	5	400.	469	....	500.	520	2	400.	571	5	400.
368	2	400.	419	4	400.	470	4	400.	521	5	400.	572	1	400.
369	3	400.	420	5	400.	471	....	600.	522	3	400.	573	5	400.
370	4	400.	421	5	400.	472	5	400.	523	5	400.	574	3	400.
371	4	400.	422	2	400.	473	4	400.	524	4	400.	575	4	400.
372	5	400.	423	3	400.	474	4	400.	525	3	400.	576	2	400.
373	5	400.	424	5	400.	475	3	400.	526	4	400.	577	2	400.
374	5	400.	425	5	400.	476	4	400.	527	4	400.	578	5	400.
375	5	400.	426	4	400.	477	5	400.	528	5	400.	579	4	400.
376	5	400.	427	2	400.	478	1	400.	529	3	400.	580	5	400.
377	4	400.	428	3	400.	479	4	400.	530	3	400.	581	4	400.
378	4	400.	429	5	400.	480	2	400.	531	5	400.	582	5	400.
379	5	400.	430	5	400.	481	5	400.	532	5	400.	583	2	400.
380	1	400.	431	1	400.	482	2	400.	533	5	400.	584	5	400.
381	1	400.	432	5	400.	483	2	400.	534	5	400.	585	5	400.
382	3	400.	433	5	400.	484	2	400.	535	3	400.	586	4	400.
383	5	400.	434	3	400.	485	5	400.	536	3	400.	587	4	400.
384	3	400.	435	3	400.	486	4	400.	537	5	400.	588	5	400.
385	5	400.	436	5	400.	487	5	400.	538	5	400.	589	2	400.
386	2	400.	437	2	400.	488	2	400.	539	2	400.	590	3	400.
387	5	400.	438	4	400.	489	3	400.	540	3	400.	591	5	400.
388	1	400.	439	5	400.	490	1	400.	541	5	400.	592	4	400.
389	3	400.	440	2	400.	491	3	400.	542	5	400.	593	5	400.
390	2	400.	441	4	400.	492	3	400.	543	3	400.	594	3	400.
391	5	400.	442	2	400.	493	4	400.	544	5	400.	595	5	400.
392	4	400.	443	5	400.	494	2	400.	545	1	400.	596	5	400.
393	5	400.	444	....	500.	495	4	400.	546	2	400.	597	5	400.
394	5	400.	445	3	400.	496	4	400.	547	5	400.	598	3	400.
395	....	500.	446	4	400.	497	3	400.	548	4	400.	599	4	400.
396	5	400.	447	5	400.	498	2	400.	549	5	400.	600	5	400.
397	4	400.	448	1	400.	499	4	400.	550	....	600.	601	5	400.
398	4	400.	449	3	400.	500	5	400.	551	5	400.	602	5	400.
399	3	400.	450	5	400.	501	4	400.	552	1	400.	603	4	400.
400	5	400.	451	4	400.	502	2	400.	553	3	400.	604	5	400.
401	3	400.	452	4	400.	503	4	400.	554	5	400.	605	3	400.
402	3	400.	453	4	400.	504	5	400.	555	4	400.	606	5	400.
403	2	400.	454	3	400.	505	2	400.	556	4	400.	607	5	400.
404	3	400.	455	5	400.	506	5	400.	557	4	400.	608	1	400.
405	1	400.	456	5	400.	507	4	400.	558	5	400.	609	4	400.
406	2	400.	457	3	400.	508	5	400.	559	5	400.	610	5	400.
407	1	400.	458	5	400.	509	3	400.	560	2	400.	611	4	400.
408	2	400.	459	4	400.	510	4	400.	561	4	400.	612	5	400.

Numéros	Époques.	LOTS.	Numéros	Époques.	LOTS.	Numéros	Époques.	LOTS.	Numéros	Époques.	LOTS.	Numéros	Époques.	LOTS.
		liv.			liv.			liv.			liv.			liv.
26613	1	400.	26664	2	400.	26715	2	400.	26766	1	400.	26817	5	400.
614	5	400.	665	4	400.	716	1	400.	767	4	400.	818	3	400.
615	3	400.	666	3	400.	717	4	400.	768	3	400.	819	5	400.
616	3	400.	667	....	5000.	718	3	400.	769	5	400.	820	3	400.
617	4	400.	668	4	400.	719	1	400.	770	2	400.	821	5	400.
618	3	400.	669	4	400.	720	4	400.	771	5	400.	822	1	400.
619	5	400.	670	4	400.	721	2	400.	772	5	400.	823	3	400.
620	4	400.	671	3	400.	722	3	400.	773	4	400.	824	5	400.
621	5	400.	672	5	400.	723	3	400.	774	3	400.	825	5	400.
622	4	400.	673	5	400.	724	3	400.	775	3	400.	826	4	400.
623	4	400.	674	3	400.	725	1	400.	776	3	400.	827	5	400.
624	5	400.	675	4	400.	726	4	400.	777	4	400.	828	5	400.
625	5	400.	676	3	400.	727	2	400.	778	2	400.	829	5	400.
626	4	400.	677	1	400.	728	3	400.	779	5	400.	830	4	400.
627	2	400.	678	3	400.	729	5	400.	780	3	400.	831	3	400.
628	5	400.	679	4	400.	730	5	400.	781	5	400.	832	4	400.
629	5	400.	680	3	400.	731	4	400.	782	2	400.	833	5	400.
630	4	400.	681	4	400.	732	3	400.	783	3	400.	834	4	400.
631	5	400.	682	1	400.	733	5	400.	784	3	400.	835	....	15000.
632	1	400.	683	4	400.	734	5	400.	785	5	400.	836	....	500.
633	4	400.	684	1	400.	735	3	400.	786	5	400.	837	4	400.
634	....	600.	685	5	400.	736	2	400.	787	5	400.	838	5	400.
635	3	400.	686	4	400.	737	5	400.	788	4	400.	839	5	400.
636	5	400.	687	5	400.	738	5	400.	789	5	400.	840	5	400.
637	3	400.	688	4	400.	739	5	400.	790	4	400.	841	4	400.
638	3	400.	689	5	400.	740	5	400.	791	....	3000.	842	4	400.
639	5	400.	690	5	400.	741	4	400.	792	4	400.	843	5	400.
640	....	600.	691	2	400.	742	4	400.	793	....	500.	844	4	400.
641	5	400.	692	5	400.	743	1	400.	794	5	400.	845	5	400.
642	4	400.	693	5	400.	744	2	400.	795	4	400.	846	2	400.
643	4	400.	694	5	400.	745	5	400.	796	4	400.	847	3	400.
644	3	400.	695	2	400.	746	5	400.	797	4	400.	848	5	400.
645	3	400.	696	3	400.	747	5	400.	798	2	400.	849	5	400.
646	3	400.	697	2	400.	748	5	400.	799	5	400.	850	4	400.
647	5	400.	698	4	400.	749	2	400.	800	5	400.	851	5	400.
648	4	400.	699	5	400.	750	1	400.	801	2	400.	852	5	400.
649	5	400.	700	5	400.	751	1	400.	802	1	400.	853	5	400.
650	3	400.	701	4	400.	752	2	400.	803	1	400.	854	3	400.
651	5	400.	702	3	400.	753	4	400.	804	1	400.	855	4	400.
652	5	400.	703	1	400.	754	3	400.	805	4	400.	856	5	400.
653	2	400.	704	5	400.	755	3	400.	806	4	400.	857	1	400.
654	4	400.	705	4	400.	756	4	400.	807	5	400.	858	2	400.
655	2	400.	706	4	400.	757	5	400.	808	4	400.	859	1	400.
656	4	400.	707	2	400.	758	5	400.	809	4	400.	860	3	400.
657	3	400.	708	4	400.	759	1	400.	810	....	500.	861	5	400.
658	2	400.	709	3	400.	760	2	400.	811	3	400.	862	3	400.
659	5	400.	710	3	400.	761	4	400.	812	1	400	863	4	400.
660	3	400.	711	5	400.	762	5	400.	813	4	400.	864	3	400.
661	4	400.	712	....	3000.	763	5	400.	814	1	400.	865	2	400.
662	3	400.	713	3	400.	764	2	400.	815	5	400.	866	4	400.
663	4	400.	714	5	400.	765	2	400.	816	5	400.	867	....	500.

Numéros	Époques.	LOTS.	Numéros	Époques.	LOTS.	Numéros	Époques.	LOTS.	Numéros	Époques.	LOTS.	Numéros	Époques.	LOTS.
		liv.			liv.			liv.			liv.			liv.
26868	5	400.	26919	4	400.	26970	1	400.	27020	3	400.	27071	3	400.
869	4	400.	920	4	400.	971	3	400.	021	2	400.	072	....	500.
870	4	400.	921	3	400.	972	2	400.	022	4	400.	073	4	400.
871	5	400.	922	5	400.	973	5	400.	023	4	400.	074	5	400.
872	2	400.	923	1	400.	974	....	500.	024	5	400.	075	1	400.
873	4	400.	924	5	400.	975	5	400.	025	2	400.	076	4	400.
874	....	600.	925	4	400.	976	1	400.	026	3	400.	077	4	400.
875	4	400.	926	2	400.	977	....	60000.	027	3	400.	078	5	400.
876	3	400.	927	1	400.	978	5	400.	028	5	400.	079	4	400.
877	4	400.	928	3	400.	979	5	400.	029	5	400.	080	5	400.
878	4	400.	929	4	400.	980	1	400.	030	4	400.	081	4	400.
879	3	400.	930	3	400.	981	5	400.	031	1	400.	082	3	400.
880	5	400.	931	5	400.	982	3	400.	032	4	400.	083	5	400.
881	4	400.	932	4	400.	983	2	400.	033	5	400.	084	3	400.
882	5	400.	933	2	400.	984	4	400.	034	3	400.	085	4	400.
883	2	400.	934	4	400.	985	2	400.	035	2	400.	086	5	400.
884	....	1000.	935	5	400.	986	4	400.	036	3	400.	087	5	400.
885	1	400.	936	2	400.	987	5	400.	037	5	400.	088	5	400.
886	2	400.	937	1	400.	988	5	400.	038	4	400.	089	....	500.
887	5	400.	938	3	400.	989	1	400.	039	3	400.	090	2	400.
888	2	400.	939	5	400.	990	5	400.	040	4	400.	091	5	400.
889	5	400.	940	2	400.	991	3	400.	041	1	400.	092	4	400.
890	....	15000.	941	5	400.	992	3	400.	042	5	400.	093	2	400.
891	4	400.	942	3	400.	993	4	400.	043	4	400.	094	2	400.
892	5	400.	943	2	400.	994	4	400.	044	3	400.	095	4	400.
893	3	400.	944	5	400.	995	4	400.	045	3	400.	096	4	400.
894	3	400.	945	4	400.	996	5	400.	046	3	400.	097	3	400.
895	4	400.	946	5	400.	997	5	400.	047	4	400.	098	5	400.
896	5	400.	947	5	400.	998	4	400.	048	1	400.	099	5	400.
897	1	400.	948	5	400.	999	4	400.	049	3	400.	100	5	400.
898	3	400.	949	3	400.	27000	4	400.	050	5	400.	101	1	400.
899	5	400.	950	5	400.				051	3	400.	102	5	400.
900	5	400.	951	4	400.	27001	4	400.	052	3	400.	103	2	400.
901	5	400.	952	3	400.	002	3	400.	053	5	400.	104	5	400.
902	2	400.	953	3	400.	003	4	400.	054	5	400.	105	2	400.
903	....	600.	954	5	400.	004	4	400.	055	4	400.	106	5	400.
904	5	400.	955	3	400.	005	2	400.	056	2	400.	107	4	400.
905	3	400.	956	5	400.	006	2	400.	057	5	400.	108	3	400.
906	4	400.	957	....	500.	007	2	400.	058	4	400.	109	4	400.
907	4	400.	958	5	400.	008	2	400.	059	4	400.	110	3	400.
908	3	400.	959	....	500.	009	5	400.	060	5	400.	111	2	400.
909	4	400.	960	5	400.	010	5	400.	061	4	400.	112	2	400.
910	5	400.	961	5	400.	011	5	400.	062	4	400.	113	5	400.
911	5	400.	962	5	400.	012	5	400.	063	2	400.	114	3	400.
912	5	400.	963	4	400.	013	5	400.	064	5	400.	115	4	400.
913	5	400.	964	1	400.	014	5	400.	065	5	400.	116	5	400.
914	4	400.	965	4	400.	015	5	400.	066	4	400.	117	1	400.
915	2	400.	966	5	400.	016	5	400.	067	2	400.	118	4	400.
916	4	400.	967	4	400.	017	4	400.	068	1	400.	119	4	400.
917	3	400.	968	5	400.	018	1	400.	069	3	400.	120	4	400.
918	5	400.	969	4	400.	019	4	400.	070	4	400.	121	5	400.

Numéros	Époques.	LOTS.	Numéros	Époques.	LOTS.	Numéros	Époques.	LOTS.	Numéros	Époques.	LOTS.	Numéros	Époques.	LOTS.
		liv.			liv.			liv.			liv.			liv.
27122	5	400.	27173	2	400.	27224	4	400.	27274	5	400.	27325	3	400.
123	3	400.	174	5	400.	225	3	400.	275	5	400.	326	2	400.
124	3	400.	175	3	400.	226	4	400.	276	4	400.	327	5	400.
125	4	400.	176	5	400.	227	1	400.	277	2	400.	328	4	400.
126	3	400.	177	5	400.	228	5	400.	278	5	400.	329	5	400.
127	5	400.	178	3	400.	dernier sorti.	....	3000.	279	....	600.	330	1	400.
128	4	400.	179	4	400.	229	2	400.	280	2	400.	331	3	400.
129	5	400.	180	5	400.	230	....	500.	281	5	400.	332	3	400.
130	1	400.	181	1	400.	231	5	400.	282	4	400.	333	2	400.
131	5	400.	182	1	400.	232	5	400.	283	5	400.	334	5	400.
132	5	400.	183	4	400.	233	4	400.	284	5	400.	335	4	400.
133	3	400.	184	1	400.	234	5	400.	285	1	400.	336	5	400.
134	....	500.	185	5	400.	235	5	400.	286	4	400.	337	5	400.
135	5	400.	186	2	400.	236	4	400.	287	4	400.	338	3	400.
136	4	400.	187	5	400.	237	3	400.	288	4	400.	339	....	600.
137	4	400.	188	5	400.	238	4	400.	289	4	400.	340	2	400.
138	3	400.	189	2	400.	239	4	400.	290	4	400.	341	5	400.
139	4	400.	190	1	400.	240	....	600.	291	4	400.	342	3	400.
140	3	400.	191	3	400.	241	3	400.	292	4	400.	343	1	400.
141	5	400.	192	1	400.	242	4	400.	293	1	400.	344	3	400.
142	3	400.	193	3	400.	243	2	400.	294	4	400.	345	4	400.
143	4	400.	194	1	400.	244	1	400.	295	4	400.	346	3	400.
144	5	400.	195	2	400.	245	5	400.	296	4	400.	347	5	400.
145	3	400.	196	4	400.	246	5	400.	297	5	400.	348	4	400.
146	5	400.	197	4	400.	247	4	400.	298	3	400.	349	3	400.
147	1	400.	198	5	400.	248	5	400.	299	3	400.	350	1	400.
148	5	400.	199	1	400.	249	3	400.	300	5	400.	351	3	400.
149	5	400.	200	2	400.	250	3	400.	301	4	400.	352	3	400.
150	2	400.	201	4	400.	251	2	400.	302	4	400.	353	5	400.
151	2	400.	202	3	400.	252	3	400.	303	3	400.	354	5	400.
152	5	400.	203	3	400.	253	4	400.	304	4	400.	355	4	400.
153	2	400.	204	4	400.	254	5	400.	305	3	400.	356	5	400.
154	5	400.	205	5	400.	255	5	400.	306	5	400.	357	3	400.
155	5	400.	206	2	400.	256	2	400.	307	1	400.	358	2	400.
156	2	400.	207	3	400.	257	3	400.	308	4	400.	359	5	400.
157	1	400.	208	5	400.	258	5	400.	309	4	400.	360	4	400.
158	2	400.	209	4	400.	259	5	400.	310	1	400.	361	5	400.
159	2	400.	210	2	400.	260	3	400.	311	4	400.	362	4	400.
160	2	400.	211	3	400.	261	5	400.	312	4	400.	363	1	400.
161	4	400.	212	4	400.	262	5	400.	313	1	400.	364	4	400.
162	5	400.	213	....	500.	263	5	400.	314	3	400.	365	5	400.
163	3	400.	214	5	400.	264	2	400.	315	3	400.	366	5	400.
164	3	400.	215	3	400.	265	1	400.	316	4	400.	367	4	400.
165	3	400.	216	5	400.	266	5	400.	317	3	400.	368	3	400.
166	1	400.	217	3	400.	267	4	400.	318	5	400.	369	5	400.
167	1	400.	218	2	400.	268	3	400.	319	3	400.	370	....	500.
168	5	400.	219	4	400.	269	4	400.	320	5	400.	371	2	400.
169	5	400.	220	2	400.	270	3	400.	321	3	400.	372	2	400.
170	5	400.	221	5	400.	271	5	400.	322	5	400.	373	4	400.
171	5	400.	222	5	400.	272	3	400.	323	3	400.	374	4	400.
172	2	400.	223	5	400.	273	2	400.	324	5	400.	375	1	400.

Numéros	Époques.	LOTS.	Numéros	Époques.	LOTS.	Numéros	Époques.	LOTS.	Numéros	Époques.	LOTS.	Numéros	Époques.	LOTS.
		liv.			liv.			liv.			liv.			liv.
27376	1	400.	27427	2	400.	27478	3	400.	27529	2	400.	27580	2	400.
377	5	400.	428	3	400.	479	4	400.	530	5	400.	581	3	400.
378	5	400.	429	5	400.	480	4	400.	531	5	400.	582	2	400.
379	3	400.	430	5	400.	481	5	400.	532	1	400.	583	3	400.
380	4	400.	431	3	400.	482	4	400.	533	3	400.	584	4	400.
381	2	400.	432	5	400.	483	3	400.	534	4	400.	585	4	400.
382	1	400.	433	....	600.	484	5	400.	535	1	400.	586	5	400.
383	4	400.	434	5	400.	485	4	400.	536	4	400.	587	1	400.
384	3	400.	435	2	400.	486	5	400.	537	4	400.	588	2	400.
385	5	400.	436	3	400.	487	5	400.	538	3	400.	589	4	400.
386	5	400.	437	2	400.	488	5	400.	539	[illegible]	400.	590	3	400.
387	4	400.	438	5	400.	489	3	400.	540	5	400.	591	5	400.
388	3	400.	439	4	400.	490	4	400.	541	4	400.	592	3	400.
389	4	400.	440	4	400.	491	2	400.	542	5	400.	593	5	400.
390	5	400.	441	1	400.	492	4	400.	543	3	400.	594	3	400.
391	5	400.	442	5	400.	493	3	400.	544	5	400.	595	4	400.
392	5	400.	443	4	400.	494	3	400.	545	3	400.	596	3	400.
393	5	400.	444	3	400.	495	4	400.	546	4	400.	597	2	400.
394	4	400.	445	4	400.	496	5	400.	547	3	400.	598	4	400.
395	5	400.	446	2	400.	497	5	400.	548	3	400.	599	5	400.
396	5	400.	447	2	400.	498	5	400.	549	4	400.	600	5	400.
397	3	400.	448	3	400.	499	5	400.	550	4	400.	601	5	400.
398	4	400.	449	2	400.	500	5	400.	551	1	400.	602	5	400.
399	4	400.	450	3	400.	501	5	400.	552	4	400.	603	5	400.
400	3	400.	451	2	400.	502	2	400.	553	3	400.	604	4	400.
401	3	400.	452	5	400.	503	2	400.	554	4	400.	605	5	400.
402	5	400.	453	3	400.	504	3	400.	555	5	400.	606	4	400.
403	5	400.	454	5	400.	505	5	400.	556	2	400.	607	1	400.
404	3	400.	455	2	400.	506	4	400.	557	2	400.	608	5	400.
405	1	400.	456	5	400.	507	4	400.	558	4	400.	609	3	400.
406	4	400.	457	5	400.	508	5	400.	559	2	400.	610	4	400.
407	5	400.	458	5	400.	509	4	400.	560	2	400.	611	4	400.
408	4	400.	459	5	400.	510	5	400.	561	5	400.	612	4	400.
409	5	400.	460	4	400.	511	5	400.	562	5	400.	613	5	400.
410	5	400.	461	4	400.	512	5	400.	563	3	400.	614	1	400.
411	1	400.	462	5	400.	513	5	400.	564	5	400.	615	5	400.
412	4	400.	463	2	400.	514	2	400.	565	5	400.	616	5	400.
413	3	400.	464	1	400.	515	5	400.	566	5	400.	617	4	400.
414	5	400.	465	2	400.	516	1	400.	567	4	400.	618	4	400.
415	3	400.	466	5	400.	517	5	400.	568	5	400.	619	4	400.
416	3	400.	467	....	500.	518	4	400.	569	4	400.	620	1	400.
417	4	400.	468	3	400.	519	4	400.	570	2	400.	621	5	400.
418	4	400.	469	5	400.	520	3	400.	571	5	400.	622	4	400.
419	4	400.	470	2	400.	521	4	400.	572	5	400.	623	4	400.
420	4	400.	471	5	400.	522	3	400.	573	3	400.	624	4	400.
421	5	400.	472	5	400.	523	5	400.	574	1	400.	625	2	400.
422	3	400.	473	....	600.	524	....	500.	575	5	400.	626	1	400.
423	5	400.	474	5	400.	525	5	400.	576	4	400.	627	5	400.
424	4	400.	475	1	400.	526	4	400.	577	5	400.	628	5	400.
425	4	400.	476	5	400.	527	4	400.	578	3	400.	629	5	400.
426	5	400.	477	1	400.	528	5	400.	579	3	400.	630	5	400.

Numéros	Époques.	LOTS.	Numéros	Époques.	LOTS.	Numéros	Époques.	LOTS.	Numéros	Époques.	LOTS.	Numéros	Époques.	LOTS.
		liv.			liv.			liv.			liv.			liv.
27631	4	400.	27682	5	400.	27733	3	400.	27784	5	400.	27835	4	400.
632	4	400.	683	5	400.	734	2	400.	785	3	400.	836	3	400.
633	4	400.	684	4	400.	735	2	400.	786	4	400.	837	4	400.
634	3	400.	685	5	400.	736	2	400.	787	5	400.	838	4	400.
635	5	400.	686	2	400.	737	5	400.	788	5	400.	839	1	400.
636	3	400.	687	5	400.	738	2	400.	789	....	600.	840	5	400.
637	4	400.	688	2	400.	739	3	400.	790	5	400.	841	4	400.
638	4	400.	689	5	400.	740	4	400.	791	4	400.	842	2	400.
639	3	400.	690	3	400.	741	4	400.	792	3	400.	843	5	400.
640	2	400.	691	5	400.	742	1	400.	793	2	400.	844	4	400.
641	5	400.	692	2	400.	743	5	400.	794	5	400.	845	5	400.
642	3	400.	693	2	400.	744	5	400.	795	4	400.	846	4	400.
643	4	400.	694	5	400.	745	2	400.	796	2	400.	847	3	400.
644	4	400.	695	1	400.	746	3	400.	797	2	400.	848	5	400.
645	1	400.	696	4	400.	747	4	400.	798	4	400.	849	3	400.
646	5	400.	697	4	400.	748	4	400.	799	5	400.	850	4	400.
647	4	400.	698	3	400.	749	4	400.	800	4	400.	851	2	400.
648	5	400.	699	5	400.	750	4	400.	801	3	400.	852	3	400.
649	4	400.	700	4	400.	751	1	400.	802	4	400.	853	4	400.
650	4	400.	701	2	400.	752	3	400.	803	3	400.	854	1	400.
651	4	400.	702	5	400.	753	2	400.	804	4	400.	855	5	400.
652	1	400.	703	5	400.	754	4	400.	805	2	400.	856	5	400.
653	3	400.	704	4	400.	755	4	400.	806	1	400.	857	5	400.
654	3	400.	705	5	400.	756	2	400.	807	5	400.	858	5	400.
655	2	400.	706	4	400.	757	4	400.	808	5	400.	859	5	400.
656	5	400.	707	3	400.	758	2	400.	809	2	400.	860	3	400.
657	3	400.	708	....	500.	759	5	400.	810	5	400.	861	4	400.
658	5	400.	709	5	400.	760	1	400.	811	1	400.	862	2	400.
659	5	400.	710	2	400.	761	5	400.	812	4	400.	863	5	400.
660	1	400.	711	5	400.	762	5	400.	813	4	400.	864	3	400.
661	....	600.	712	5	400.	763	5	400.	814	2	400.	865	4	400.
662	5	400.	713	5	400.	764	....	600.	815	5	400.	866	4	400.
663	2	400.	714	4	400.	765	4	400.	816	3	400.	867	5	400.
664	4	400.	715	2	400.	766	5	400.	817	4	400.	868	5	400.
665	4	400.	716	4	400.	767	5	400.	818	4	400.	869	3	400.
666	2	400.	717	5	400.	768	3	400.	819	2	400.	870	4	400.
667	1	400.	718	5	400.	769	5	400.	820	4	400.	871	1	400.
668	4	400.	719	4	400.	770	5	400.	821	5	400.	872	4	400.
669	4	400.	720	5	400.	771	5	400.	822	5	400.	873	5	400.
670	5	400.	721	4	400.	772	....	500.	823	2	400.	874	5	400.
671	3	400.	722	5	400.	773	1	400.	824	5	400.	875	3	400.
672	1	400.	723	5	400.	774	3	400.	825	5	400.	876	5	400.
673	3	400.	724	5	400.	775	2	400.	826	2	400.	877	5	400.
674	4	400.	725	4	400.	776	5	400.	827	5	400.	878	4	400.
675	3	400.	726	4	400.	777	4	400.	828	4	400.	879	4	400.
676	2	400.	727	3	400.	778	4	400.	829	5	400.	880	5	400.
677	4	400.	728	3	400.	779	5	400.	830	3	400.	881	4	400.
678	2	400.	729	5	400.	780	2	400.	831	2	400.	882	5	400.
679	3	400.	730	5	400.	781	4	400.	832	4	400.	883	5	400.
680	3	400.	731	....	600.	782	4	400.	833	4	400.	884	4	400.
681	3	400.	732	4	400.	783	2	400.	834	1	400.	885	1	400.

Numéros	Époques.	LOTS.	Numéros	Époques.	LOTS.	Numéros	Époques.	LOTS.	Numéros	Époques.	LOTS.	Numéros	Époques.	LOTS.
		liv.			liv.			liv.			liv.			liv.
27886	4	400.	27937	2	400.	27988	1	400.	28038	3	400.	28089	1	400.
887	4	400.	938	4	400.	989	....	500.	039	2	400.	090	5	400.
888	5	400.	939	1	400.	990	5	400.	040	4	400.	091	1	400.
889	4	400.	940	5	400.	991	5	400.	041	2	400.	092	....	500.
890	5	400.	941	5	400.	992	4	400.	042	3	400.	093	3	400.
891	4	400.	942	4	400.	993	2	400.	043	4	400.	094	4	400.
892	4	400.	943	4	400.	994	2	400.	044	4	400.	095	3	400.
893	5	400.	944	3	400.	995	5	400.	045	2	400.	096	3	400.
894	5	400.	945	....	1000.	996	4	400.	046	2	400.	097	2	400.
895	3	400.	946	3	400.	997	1	400.	047	5	400.	098	4	400.
896	5	400.	947	5	400.	998	3	400.	048	1	400.	099	5	400.
897	1	400.	948	5	400.	999	....	500.	049	2	400.	100	2	400.
898	3	400.	949	5	400.	28000	5	400.	050	5	400.	101	3	400.
899	2	400.	950	4	400.				051	1	400.	102	3	400.
900	1	400.	951	4	400.	28001	4	400.	052	4	400.	103	5	400.
901	3	400.	952	5	400.	002	3	400.	053	4	400.	104	3	400.
902	....	5000.	953	5	400.	003	5	400.	054	5	400.	105	2	400.
903	5	400.	954	3	400.	004	4	400.	055	5	400.	106	4	400.
904	5	400.	955	3	400.	005	4	400.	056	4	400.	107	3	400.
905	3	400.	956	5	400.	006	4	400.	057	2	400.	108	2	400.
906	5	400.	957	....	1000.	007	4	400.	058	4	400.	109	2	400.
907	3	400.	958	3	400.	008	2	400.	059	2	400.	110	5	400.
908	5	400.	959	2	400.	009	4	400.	060	4	400.	111	1	400.
909	4	400.	960	5	400.	010	5	400.	061	5	400.	112	3	400.
910	5	400.	961	3	400.	011	5	400.	062	1	400.	113	4	400.
911	5	400.	962	5	400.	012	5	400.	063	5	400.	114	4	400.
912	2	400.	963	2	400.	013	3	400.	064	4	400.	115	2	400.
913	4	400.	964	4	400.	014	5	400.	065	5	400.	116	4	400.
914	4	400.	965	5	400.	015	1	400.	066	1	400.	117	4	400.
915	3	400.	966	2	400.	016	4	400.	067	3	400.	118	3	400.
916	5	400.	967	4	400.	017	3	400.	068	3	400.	119	4	400.
917	5	400.	968	5	400.	018	5	400.	069	3	400.	120	4	400.
918	4	400.	969	3	400.	019	4	400.	070	3	400.	121	5	400.
919	5	400.	970	4	400.	020	3	400.	071	4	400.	122	5	400.
920	4	400.	971	3	400.	021	4	400.	072	4	400.	123	4	400.
921	3	400.	972	5	400.	022	4	400.	073	2	400.	124	5	400.
922	2	400.	973	5	400.	023	3	400.	074	2	400.	125	5	400.
923	....	1000.	974	5	400.	024	4	400.	075	3	400.	126	3	400.
924	5	400.	975	4	400.	025	3	400.	076	3	400.	127	5	400.
925	3	400.	976	5	400.	026	5	400.	077	4	400.	128	3	400.
926	5	400.	977	4	400.	027	5	400.	078	3	400.	129	1	400.
927	4	400.	978	5	400.	028	5	400.	079	5	400.	130	5	400.
928	4	400.	979	2	400.	029	3	400.	080	5	400.	131	5	400.
929	4	400.	980	4	400.	030	5	400.	081	5	400.	132	2	400.
930	4	400.	981	2	400.	031	5	400.	082	4	400.	133	4	400.
931	5	400.	982	3	400.	032	4	400.	083	5	400.	134	3	400.
932	3	400.	983	1	400.	033	5	400.	084	3	400.	135	4	400.
933	4	400.	984	1	400.	034	3	400.	085	3	400.	136	5	400.
934	5	400.	985	4	400.	035	4	400.	086	3	400.	137	4	400.
935	5	400.	986	2	400.	036	2	400.	087	5	400.	138	4	400.
936	2	400.	987	1	400.	037	2	400.	088	5	400.	139	4	400.

Numéros	Époques.	LOTS.	Numéros	Époques.	LOTS.	Numéros	Époques.	LOTS.	Numéros	Époques.	LOTS.	Numéros	Époques.	LOTS.
		liv.			liv.			liv.			liv.			liv.
28140	4	400.	28191	4	400.	28242	4	400.	28293	2	400.	28344	5	400.
141	4	400.	192	5	400.	243	1	400.	294	5	400.	345	5	400.
142	5	400.	193	3	400.	244	1	400.	295	5	400.	346	5	400.
143	1	400.	194	5	400.	245	3	400.	296	3	400.	347	4	400.
144	2	400.	195	4	400.	246	3	400.	297	....	600.	348	2	400.
145	3	400.	196	5	400.	247	4	400.	298	4	400.	349	4	400.
146	5	400.	197	5	400.	248	3	400.	299	4	400.	350	5	400.
147	1	400.	198	5	400.	249	4	400.	300	3	400.	351	2	400.
148	5	400.	199	1	400.	250	3	400.	301	5	400.	352	3	400.
149	3	400.	200	2	400.	251	5	400.	302	5	400.	353	....	500.
150	4	400.	201	5	400.	252	3	400.	303	5	400.	354	4	400.
151	4	400.	202	3	400.	253	4	400.	304	4	400.	355	1	400.
152	5	400.	203	5	400.	254	4	400.	305	5	400.	356	5	400.
153	2	400.	204	5	400.	255	2	400.	306	5	400.	357	2	400.
154	4	400.	205	2	400.	256	4	400.	307	5	400.	358	2	400.
155	4	400.	206	4	400.	257	4	400.	308	5	400.	359	4	400.
156	5	400.	207	3	400.	258	4	400.	309	3	400.	360	2	400.
157	4	400.	208	....	500.	259	5	400.	310	4	400.	361	4	400
158	4	400.	209	5	400.	260	5	400.	311	2	400.	362	4	400.
159	5	400.	210	5	400.	261	2	400.	312	2	400.	363	3	400.
160	5	400.	211	5	400.	262	2	400.	313	3	400.	364	2	400.
161	4	400.	212	4	400.	263	3	400.	314	3	400.	365	5	400.
162	4	400.	213	3	400.	264	3	400.	315	3	400.	366	4	400.
163	2	400.	214	1	400.	265	2	400.	316	2	400.	367	5	400.
164	4	400.	215	3	400.	266	4	400.	317	5	400.	368	4	400.
165	5	400.	216	4	400.	267	....	500.	318	5	400.	369	2	400.
166	4	400.	217	5	400.	268	4	400.	319	5	400.	370	2	400.
167	3	400.	218	4	400.	269	4	400.	320	3	400.	371	2	400.
168	5	400.	219	3	400.	270	2	400.	321	4	400.	372	5	400.
169	5	400.	220	5	400.	271	4	400.	322	4	400.	373	4	400.
170	5	400.	221	5	400.	272	4	400.	323	3	400.	374	4	400.
171	4	400.	222	2	400.	273	....	600.	324	5	400.	375	4	400.
172	4	400.	223	4	400.	274	5	400.	325	2	400.	376	1	400.
173	2	400.	224	5	400.	275	4	400.	326	3	400.	377	2	400.
174	4	400.	225	4	400.	276	5	400.	327	4	400.	378	5	400.
175	2	400.	226	4	400.	277	2	400.	328	2	400.	379	1	400.
176	5	400.	227	4	400.	278	5	400.	329	5	400.	380	5	400.
177	1	400.	228	5	400.	279	2	400.	330	5	400.	381	4	400.
178	4	400.	229	3	400.	280	4	400.	331	4	400.	382	3	400.
179	....	600.	230	5	400.	281	5	400.	332	5	400.	383	2	400.
180	3	400.	231	5	400.	282	3	400.	333	3	400.	384	3	400.
181	4	400.	232	5	400.	283	4	400.	334	3	400.	385	5	400.
182	2	400.	233	2	400.	284	2	400.	335	2	400.	386	4	400.
183	4	400.	234	4	400.	285	5	400.	336	5	400.	387	5	400.
184	1	400.	235	4	400.	286	2	400.	337	3	400.	388	2	400.
185	5	400.	236	4	400.	287	4	400.	338	5	400.	389	5	400.
186	2	400.	237	4	400.	288	5	400.	339	4	400.	390	5	400.
187	3	400.	238	3	400.	289	4	400.	340	3	400.	391	5	400.
188	5	400.	239	4	400.	290	4	400.	341	5	400.	392	5	400.
189	....	1500.	240	5	400.	291	3	400.	342	2	400.	393	5	400.
190	4	400.	241	4	400.	292	5	400.	343	4	400.	394	2	400.

Numéros	Époques.	LOTS.	Numéros	Époques.	LOTS.	Numéros	Époques.	LOTS.	Numéros	Époques.	LOTS.	Numéros	Époques.	LOTS.
		liv.			liv.			liv.			liv.			liv.
28395	3	400.	28446	1	400.	28497	....	500.	28548	2	400.	28599	4	400.
396	....	500.	447	2	400.	498	5	400.	549	5	400.	600	3	400.
397	3	400.	448	5	400.	499	3	400.	550	4	400.	601	2	400.
398	2	400.	449	5	400.	500	4	400.	551	4	400.	602	4	400.
399	5	400.	450	5	400.	501	4	400.	552	3	400.	603	4	400.
400	2	400.	451	4	400.	502	3	400.	553	4	400.	604	4	400.
401	5	400.	452	1	400.	503	3	400.	554	5	400.	605	2	400.
402	5	400.	453	5	400.	504	4	400.	555	2	400.	606	2	400.
403	5	400.	454	3	400.	505	5	400.	556	4	400.	607	3	400.
404	4	400.	455	3	400.	506	5	400.	557	2	400.	608	3	400.
405	4	400.	456	5	400.	507	5	400.	558	2	400.	609	4	400.
406	4	400.	457	5	400.	508	3	400.	559	4	400.	610	3	400.
407	3	400.	458	4	400.	509	....	500.	560	5	400.	611	1	400.
408	2	400.	459	4	400.	510	3	400.	561	5	400.	612	4	400.
409	3	400.	460	....	500.	511	3	400.	562	....	500.	613	5	400.
410	4	400.	461	2	400.	512	2	400.	563	1	400.	614	5	400.
411	4	400.	462	2	400.	513	4	400.	564	3	400.	615	5	400.
412	2	400.	463	2	400.	514	3	400.	565	3	400.	616	3	400.
413	3	400.	464	5	400.	515	2	400.	566	5	400.	617	2	400.
414	5	400.	465	3	400.	516	4	400.	567	3	400.	618	5	400.
415	4	400.	466	3	400.	517	3	400.	568	1	400.	619	5	400.
416	4	400.	467	3	400.	518	3	400.	569	5	400.	620	5	400.
417	2	400.	468	5	400.	519	4	400.	570	5	400.	621	5	400.
418	2	400.	469	4	400.	520	4	400.	571	4	400.	622	5	400.
419	2	400.	470	3	400.	521	4	400.	572	2	400.	623	4	400.
420	4	400.	471	3	400.	522	4	400.	573	5	400.	624	5	400.
421	4	400.	472	3	400.	523	4	400.	574	2	400.	625	5	400.
422	4	400.	473	3	400.	524	3	400.	575	4	400.	626	1	400.
423	3	400.	474	4	400.	525	5	400.	576	4	400.	627	....	500.
424	5	400.	475	4	400.	526	3	400.	577	4	400.	628	....	600.
425	1	400.	476	5	400.	527	1	400.	578	4	400.	629	3	400.
426	....	500.	477	4	400.	528	4	400.	579	2	400.	630	4	400.
427	1	400.	478	3	400.	529	1	400.	580	1	400.	631	3	400.
428	4	400.	479	5	400.	530	4	400.	581	3	400.	632	2	400.
429	5	400.	480	3	400.	531	3	400.	582	2	400.	633	4	400.
430	3	400.	481	5	400.	532	5	400.	583	5	400.	634	3	400.
431	4	400.	482	4	400.	533	4	400.	584	....	500.	635	2	400.
432	3	400.	483	2	400.	534	2	400.	585	5	400.	636	5	400.
433	4	400.	484	5	400.	535	5	400.	586	5	400.	637	4	400.
434	4	400.	485	5	400.	536	5	400.	587	3	400.	638	2	400.
435	1	400.	486	2	400.	537	5	400.	588	5	400.	639	5	400.
436	1	400.	487	3	400.	538	3	400.	589	4	400.	640	....	600.
437	4	400.	488	5	400.	539	2	400.	590	5	400.	641	3	400.
438	5	400.	489	4	400.	540	5	400.	591	5	400.	642	3	400.
439	2	400.	490	4	400.	541	2	400.	592	4	400.	643	2	400.
440	4	400.	491	5	400.	542	1	400.	593	5	400.	644	4	400.
441	5	400.	492	4	400.	543	4	400.	594	3	400.	645	5	400.
442	4	400.	493	5	400.	544	5	400.	595	2	400.	646	5	400.
443	2	400.	494	5	400.	545	....	600.	596	2	400.	647	2	400.
444	....	500.	495	3	400.	546	5	400.	597	1	400.	648	1	400.
445	3	400.	496	4	400.	547	2	400.	598	4	400.	649	5	400.

Numéros	Époques.	LOTS.	Numéros	Époques.	LOTS.	Numéros	Époques.	LOTS.	Numéros	Époques.	LOTS.	Numéros	Époques.	LOTS.
		liv.			liv.			liv.			liv.			liv.
28650	3	400.	28701	4	400.	28752	3	400.	28803	3	400.	28854	2	400.
651	4	400.	702	4	400.	753	2	400.	804	5	400.	855	5	400.
652	1	400.	703	2	400.	754	3	400.	805	4	400.	856	5	400.
653	2	400.	704	3	400.	755	5	400.	806	4	400.	857	2	400.
654	4	400.	705	5	400.	756	2	400.	807	4	400.	858	2	400.
655	5	400.	706	3	400.	757	4	400.	808	3	400.	859	5	400.
656	4	400.	707	5	400.	758	2	400.	809	5	400.	860	5	400.
657	5	400.	708	3	400.	759	2	400.	810	5	400.	861	5	400.
658	4	400.	709	1	400.	760	3	400.	811	4	400.	862	4	400.
659	4	400.	710	1	400.	761	3	400.	812	5	400.	863	2	400.
660	....	1500.	711	3	400.	762	4	400.	813	4	400.	864	5	400.
661	5	400.	712	3	400.	763	5	400.	814	4	400.	865	4	400.
662	5	400.	713	1	400.	764	4	400.	815	4	400.	866	4	400.
663	5	400.	714	1	400.	765	4	400.	816	2	400.	867	5	400.
664	4	400.	715	1	400.	766	5	400.	817	4	400.	868	1	400.
665	5	400.	716	3	400.	767	5	400.	818	5	400.	869	4	400.
666	4	400.	717	5	400.	768	5	400.	819	5	400.	870	2	400.
667	2	400.	718	2	400.	769	3	400.	820	5	400.	871	1	400.
668	4	400.	719	5	400.	770	5	400.	821	5	400.	872	5	400.
669	5	400.	720	3	400.	771	3	400.	822	1	400.	873	5	400.
670	....	600.	721	4	400.	772	2	400.	823	2	400.	874	5	400.
671	2	400.	722	5	400.	773	2	400.	824	4	400.	875	4	400.
672	5	400.	723	3	400.	774	4	400.	825	5	400.	876	5	400.
673	1	400.	724	2	400.	775	4	400.	826	4	400.	877	....	500.
674	1	400.	725	5	400.	776	4	400.	827	4	400.	878	5	400.
675	4	400.	726	2	400.	777	4	400.	828	5	400.	879	2	400.
676	5	400.	727	5	400.	778	1	400.	829	5	400.	880	2	400.
677	4	400.	728	1	400.	779	5	400.	830	2	400.	881	4	400.
678	4	400.	729	4	400.	780	4	400.	831	1	400.	882	1	400.
679	5	400.	730	4	400.	781	5	400.	832	5	400.	883	5	400.
680	4	400.	731	4	400.	782	4	400.	833	3	400.	884	4	400.
681	4	400.	732	3	400.	783	2	400.	834	1	400.	885	3	400.
682	2	400.	733	4	400.	784	3	400.	835	4	400.	886	4	400.
683	4	400.	734	3	400.	785	4	400.	836	5	400.	887	4	400.
684	5	400.	735	2	400.	786	4	400.	837	4	400.	888	4	400.
685	3	400.	736	5	400.	787	3	400.	838	5	400.	889	4	400.
686	4	400.	737	3	400.	788	1	400.	839	4	400.	890	3	400.
687	5	400.	738	4	400.	789	1	400.	840	3	400.	891	3	400.
688	2	400.	739	5	400.	790	5	400.	841	3	400.	892	4	400.
689	3	400.	740	4	400.	791	....	500.	842	1	400.	893	5	400.
690	3	400.	741	4	400.	792	5	400.	843	4	400.	894	3	400.
691	5	400.	742	5	400.	793	3	400.	844	3	400.	895	5	400.
692	4	400.	743	3	400.	794	3	400.	845	....	500.	896	3	400.
693	5	400.	744	5	400.	795	2	400.	846	4	400.	897	1	400.
694	5	400.	745	5	400.	796	1	400.	847	5	400.	898	3	400.
695	4	400.	746	4	400.	797	4	400.	848	3	400.	899	5	400.
696	2	400.	747	5	400.	798	3	400.	849	4	400.	900	4	400.
697	4	400.	748	4	400.	799	5	400.	850	3	400.	901	....	500.
698	4	400.	749	4	400.	800	3	400.	851	5	400.	902	4	400.
699	2	400.	750	5	400.	801	2	400.	852	4	400.	903	2	400.
700	5	400.	751	4	400.	802	4	400.	853	5	400.	904	5	400.

Numéros	Époques.	LOTS.	Numéros	Époques.	LOTS.	Numéros	Époques.	LOTS.	Numéros	Époques.	LOTS.	Numéros	Époques.	LOTS.
		liv.			liv.			liv.			liv.			liv.
28905	4	400.	28956	5	400.	29006	4	400.	29057	5	400.	29108	5	400.
906	2	400.	957	3	400.	007	1	400.	058	4	400.	109	4	400.
907	5	400.	958	4	400.	008	4	400.	059	3	400.	110	5	400.
908	3	400.	959	4	400.	009	2	400.	060	2	400.	111	5	400.
909	5	400.	960	5	400.	010	2	400.	061	5	400.	112	3	400.
910	2	400.	961	4	400.	011	5	400.	062	5	400.	113	5	400.
911	3	400.	962	4	400.	012	5	400.	063	5	400.	114	1	400.
912	5	400.	963	5	400.	013	5	400.	064	2	400.	115	4	400.
913	5	400.	964	4	400.	014	4	400.	065	3	400.	116	5	400.
914	3	400.	965	2	400.	015	5	400.	066	5	400.	117	4	400.
915	1	400.	966	5	400.	016	4	400.	067	3	400.	118	5	400.
916	4	400.	967	2	400.	017	....	600.	068	4	400.	119	1	400.
917	4	400.	968	....	600.	018	5	400.	069	2	400.	120	4	400.
918	5	400.	969	5	400.	019	4	400.	070	4	400.	121	5	400.
919	1	400.	970	5	400.	020	2	400.	071	2	400.	122	5	400.
920	5	400.	971	1	400.	021	4	400.	072	1	400.	123	5	400.
921	2	400.	972	3	400.	022	2	400.	073	1	400.	124	2	400.
922	4	400.	973	4	400.	023	1	400.	074	4	400.	125	2	400.
923	5	400.	974	2	400.	024	3	400.	075	2	400.	126	1	400.
924	3	400.	975	4	400.	025	3	400.	076	4	400.	127	5	400.
925	3	400.	976	4	400.	026	4	400.	077	3	400.	128	4	400.
926	5	400.	977	4	400.	027	2	400.	078	3	400.	129	5	400.
927	4	400.	978	5	400.	028	2	400.	079	5	400.	130	4	400.
928	5	400.	979	5	400.	029	4	400.	080	3	400.	131	1	400.
929	....	600.	980	3	400.	030	2	400.	081	4	400.	132	5	400.
930	5	400.	981	5	400.	031	2	400.	082	5	400.	133	4	400.
931	5	400.	982	5	400.	032	3	400.	083	4	400.	134	2	400.
932	5	400.	983	4	400.	033	3	400.	084	4	400.	135	1	400.
933	3	400.	984	4	400.	034	3	400.	085	2	400.	136	4	400.
934	5	400.	985	3	400.	035	4	400.	086	5	400.	137	3	400.
935	4	400.	986	5	400.	036	5	400.	087	4	400.	138	3	400.
936	4	400.	987	4	400.	037	....	600.	088	3	400.	139	5	400.
937	3	400.	988	4	400.	038	1	400.	089	5	400.	140	4	400.
938	2	400.	989	2	400.	039	4	400.	090	4	400.	141	....	1000.
939	5	400.	990	....	600.	040	....	600.	091	4	400.	142	4	400.
940	4	400.	991	5	400.	041	5	400.	092	5	400.	143	5	400.
941	3	400.	992	2	400.	042	5	400.	093	2	400.	144	5	400.
942	3	400.	993	5	400.	043	5	400.	094	4	400.	145	5	400.
943	4	400.	994	5	400.	044	5	400.	095	4	400.	146	1	400.
944	5	400.	995	4	400.	045	3	400.	096	4	400.	147	5	400.
945	4	400.	996	5	400.	046	5	400.	097	4	400.	148	4	400.
946	1	400.	997	3	400.	047	4	400.	098	3	400.	149	4	400.
947	5	400.	998	4	400.	048	5	400.	099	5	400.	150	5	400.
948	5	400.	999	3	400.	049	5	400.	100	4	400.	151	4	400.
949	5	400.	29000	5	400.	050	4	400.	101	1	400.	152	5	400.
950	2	400.				051	3	400.	102	4	400.	153	5	400.
951	4	400.	29001	3	400.	052	4	400.	103	4	400.	154	3	400.
952	4	400.	002	4	400.	053	4	400.	104	4	400.	155	2	400.
953	4	400.	003	3	400.	054	2	400.	105	4	400.	156	4	400.
954	5	400.	004	4	400.	055	3	400.	106	1	400.	157	5	400.
955	3	400.	005	4	400.	056	2	400.	107	5	400.	158	5	400.

Numéros	Époques.	LOTS.	Numéros	Époques.	LOTS.	Numéros	Époques.	LOTS.	Numéros	Époques.	LOTS.	Numéros	Époques.	LOTS.
		liv.			liv.			liv.			liv			liv
29159	4	400.	29210	4	400.	29261	4	400.	29312	5	400.	29363	3	400.
160	3	400.	211	3	400.	262	....	500.	313	4	400.	364	1	400.
161	4	400.	212	5	400.	263	2	400.	314	3	400.	365	....	50000.
162	2	400.	213	5	400.	264	4	400.	315	4	400.	366	4	400.
163	3	400.	214	4	400.	265	3	400.	316	5	400.	367	4	400.
164	2	400.	215	5	400.	266	2	400.	317	3	400.	368	5	400.
165	2	400.	216	3	400.	267	4	400.	318	4	400.	369	2	400.
166	3	400.	217	4	400.	268	2	400.	319	5	400.	370	4	400.
167	5	400.	218	3	400.	269	4	400.	320	5	400.	371	5	400.
168	2	400.	219	3	400.	270	5	400.	321	1	400.	372	5	400.
169	5	400.	220	2	400.	271	4	400.	322	3	400.	373	3	400.
170	4	400.	221	5	400.	272	5	400.	323	4	400.	374	1	400.
171	5	400.	222	4	400.	273	5	400.	324	4	400.	375	5	400.
172	4	400.	223	4	400.	274	1	400.	325	5	400.	376	5	400.
173	1	400.	224	3	400.	275	4	400.	326	4	400.	377	5	400.
174	4	400.	225	4	400.	276	5	400.	327	1	400.	378	4	400.
175	4	400.	226	4	400.	277	4	400.	328	5	400.	379	4	400.
176	1	400.	227	3	400.	278	2	400.	329	3	400.	380	3	400.
177	4	400.	228	2	400.	279	5	400.	330	4	400.	381	5	400.
178	4	400.	229	5	400.	280	4	400.	331	3	400.	382	3	400.
179	4	400.	230	2	400.	281	4	400.	332	5	400.	383	3	400.
180	5	400.	231	....	600.	282	1	400.	333	4	400.	384	5	400.
181	4	400.	232	5	400.	283	4	400.	334	5	400.	385	1	400.
182	4	400.	233	2	400.	284	4	400.	335	4	400.	386	2	400.
183	5	400.	234	5	400.	285	4	400.	336	5	400.	387	3	400.
184	3	400.	235	4	400.	286	5	400.	337	5	400.	388	1	400.
185	5	400.	236	5	400.	287	2	400.	338	1	400.	389	3	400.
186	2	400.	237	3	400.	288	....	500.	339	1	400.	390	4	400.
187	4	400.	238	5	400.	289	4	400.	340	5	400.	391	5	400.
188	3	400.	239	....	500.	290	5	400.	341	5	400.	392	4	400.
189	4	400.	240	4	400.	291	4	400.	342	5	400.	393	4	400.
190	4	400.	241	3	400.	292	5	400.	343	2	400.	394	4	400.
191	....	1000.	242	3	400.	293	5	400.	344	3	400.	395	4	400.
192	3	400.	243	5	400.	294	4	400.	345	3	400.	396	2	400.
193	2	400.	244	5	400.	295	4	400.	346	2	400.	397	5	400.
194	2	400.	245	3	400.	296	3	400.	347	2	400.	398	5	400.
195	4	400.	246	3	400.	297	5	400.	348	5	400.	399	5	400.
196	5	400.	247	3	400.	298	4	400.	349	3	400.	400	4	400.
197	4	400.	248	4	400.	299	5	400.	350	5	400.	401	3	400.
198	5	400.	249	5	400.	300	4	400.	351	4	400.	402	1	400.
199	3	400.	250	4	400.	301	2	400.	352	4	400.	403	5	400.
200	4	400.	251	3	400.	302	1	400.	353	5	400.	404	2	400.
201	5	400.	252	....	500.	303	5	400.	354	5	400.	405	5	400.
202	3	400.	253	5	400.	304	4	400.	355	1	400.	406	4	400.
203	4	400.	254	4	400.	305	4	400.	356	5	400.	407	5	400.
204	4	400.	255	3	400.	306	4	400.	357	5	400.	408	4	400.
205	4	400.	256	1	400.	307	5	400.	358	4	400.	409	2	400.
206	4	400.	257	5	400.	308	4	400.	359	4	400.	410	4	400.
207	4	400.	258	5	400.	309	1	400.	360	3	400.	411	5	400.
208	5	400.	259	5	400.	310	4	400.	361	4	400.	412	3	400.
209	4	400.	260	5	400.	311	5	400.	362	2	400.	413	1	400.

Numéros	Époques.	LOTS.	Numéros	Époques.	LOTS.	Numéros	Époques.	LOTS.	Numéros	Époques.	LOTS.	Numéros	Époques.	LOTS.
		liv.			liv.			liv.			liv.			liv.
29414	3	400.	29465	5	400.	29516	5	400.	29567	5	400.	29618	....	500.
415	4	400.	466	3	400.	517	2	400.	568	3	400.	619	4	400.
416	3	400.	467	4	400.	518	5	400.	569	5	400.	620	2	400.
417	5	400.	468	2	400.	519	5	400.	570	2	400.	621	5	400.
418	4	400.	469	3	400.	520	5	400.	571	5	400.	622	2	400.
419	3	400.	470	4	400.	521	5	400.	572	5	400.	623	4	400.
420	3	400.	471	1	400.	522	4	400.	573	5	400.	624	5	400.
421	3	400.	472	5	400.	523	5	400.	574	4	400.	625	3	400.
422	5	400.	473	1	400.	524	4	400.	575	1	400.	626	2	400.
423	3	400.	474	4	400.	525	5	400.	576	4	400.	627	4	400.
424	5	400.	475	3	400.	526	5	400.	577	4	400.	628	3	400.
425	1	400.	476	5	400.	527	5	400.	578	4	400.	629	4	400.
426	4	400.	477	4	400.	528	5	400.	579	4	400.	630	4	400.
427	2	400.	478	2	400.	529	2	400.	580	5	400.	631	3	400.
428	5	400.	479	....	500.	530	5	400.	581	....	500.	632	4	400.
429	3	400.	480	5	400.	531	5	400.	582	2	400.	633	4	400.
430	....	500.	481	4	400.	532	2	400.	583	5	400.	634	5	400.
431	3	400.	482	4	400.	533	4	400.	584	3	400.	635	3	400.
432	3	400.	483	2	400.	534	4	400.	585	3	400.	636	5	400.
433	5	400.	484	4	400.	535	....	500.	586	5	400.	637	2	490.
434	....	500.	485	3	400.	536	5	400.	587	5	400.	638	5	400.
435	5	400.	486	4	400.	537	3	400.	588	5	400.	639	4	400.
436	4	400.	487	....	600.	538	....	500.	589	1	400.	640	3	400.
437	2	400.	488	5	400.	539	3	400.	590	5	400.	641	4	400.
438	4	400.	489	5	400.	540	4	400.	591	4	400.	642	5	400.
439	....	600.	490	5	400.	541	4	400.	592	4	400.	643	4	400.
440	4	400.	491	5	400.	542	4	400.	593	4	400.	644	4	400.
441	5	400.	492	5	400.	543	4	400.	594	4	400.	645	5	400.
442	1	400.	493	5	400.	544	3	400.	595	5	400.	646	5	400.
443	4	400.	494	4	400.	545	5	400.	596	5	400.	647	3	400.
444	2	400.	495	4	400.	546	1	400.	597	4	400.	648	5	400.
445	5	400.	496	4	400.	547	4	400.	598	4	400.	649	4	400.
446	4	400.	497	4	400.	548	3	400.	599	5	400.	650	5	400.
447	2	400.	498	5	400.	549	5	400.	600	1	400.	651	3	400.
448	5	400.	499	2	400.	550	4	400.	601	5	400.	652	5	400.
449	4	400.	500	4	400.	551	4	400.	602	4	400.	653	5	400.
450	5	400.	501	2	400.	552	4	400.	603	5	400.	654	3	400.
451	4	400.	502	4	400.	553	4	400.	604	2	400.	655	4	400.
452	1	400.	503	5	400.	554	5	400.	605	4	400.	656	5	400.
453	4	400.	504	4	400.	555	1	400.	606	5	400.	657	2	400.
454	5	400.	505	5	400.	556	2	400.	607	2	400.	658	5	400.
455	5	400.	506	....	500.	557	4	400.	608	2	400.	659	2	400.
456	4	400.	507	5	400.	558	5	400.	609	....	600.	660	5	400.
457	3	400.	508	4	400.	559	3	400.	610	....	500.	661	2	400.
458	3	400.	509	5	400.	560	....	500.	611	4	400.	662	5	400.
459	1	400.	510	3	400.	561	1	400.	612	5	400.	663	5	400.
460	1	400.	511	1	400.	562	4	400.	613	4	400.	664	3	400.
461	4	400.	512	5	400.	563	5	400.	614	....	600.	665	4	400.
462	1	400.	513	5	400.	564	4	400.	615	4	400.	666	5	400.
463	5	400.	514	5	400.	565	....	1500.	616	5	400.	667	4	400.
464	5	400.	515	4	400.	566	4	400.	617	3	400.	668	4	400.

Numéros	Époques.	LOTS.	Numéros	Époques.	LOTS.	Numéros	Époques.	LOTS.	Numéros	Époques.	LOTS.	Numéros	Époques.	LOTS.
		liv.			liv.			liv.			liv.			liv.
29669	3	400.	29720	2	400.	29771	4	400.	29822	5	400.	29873	3	400.
670	1	400.	721	3	400.	772	5	400.	823	2	400.	874	5	400.
671	3	400.	722	4	400.	773	4	400.	824	4	400.	875	3	400.
672	5	400.	723	2	400.	774	2	400.	825	4	400.	876	5	400.
673	3	400.	724	1	400.	775	4	400.	826	4	400.	877	3	400.
674	5	400.	725	5	400.	776	4	400.	827	3	400.	878	5	400.
675	5	400.	726	3	400.	777	4	400.	828	4	400.	879	5	400.
676	5	400.	727	2	400.	778	4	400.	829	1	400.	880	5	400.
677	3	400.	728	5	400.	779	4	400.	830	5	400.	881	2	400.
678	4	400.	729	3	400.	780	4	400.	831	....	1500.	882	5	400.
679	2	400.	730	4	400.	781	5	400.	832	5	400.	883	3	400.
680	5	400.	731	5	400.	782	4	400.	833	3	400.	884	5	400.
681	....	5000.	732	3	400.	783	5	400.	834	5	400.	885	5	400.
682	5	400.	733	4	400.	784	1	400.	835	2	400.	886	1	400.
683	3	400.	734	4	400.	785	2	400.	836	5	400.	887	2	400.
684	4	400.	735	4	400.	786	1	400.	837	4	400.	888	5	400.
685	1	400.	736	5	400.	787	5	400.	838	3	400.	889	1	400.
686	1	400.	737	4	400.	788	....	500.	839	5	400.	890	5	400.
687	5	400.	738	1	400.	789	4	400.	840	2	400.	891	5	400.
688	5	400.	739	5	400.	790	3	400.	841	5	400.	892	1	400.
689	2	400.	740	5	400.	791	1	400.	842	5	400.	893	5	400.
690	4	400.	741	4	400.	792	5	400.	843	5	400.	894	5	400.
691	4	400.	742	3	400.	793	4	400.	844	5	400.	895	2	400.
692	4	400.	743	3	400.	794	2	400.	845	4	400.	896	2	400.
693	5	400.	744	5	400.	795	5	400.	846	5	400.	897	4	400.
694	1	400.	745	4	400.	796	4	400.	847	2	400.	898	4	400.
695	2	400.	746	2	400.	797	....	500.	848	2	400.	899	5	400.
696	5	400.	747	2	400.	798	5	400.	849	3	400.	900	4	400.
697	4	400.	748	4	400.	799	3	400.	850	1	400.	901	1	400.
698	2	400.	749	5	400.	800	4	400.	851	4	400.	902	5	400.
699	2	400.	750	4	400.	801	5	400.	852	5	400.	903	3	400.
700	4	400.	751	4	400.	802	3	400.	853	4	400.	904	2	400.
701	5	400.	752	3	400.	803	4	400.	854	5	400.	905	2	400.
702	2	400.	753	4	400.	804	4	400.	855	2	400.	906	4	400.
703	3	400.	754	3	400.	805	5	400.	856	4	400.	907	5	400.
704	4	400.	755	3	400.	806	4	400.	857	5	400.	908	4	400.
705	5	400.	756	3	400.	807	5	400.	858	4	400.	909	5	400.
706	2	400.	757	4	400.	808	3	400.	859	3	400.	910	3	400.
707	4	400.	758	5	400.	809	1	400.	860	5	400.	911	3	400.
708	5	400.	759	....	600.	810	3	400.	861	4	400.	912	5	400.
709	2	400.	760	1	400.	811	5	400.	862	3	400.	913	5	400.
710	1	400.	761	4	400.	812	4	400.	863	4	400.	914	5	400.
711	5	400.	762	4	400.	813	4	400.	864	5	400.	915	3	400.
712	2	400.	763	5	400.	814	5	400.	865	4	400.	916	3	400.
713	3	400.	764	5	400.	815	1	400.	866	4	400.	917	5	400.
714	1	400.	765	1	400.	816	4	400.	867	3	400.	918	4	400.
715	5	400.	766	4	400.	817	3	400.	868	4	400.	919	5	400.
716	4	400.	767	5	400.	818	2	400.	869	5	400.	920	2	400.
717	1	400.	768	4	400.	819	3	400.	870	5	400.	921	....	500.
718	4	400.	769	2	400.	820	5	400.	871	3	400.	922	2	400.
719	3	400.	770	4	400.	821	1	400.	872	5	400.	923	4	400.

DE LA COMPAGNIE DES INDES.

Numéros	Époques	LOTS.	Numéros	Époques	LOTS.	Numéros	Époques	LOTS.	Numéros	Époques	LOTS.	Numéros	Époques	LOTS.
		liv.			liv.			liv.			liv.			liv.
29924	5	400.	29940	3	400.	29956	5	400.	29972	4	400.	29987	3	400.
925	5	400.	941	5	400.	957	5	400.	973	5	400.	988	2	400.
926	4	400.	942	1	400.	958	3	400.	974	3	400.	989	1	400.
927	5	400.	943	5	400.	959	5	400.	975	4	400.	990	3	400.
928	5	400.	944	5	400.	960	2	400.	976	5	400.	991	5	400.
929	4	400.	945	2	400.	961	2	400.	977	3	400.	992	4	400.
930	5	400.	946	5	400.	962	1	400.	978	5	400.	993	....	500.
931	2	400.	947	4	400.	963	4	400.	979	3	400.	994	5	400.
932	5	400.	948	4	400.	964	5	400.	980	2	400.	995	3	400.
933	5	400.	949	....	600.	965	3	400.	981	3	400.	996	2	400.
934	4	400.	950	4	400.	966	5	400.	982	5	400.	997	5	400.
935	5	400.	951	4	400.	967	4	400.	983	....	500.	998	3	400.
936	4	400.	952	4	400.	968	4	400.	984	4	400.	999	4	400.
937	4	400.	953	5	400.	969	4	400.	985	3	400.	30000	5	400.
938	3	400.	954	3	400.	970	5	400.	986	4	400.			
939	5	400.	955	1	400.	971	5	400.						

*L*ES MILLE LOTS au-dessus de Quatre cents livres, échus par le Tirage général du 15 Janvier 1768 & jours suivans, seront payables au 15 Décembre 1768, ou à la publication de la présente Liste, à la déduction de Cinq pour cent, le tout au choix du Porteur, conformément à l'article IV des Lettres patentes du 19 Juillet 1767; & le payement en sera fait à bureau ouvert à la Caisse générale de la Compagnie des Indes.

Q

TABLE de la distribution du Premier Tirage général, *au 15 Janvier 1768.*

Lots.		Livres.
1	de..	200000.
1	de..	150000.
1	de..	100000.
1	de..	80000.
1	de..	60000.
1	de..	50000.
1	de..	45000.
1	de..	40000.
2	de 30000l..	60000.
3	de 20000...	60000.
3	de 15000...	45000.
3	de 12000...	36000.
5	de 10000...	50000.
14	de 5000..	70000.
30	de 3000..	90000.
50	de 1500..	75000.
50	de 1000..	50000.
300	de 600...	180000.
532	de 500...	266000.
1000	Lots.	
	En faveur du premier Billet sorti avec 400l......	3000.
	En faveur du dernier sorti avec 400l...........	3000.
		1713000.

Tous payables au 15 Décembre 1768, ou comptant à la publication de la présente Liste, sous la déduction de *Cinq pour Cent.*

2000	Lots de 400l payables au 15 Décembre 1768.....	800000.
4000	*idem*............... au 15 dudit.... 1769.....	1600000.
5000	*idem*............... au 15 dudit.... 1770.....	2000000.
8000	*idem*............... au 15 dudit.... 1771.....	3200000.
10000	*idem*............... au 15 dudit.... 1772.....	4000000.
30000	Lots.	13313000.

Q ij

RELEVÉ DES *LOTS* ÉCHUS À CHAQUE *MILLIER* DE *NUMÉROS*

& des Lots de quatre cents livres de chaque millier, remboursables dans

Milliers	un LOT de 200000^l	un LOT de 150000^l	un LOT de 100000^l	un LOT de 80000^l	un LOT de 60000^l	un LOT de 50000^l	un LOT de 45000^l	un LOT de 40000^l	deux LOTS de 30000^l	trois LOTS de 20000^l	trois LOTS de 15000^l	trois LOTS de 12000^l
1	.....	.....	.....	1	.....	.....	.....	.....	.....	.....	.....	.....
2	.....	.....	.....	.....	.....	.....	1	.....	1	.....	.....	.....
3	.....	.....	.....	.....	.....	.....	.....	.....	.....	.....	.....	.....
4	.....	.....	.....	.....	.....	.....	.....	.....	.....	.....	.....	.....
5	.....	.....	.....	.....	.....	.....	.....	.....	.....	.....	.....	.....
6	.....	.....	.....	.....	.....	.....	.....	.....	.....	.....	.....	1
7	.....	.....	.....	.....	.....	.....	.....	.....	.....	.....	.....	.....
8	.....	.....	.....	.....	.....	.....	.....	.....	.....	.....	.....	.....
9	.....	.....	.....	.....	.....	.....	.....	.....	.....	.....	.....	.....
10	.....	.....	.....	.....	.....	.....	.....	.....	.....	.....	.....	.....
11	.....	.....	.....	.....	.....	.....	.....	.....	.....	1	.....	.....
12	.....	.....	.....	.....	.....	.....	.....	.....	.....	1	.....	.....
13	.....	.....	.....	.....	.....	.....	.....	.....	.....	.....	.....	.....
14	.....	.....	.....	.....	.....	.....	.....	.....	.....	1	.....	.....
15	.....	.....	.....	.....	.....	.....	.....	.....	.....	.....	.....	.....
16	.....	.....	.....	.....	.....	.....	.....	1	.....	.....	.....	1
17	.....	.....	.....	.....	.....	.....	.....	.....	.....	.....	.....	.....
18	.....	.....	.....	.....	.....	.....	.....	.....	.....	.....	.....	.....
19	.....	.....	.....	.....	.....	.....	.....	.....	.....	.....	.....	.....
20	.....	.....	1	.....	.....	.....	.....	.....	.....	.....	.....	.....
21	.....	.....	.....	.....	.....	.....	.....	.....	.....	.....	1	.....
22	1	.....	.....	.....	.....	.....	.....	.....	1	.....	.....	.....
23	.....	.....	.....	.....	.....	.....	.....	.....	.....	.....	.....	.....
24	.....	.....	.....	.....	.....	.....	.....	.....	.....	.....	.....	.....
25	.....	.....	.....	.....	.....	.....	.....	.....	.....	.....	.....	.....
26	.....	.....	.....	.....	.....	.....	.....	.....	.....	.....	.....	1
27	.....	1	.....	.....	1	.....	.....	.....	.....	.....	2	.....
28	.....	.....	.....	.....	.....	.....	.....	.....	.....	.....	.....	.....
29	.....	.....	.....	.....	.....	.....	.....	.....	.....	.....	.....	.....
30	.....	.....	.....	.....	.....	1	.....	.....	.....	.....	.....	.....
	1	1	1	1	1	1	1	1	2	3	3	3

DES TRENTE MILLE BILLETS DE LA LOTERIE DE LA COMPAGNIE DES INDES, *les cinq époques du 15 Décembre 1768 au 15 Décembre 1772.*

cinq LOTS de 10000^l	14 LOTS de 5000^l	32 LOTS de 3000^l	50 LOTS de 1500^l	50 LOTS de 1000^l	300 LOTS de 600^l	532 LOTS de 500^l	Montant des LOTS de chaque Millier.	2000 LOTS de 400^l payables en 1768	4000 LOTS de 400^l payables en 1769.	5000 LOTS de 400^l payables en 1770.	8000 LOTS de 400^l payables en 1771.	10000 LOTS de 400 payables en 1772.
1	......	2	......	2	15	22	118000	50	135	164	274	334
......	......	1	1	3	11	24	101100	73	132	157	256	340
1	......	......	3	......	11	23	32600	67	142	181	260	312
......	......	3	4	......	11	16	29600	80	130	172	259	325
......	1	2	5	2	8	19	34800	78	136	162	259	328
......	......	......	2	3	5	16	29000	86	141	156	235	355
......	......	......	......	......	15	16	17000	59	138	163	252	357
......	1	1	......	2	6	18	22600	71	134	147	283	337
......	......	1	1	1	5	16	16500	68	132	173	267	336
......	......	......	1	3	10	20	20500	59	142	159	282	324
......	1	1	3	......	15	20	51500	64	135	167	265	328
......	......	1	3	1	12	16	43700	66	128	177	277	319
......	......	1	......	4	9	11	17900	74	127	144	272	358
......	1	2	3	2	12	23	56200	55	138	161	275	327
1	......	1	......	4	9	22	33400	58	137	165	266	337
......	1	2	4	3	13	16	87800	60	134	177	263	325
......	......	......	......	3	14	18	20400	67	139	158	264	337
......	1	2	2	......	5	10	22000	63	121	178	263	355
1	1	1	4	2	15	13	41500	75	137	161	250	340
......	1	2	1	2	7	14	125700	60	137	165	267	343
......	......	......	......	2	12	21	34700	84	132	176	266	306
1	......	1	......	......	8	18	256800	67	131	169	272	331
......	2	1	2	1	10	15	30500	53	126	168	281	341
......	......	1	1	......	7	24	20700	70	135	160	269	333
......	1	1	2	2	10	23	30500	54	149	182	254	322
......	......	2	2	2	10	14	36000	55	122	174	264	354
......	1	2	2	1	6	16	266600	74	132	172	241	349
......	1	1	......	3	9	12	22400	76	125	177	265	332
......	......	......	2	......	10	17	17500	61	141	181	293	295
......	1	......	2	2	10	19	75500	73	112	154	306	320
5	14	32	50	50	300	532	1713000	2000	4000	5000	8000	10000

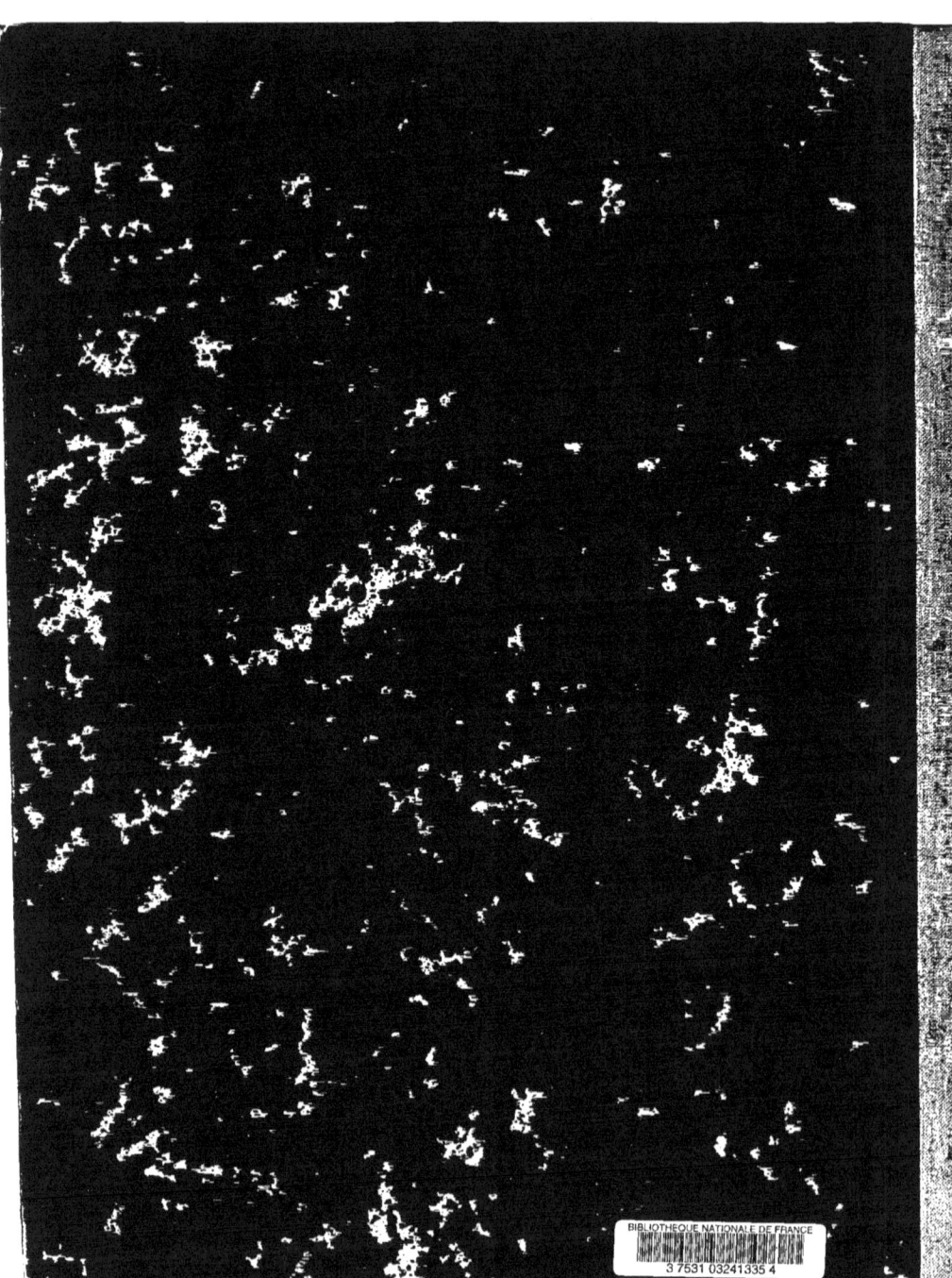

www.ingramcontent.com/pod-product-compliance
Lightning Source LLC
Chambersburg PA
CBHW060155100426
42744CB00007B/1033
9782012738980